Spanisch für Fortgeschrittene

Die Sprachentitel in unserer Reihe:

Die mit * versehenen Sprachentitel gibt es auch als Buch **mit Übungskassette:**
Englisch (800, 805), Französisch (801), Italienisch (802), Spanisch (803, 806), Türkisch (804).

Spanisch für Fortgeschrittene

Von José María Domínguez
und Rudolf Köstler

In Zusammenarbeit mit Langenscheidt

humboldt-taschenbuch 626

Umschlaggestaltung und -foto: Christa Manner, München
Text-Illustrationen: Herbert Horn, München

Hinweis für den Leser:

Abkürzungen

Adj.	Adjektiv
f	feminin
Ind.	Indikativ
Konj.	Konjunktiv
m	maskulin
Pl.	Plural
P.P.	Partizip Perfekt
Pret. indef.	Pretérito indefinido

Den Schlüssel zu den Übungen finden Sie ab
Seite 232 ff.
Alle Angaben ohne Gewähr.

© 1990 by Humboldt-Taschenbuchverlag Jacobi KG, München
Druck: Presse-Druck Augsburg
Printed in Germany
ISBN 3-581-66626-X

2 3 * 92

Inhalt

Einführung

Dieses Lehrbuch ist für Fortgeschrittene gedacht, die sich im Selbstunterricht oder in Sprachkursen solide Grundkenntnisse der spanischen Sprache angeeignet haben und jetzt ihre Sprachkenntnisse vertiefen wollen.

Der vorliegende Band baut auf den mit „Spanisch in 30 Tagen" (Bd. 57) begonnenen Sprachkursus der Humboldt-Taschenbücher auf und will den fortgeschrittenen Lernenden noch eingehender mit dem Spanischen vertraut machen.

Die Lektionstexte vermitteln einen Einblick in das Leben und die Probleme einer heutigen spanischen Durchschnittsfamilie. Durch zahlreiche Dialoge wird der Spanischlernende mit lebensnahen Sprachsituationen vertraut gemacht. Illustrationen veranschaulichen den Inhalt der einzelnen Texte.

Jede Lektion ist in folgende Stufen gegliedert: Spanischer Text – deutsche Übersetzung – Grammatik – Übungen – Wortschatz. Die deutsche Übersetzung hält sich eng an den spanischen Text, ohne der deutschen Sprache Gewalt anzutun. Die Grammatik beschränkt sich auf Wesentliches, das jedoch anhand zahlreicher Beispiele mit gegenüberstehender deutscher Übersetzung einprägsam dargeboten wird. Der ausführliche Übungsteil soll das Gelernte festigen und zur aktiven Sprachbeherrschung führen. Schließlich werden für Memorierzwecke die Wörter der Lektionstexte in der Reihenfolge ihres Auftretens mit ihren deutschen Entsprechungen angeführt. Zur Lernkontrolle finden Sie ab Seite 232 einen Schlüssel für die Übungen.

Wir hoffen, daß dieses Werk unter den an der Weltsprache Spanisch Interessierten viele Freunde finden wird.

Verfasser und Verlag

Lección 1 – Lektion 1

Confidencial

Vertraulich

I. Text

(Tío Pepe: *T. P.*, Paco: *P.*)

T. P.: Lo que había pensado: os resultamos un estorbo y no sabes cuánto lo siento.

P.: ¡Pero tío Pepe!

T. P.: Sí, Paco, sí; no mientas ni me vengas ahora con excusas. Si hubiera sabido que tu madre iba a pasar tan malos ratos, habríamos ido a la punta opuesta de España, a Alicante por lo menos ...

P.: Mamá siempre se queja, la conoces de sobra. Por eso, no te amargues las vacaciones.

T. P.: ¿Sabes lo que se me ha ocurrido?

P.: Tú dirás.

T. P.: Te lo digo confidencialmente si me prometes que no vas a decir nada a nadie.

P.: ¡Palabra de honor! Soy una tumba.

T. P.: Mira, Paco: cuando vuelvan Manolo y su amiga, tía Concha y yo nos vamos a otro sitio; si quieres, puedes venirte con nosotros. ¿Qué te parece?

P.: Me parece requetebién. ¿Y a dónde vamos?

T. P.: Tengo unos amigos con quienes hicimos un viaje por Francia e Italia el año pasado, en Semana Santa.

P.: Pero, ¿no estuvisteis en un balneario?

T. P.: ¡Ah, sí! También pasamos por un célebre balneario francés, allá cerca de Suiza . . .

P.: No hay quien os gane.

T. P.: Bueno, esos amigos viven aquí cerca, en Cambados, y nos han invitado a pasar un par de días en su casa.

P.: Me voy con vosotros, diga lo que diga mamá . . .

II. Übersetzung

Onkel Pepe: Was ich gedacht hatte: wir fallen euch zur Last, und du weißt nicht, wie sehr ich das bedaure. – *Paco:* Aber Onkel Pepe! – *O. P.:* Ja, Paco. Ja! Sag nicht die Unwahrheit und komm mir jetzt nicht mit Entschuldigungen. Wenn ich gewußt hätte, daß es deiner Mutter so schlecht (er)gehen würde, wären wir in die entgegengesetzte Ecke Spaniens gefahren, mindestens nach Alicante . . . – *P.:* Mama klagt immer, du kennst sie ja zur Genüge. Laß dir deshalb die Ferien nicht verbittern. – *O. P.:* Weißt du, was mir eingefallen ist? – *P.:* Sag schon! – *O. P.:* Ich sage es dir im Vertrauen, wenn du mir versprichst, daß du niemandem etwas sagen wirst. – *P.:* Ehrenwort! Ich schweige wie ein Grab. – *O. P.:* Schau, Paco: Wenn Manolo und seine Freundin zurückkommen, werden Tante Concha und ich woandershin fahren; wenn du willst, kannst du mit uns kommen. Was meinst du? – *P.:* Ich halte das für echt gut. Und wohin fahren wir? – *O. P.:* Ich habe Freunde, mit denen wir im vergangenen Jahr, in der Karwoche, eine Reise durch Frankreich und Italien gemacht haben. – *P.:* Aber wart ihr nicht in einem Bad (Heilbad)? – *O. P.:* Ja, natürlich! Wir kamen auch in einen berühmten französischen Kurort,

dort in der Nähe der Schweiz ... – *P.:* Niemand kann euch über-
treffen – *O. P.:* Also, diese Freunde leben hier in der Nähe, in
Cambados, und sie haben uns eingeladen, einige Tage bei ihnen
zu verbringen. – *P.:* Ich komme mit euch, was Mama auch immer
sagen mag ...

III. Grammatik

Relativpronomen

Das Relativpronomen dient zur Einleitung eines **Nebensatzes.**
Das gebräuchlichste Relativpronomen ist

que	*welcher, welche, welches; welche (Plural)*
	der, die, das; die (Plural)
que	bezieht sich auf Sachen **und** Personen. Nominativ und Akkusativ sind gleich (auch bei Personen ohne **a**)

Der Relativsatz wird im allgemeinen nicht durch Komma abgetrennt

El coche **que** está allí.	*Der Wagen, **der** dort steht.*
Los coches **que** están allí.	*Die Wagen, **welche** dort stehen.*
La casa **que** vendí.	*Das Haus, **das** ich verkaufte.*
Las casas **que** compramos.	*Die Häuser, **die** wir kauften.*
El padre **que** trabaja.	*Der Vater, **der** arbeitet.*
Las madres **que** están de compras.	*Die Mütter, die beim Einkaufen sind.*
Los trabajadores **que** ves allí.	*Die Arbeiter, die du dort siehst.*

Que wird ferner **nach** kurzen **einsilbigen Präpositionen** gebraucht:

El asunto **a que** te refieres.	*Die Angelegenheit, auf die du dich beziehst.*
El problema **de que** estáis hablando.	*Das Problem, von dem ihr gerade sprecht.*
El método **con que** me sorprendieron.	*Die Methode, mit welcher man mich überraschte.*

Das Relativpronomen **que** wird erweitert und präzisiert durch
vorangestellten Artikel:

el que	*welcher/derjenige welcher*	los que	*welche/*
la que	*welche/diejenige welche*	las que	*diejenigen welche*

Statt **el que** etc. sagt man auch:

| **el cual** | **la cual** | **los cuales** | **las cuales** |

Gebrauch vor allem **nach mehrsilbigen Präpositionen**
(Bezug auf Sachen oder Personen):

El jefe **para el cual** tengo que redactar la carta.	*Der Chef, **für den** ich den Brief abfassen muß.*
La estación **delante de la cual** están los taxis.	*Der Bahnhof, **vor dem** die Taxis stehen.*
Los puentes **debajo de los cuales** esperan los barcos.	*Die Brücken, **unter denen** die Schiffe warten.*
La pared **contra la cual** él disparó.	*Die Wand, **gegen die** er schoß.*
Los que trabajan de noche ganan más.	*Diejenigen, **welche** nachts arbeiten, verdienen mehr.*

Außerdem zur **Präzisierung:**

El hijo de su amiga, **el cual** se llama Pedro, ...	*Der Sohn ihrer Freundin, **der** Pedro heißt, ...*
La novia de Pepe, **la cual** no viene.	*Pepes Braut, **die** nicht kommt.*

Beachten Sie: Es wird genau Bezug auf die Person genommen;
que wäre ungenau!

(Fortsetzung in Lektion 2)

IV. Übungen

1. ¿Ser/estar/hay?
En la ciudad ... muchos monumentos importantes; cerca ... la
catedral, que ... una de las más antiguas del país; al lado ...
muchas tiendas donde ... siempre mucha gente examinando lo
que ... ¿Quién ... el encargado del curso? Ya ... llegando los
exámenes y ... necesario ... preparados para las pruebas, que ...
bastante difíciles; no ... mucho tiempo ya para prepararse y ...
que aprovecharlo bien.

2. Conjugar en futuro:

vamos a Galicia; venimos pronto; sabes que he llegado; tiene que esperar; os ponéis el abrigo; se preparan para salir; somos bastantes; hay bebidas para todos; ¿puedes ayudarme?

3. Responder con frases afirmativas y negativas:

¿Siente tío Pepe malestar? / ¿Se queja la madre de Paco? / ¿Le parece bien a Manolo la propuesta de su tío? / ¿Estuvieron en un balneario? / ¿Ha sido invitado tío Pepe?

4. Traducir al alemán:

Las señoritas que veis allí son guatemaltecas. Esta tarde viene un español para el cual tengo que traducir un documento. Recibió un telegrama por el cual le informaron detalladamente. El cumpleaños *(Geburtstag)* a que me invitan es para él el día más importante del año. Cables son elementos por los cuales pasa la corriente eléctrica. Mi jefe ha comprado una computadora por la cual se interesaba ya desde hace muchos meses. Me va a enseñar las oficinas para las que necesita máquinas de escribir.

Las condiciones bajo las cuales tuvimos que aceptar la oferta, son poco favorables. La empresa tiene dos secretarias que dominan las lenguas inglesa, francesa y española. Proteínas y grasas *(Fette)* son sustancias sin las cuales no podemos vivir. Predominan unas tendencias contra las cuales hay que luchar.

5. Übersetzen Sie ins Spanische:

Die Großmutter meines Freundes, die in Spanien wohnt, kam ihn jedes Jahr besuchen. Das Haus, in dem die Familie wohnt, ist sehr geräumig *(espacioso)*. Die Bücher, ohne die wir nicht studieren können, sind teurer, als man glaubt. Der Bruder meiner Freundin, der in München die Technische Universität besucht, will Ingenieur werden *(quiere ser ingeniero)*. Diejenigen, welche die letzten sind, werden die ersten sein. Die Sache, auf die ihr euch beziehet, ist komplizierter, als sie scheint. Der Film, von dem die ganze Stadt spricht, ist für Kinder nicht geeignet *(no apto para menores)*. Der Verlag, für welchen ich gerade ein Buch übersetze, zahlt ziemlich gut. Die Häuser, hinter denen schöne Gärten liegen, sind bereits ziemlich alt. Die Sätze, mit denen man mich in der Prüfung überraschte, waren nicht so leicht, wie man hätte annehmen können.

V. Wortschatz

1

confidencial	vertraulich
el estorbo	Störung
resultar un estorbo a alguien	jemandem zur Last fallen, lästig werden
mentir (-ie-)	lügen
la excusa	Entschuldigung, Ausrede
pasar un mal rato	einem übel ergehen
la punta	Ende, Spitze
opuesto, -a (oponer)	entgegengesetzt
por lo menos	mindestens
quejarse (de)	jammern, klagen, sich beklagen
de sobra	zur Genüge
amargarse	(sich) verbittern (lassen)
ocurrirse: se me ocurre	mir fällt ein
¡palabra de honor!	Ehrenwort!
la tumba	Grab
cuando *(+ Konj.)*	wenn, sobald
cuando *(+ Pretérito indefinido)*	als
requetebién	ganz, ganz gut; echt gut; Spitze!
Francia	Frankreich
Semana Santa	Karwoche
el balneario	Badeort, Kurort, Thermalbad
francés, -esa	französisch
Suiza	die Schweiz
no hay quien os gane	*wörtlich:* es gibt keinen, der gegen euch gewinnt = ihr seid unübertrefflich
invitar	einladen

Lección 2 – Lektion 2

En Cambados

In Cambados

I. Text

En Cambados, Paco se reconcilió con la Galicia de sus antepasados. Había oído hablar mucho de las rías, cuya belleza, de tanto oírla ponderar a su padre, le había decepcionado en parte; a sus catorce años, Paco no sabía captar aún la belleza misteriosa del paisaje litoral; además, la llovizna le ponía nervioso. Hasta que vio todas las maravillas reunidas en Cambados, una antología de las rías bajas: pazos monumentales, las melancólicas ruinas románicas de Santa Marina, hoy camposanto, la playa de San Saturnino ... Cambados, pese al barullo turístico, es ante todo un pueblo de pescadores; por eso, tía Concha y tío Pepe, a quienes Paco debía la aventura del viaje, llevaron a su sobrino al Pazo de Bazán, quizá la estación culinaria más importante de la región. Ante la carta, Paco puso unos ojos como platos: ostras, centollos, cigalas, percebes y otros mariscos; luego, sardinas asadas, rodaballo, merluza y otras clases de pescado para elegir; todo en su punto, y para beber, uno de los excelentes caldos gallegos: albariño, un vino perfumado y verde, de cuerpo ligero; y un ribero a continuación, el tinto que encierra toda la gloria de las viñas gallegas. Paco estaba maravillado, porque nunca había oído hablar de Galicia como país vinícola.

II. Übersetzung

In Cambados söhnte sich Paco mit dem Galicien seiner Vorfahren aus. Er hat viel von den „Rías" reden hören, deren Schönheit – weil er seinen Vater sie so oft hat rühmen hören – ihn teilweise enttäuscht hatte; mit seinen vierzehn Jahren verstand es Paco noch nicht, die geheimnisvolle Schönheit der Küstenlandschaft zu erfassen; außerdem machte ihn der Sprühregen nervös. Bis er all die wunderbaren Dinge in Cambados vereint sah, eine Anthologie der „Rías bajas": mächtige Stammhäuser, die schwermütigen romanischen Ruinen von Santa Marina, heute ein Friedhof; den Strand von San Saturnino ... Cambados ist, trotz des Touristenrummels, vor allem ein Fischerdorf; deshalb führten Tante Concha und Onkel Pepe, denen Paco das Abenteuer dieser Reise verdankt, ihren Neffen zum Pazo de Bazán, dem vielleicht bedeutendsten kulinarischen Treffpunkt der Region. Beim Studium der Speisekarte machte Paco ganz große Augen: Austern, Seespinnen, Kronenhummer, Entenmuscheln und andere Schalentiere; ferner gebratene Sardinen, Steinbutt, Seehecht und andere Fischarten nach Wahl; alles fein zubereitet, und als Getränk eines der edelsten galicischen Gewächse: der Albariño, ein grüner duftender Wein leichter Art; und dann ein Ribero, der Rotwein, der all die Herrlichkeit der galicischen Weinberge in sich vereint. Paco war entzückt, denn er hatte nie von Galicien als einem Weinland reden hören.

III. Grammatik

Relativpronomen (Fortsetzung)

lo que oder **lo cual**	entspricht dem deutschen **was** (jedoch nicht im Frage- oder Ausrufesatz!)

Lo que dices no me interesa.	*Was du sagst, interessiert mich nicht.*
Esto es **todo lo que** tengo.	*Das ist alles, was ich habe.*

jedoch:

Esto es **algo que** no comprendemos.	*Das ist etwas, was wir nicht verstehen.*
No dicen **nada que** no sea interesante.	*Sie sagen nichts, was nicht interessant wäre.*

2

de lo que
= de lo cual } *worüber*

para lo cual *wozu, wofür*

por lo que
= por lo cual } *weshalb*

quien	(Plural: quienes) *welcher, welche* bezieht sich **nur** auf Personen und steht **meist** nach einsilbigen Präpositionen

El profesor **de quien** hemos recibido la instrucción.
*Der Lehrer, **von dem** wir die Instruktion erhalten haben.*

El señor **con quien** fuimos a España ...
*Der Herr, **mit dem** wir nach Spanien fuhren ...*

Mis sobrinas **a quienes** quiero mucho, viven en Toledo.
*Meine Nichten, **die** ich sehr gern habe, wohnen in Toledo.*

cuyo/cuyos/cuya/cuyas	*dessen, deren*

Dieses Pronomen richtet sich – im Gegensatz zum Deutschen – in Geschlecht und Zahl nach dem **darauffolgenden** Substantiv!

La madre cuy**o** hij**o** ...
*Die Mutter, **deren** Sohn ...*

Tengo un amigo cuy**a** hij**a** está en América.
*Ich habe einen Freund, **dessen** Tochter in Amerika ist.*

Este es el señor a cuy**a** tía he visitado.
*Dies ist der Herr, **dessen** Tante ich besucht habe.*

donde	*wo* (entspricht „en que")

El pueblo **donde** nací.
*Das Dorf, **in dem** ich geboren wurde.*

(auch: el pueblo en que nací.)

cuanto	*alles was,* (entspricht „todo lo que")

Contábamos **cuanto** sabíamos
*Wir erzählten **alles, was** wir wußten.*

(= contábamos todo lo que sabíamos).

(Dieses „cuanto" klingt etwas literarisch und kommt in der gesprochenen Sprache kaum vor.)

Unregelmäßiges Gruppenverb sentir *fühlen, empfinden, bedauern, leid tun* etc.

Stammbetontes **-e-** wird zu **-ie-**, unbetontes **Stamm-e** wird zu **-i-**, wenn Endung mit *a, io* oder *ie* beginnt.

Präsens:	siento	sentimos	*Konjunktiv:*	sienta	sintamos
	sientes	sentís		sientas	sintáis
	siente	sienten		sienta	sientan
Pretérito	sentí	sentimos	*Gerundium:*	sintiendo	
indefinido:	sentiste	sentisteis			
	sintió	sintieron			

Regelmäßig sind **Imperfekt:** *sentía, sentías,* etc., **Perfekt:** *he sentido,* etc. **Plusquamperfekt:** *había sentido,* etc., **Futur:** *sentiré, sentirás,* etc. **Konditional:** *sentiría, sentirías,* etc.

Wichtige Verben dieser Gruppe sind u. a.:

mentir	*lügen*	invertir	*umkehren;*
preferir	*vorziehen*		*investieren*
referirse a	*sich beziehen auf*	divertir(se)	*(sich) unterhalten*
requerir	*erfordern*	sugerir	*anregen,*
hervir	*sieden, kochen*		*vorschlagen*
herir	*verletzen*	transferir	*übertragen,*
consentir	*zustimmen*		*überweisen*

IV. Übungen

1. Construir frases con pronombre relativo (Ejemplo: He viajado con un amigo – el amigo con quien he viajado):
hemos hablado con un señor / he comprado un libro para un amigo / quiero mucho a mis padres / habéis visitado a unos parientes / estudio español con un método / compramos unas revistas / se refieren a un viaje / las amigas esperan junto a un quiosco / fui a España con amigos.

2. Completar en la forma adecuada:
Los tíos *(preferir)* ir en coche; nosotros *(sentir)* su decisión; no *(mentir yo)* con lo que te *(referir)*; hemos *(invertir)* mucho dinero,

generalmente no *(invertir)* tanto; ¿*(consentir)* Vd.* esa reacción?; *(divertirse)* mucho los invitados; ¿qué me *(sugerir)* tú?

3. Colocar las frases en los distintos pretéritos:

Manolo siente la molestia; el agua hierve; nos referimos a su carta; los niños mienten sin mala intención; se hiere con el cuchillo; Adela prefiere un bikini; no consiento esas palabras; nos sugieren planes muy raros; os divertís con poca cosa.

4. Traducir al alemán:

Todo lo que dices tiene poco sentido *(Sinn)*. Los Sres. López, con cuyos hijos estuvimos en Portugal, son simpáticos. Hay muchos libros didácticos *(Lehrbücher)*, algunos de los cuales son realmente recomendables. La agencia de traducciones tiene varias máquinas de escribir, cada una de las cuales tiene un teclado *(Tastatur)* diferente. Ha recibido un premio *(Preis)* de mil marcos, de lo que se alegra muchísimo. Quien no ha visto (a) Granada, no ha visto nada; quien no ha visto (a) Sevilla, no ha visto maravilla. Se hace lo que se puede. Donde mejor se aprende el español, es en esta escuela. No es oro todo lo que reluce *(glänzen)*. Dime con quién andas y te diré quién eres.

5. Übersetzen Sie ins Spanische:

José hat sich mit seiner Freundin versöhnt, mit der er im vorigen Jahr in Galicien gewesen ist. Die „Rías", deren Schönheit man in der ganzen Welt kennt, haben mich ein wenig enttäuscht. Du kannst dir nicht vorstellen, wie schön die Landschaft ist *(lo hermoso **que** es el paisaje)* mit ihren Seen, Flüssen und grünen Wäldern. Der Touristenrummel macht dich nervös. Meine Bekannten haben mich in das bedeutendste Feinschmeckerlokal *(centro culinario)* des Landes geführt. Beim Betrachten der Speisekarte habe ich sehr große Augen gemacht, denn die Preise waren sehr hoch. Der Steinbutt und der Seehecht waren schon gar *(zubereitet)*, als wir das Restaurant betraten. Mein spanischer Freund war erstaunt, weil er nie von Bayern als einem Land des Bieres hat reden hören. Das Land, wo die Leute nicht vor Mitternacht schlafen gehen *(acostarse)*, ist ohne Zweifel Spanien, dessen Bewohner aber auch später aufstehen *(levantarse)*.

V. Wortschatz

reconciliarse	sich versöhnen, sich aussöhnen
los antepasados	Vorfahren

---

* **Beachten Sie bitte:** „Sie" kann im Spanischen mit *V., Vd., Ud., Uds.* (mit oder ohne Punkt) abgekürzt werden.

de *(+ Infinitiv)*	weil . . .
ponderar	rühmen, preisen
decepcionar	enttäuschen
en parte	teilweise
captar	erfassen, begreifen
la llovizna	Sprühregen
poner nervioso	nervös machen; verunsichern
reunido	vereint, versammelt
la antología	Anthologie, Auswahl erlesener Dinge
el pazo	Land-, Stammhaus *(Galicien)*
monumental	großartig, mächtig
las ruinas	Ruinen
románico, -a	romanisch
el camposanto	Friedhof
el barullo	Durcheinander, Lärm, Rummel
ante todo	vor allem, in erster Linie
culinario, -a	Küchen . . ., Koch . . .; kulinarisch
estación culinaria	kulinarischer Treffpunkt
la carta	(Speise-)Karte
el plato	Teller
poner unos ojos como platos	ganz große Augen machen
la ostra	Auster
el centollo	Seespinne
la cigala	Kronenhummer, Kaisergranat
el percebe	Entenmuschel
el marisco	Schalentier
mariscos	Meeresfrüchte
la sardina	Sardine
asado, -a	gebraten
asar	braten
el rodaballo	Steinbutt
la merluza	Seehecht
en su punto	zubereitet, gar
excelente	ausgezeichnet, erlesen
el caldo	Brühe
los caldos	Weine (aus einer bestimmten Gegend), Gewächse (Rebensaft)
perfumado, -a	duftend
de cuerpo ligero	leicht
a continuación	danach, dann
el (vino) tinto	Rotwein
encerrar	einschließen, in sich vereinen
la gloria	Herrlichkeit, Ruhm
la viña	Weinberg
maravillado, -a	entzückt
vinícola	Wein . . .
país vinícola	Weinbauland, -gebiet

Lección 3 – Lektion 3

Paraísos escondidos

Verborgene Paradiese

I. Text

(Marion: *M.*, Adela: *A.*)

M.: ¡Qué maravilla! ¡Cómo es posible que no se vea ni un turista!

A.: ¿Para qué quieres turistas?

M.: Es que no puedo expresar cuánto me gusta este paraíso, y me parece raro que tan pocos lo hayan descubierto.

A.: La idea ha sido de Jaime; sabe Dios quién se la inspiró.

M.: Ya me había dicho Manolo lo linda que es esta región, pero es imposible darse una idea de esto sin verlo con los propios ojos.

Las dos parejas se habían dado cita en una playa solitaria rodeada de pinares, que antaño perteneció a un monasterio.

20

(Manolo: *M.*, Jaime: *J.*)

M.: ¿Quién te reveló este rincón tan maravilloso para acampar?

J.: Cada cual tiene sus fuentes de información . . .

M.: ¿Y cómo se accede a ellas?

J.: Dicen que preguntando se va a Roma, ¿no?

M.: ¿Y a quién preguntaste tú?

J.: A un experto periodista llamado don Antonio Rivero . . .

M.: No me digas; ¿quieres tomarme el pelo?

J.: Como lo oyes: a mi futuro suegro.

M.: ¿Y cuándo te reveló el secreto?

J.: Pues no hace tanto tiempo. Hablando de mis aficiones submarinistas, me dijo que conocía unos acantilados contra los que se había estrellado toda una flota de piratas atacada por los monjes de este monasterio de Santa María de Oya; fue allá por el siglo XVI.

M.: ¿Y de qué conocía él esto con tanto detalle?

J.: Te va a sorprender tanto como a mí: aquí, en este mismísimo rincón, pasaron tus padres su luna de miel . . .

M.: ¿Cómo? ¿Qué?

II. Übersetzung

Marion: Wie wunderbar! Wie ist es möglich, daß man nicht einen Touristen sieht? – *Adela:* Wofür willst du Touristen? – *M.:* Ich kann nämlich gar nicht zum Ausdruck bringen, wie sehr mir dieses Paradies gefällt, und es kommt mir seltsam vor, daß so wenige es entdeckt haben. – *A.:* Die Idee stammt von Jaime; Gott weiß, wer sie ihm eingegeben hat. – *M.:* Manolo hatte mir bereits gesagt, wie hübsch diese Gegend (hier) ist, aber es ist unmöglich, sich eine Vorstellung davon zu machen, ohne es mit eigenen Augen zu sehen.

Die beiden Paare hatten sich an einen einsamen, von Pinienhainen umgebenen Strand verabredet, der früher einem Kloster gehört hatte.

3 *Manolo:* Wer hat dir diesen so herrlichen zum Zelten geeigneten Winkel verraten? – *Jaime:* Jeder hat seine Informationsquellen ... – *M.:* Und wie kommt man an sie ran? – *J.:* Es heißt, wenn man fragt, kommt man nach Rom. Nicht? – *M.:* Und wen hast du gefragt? – *J.:* Einen journalistischen Experten namens Antonio Rivero ... – *M.:* Jetzt hör aber auf! Willst du mich auf den Arm nehmen? – *J.:* Wie du gehört hast: meinen künftigen Schwiegervater. – *M.:* Und wann hat er dir das Geheimnis verraten? – *J.:* Also, es ist nicht solange her. Als ich von meinem Tauchsport-Hobby sprach, sagte er mir, daß er steile Küstenabschnitte kenne, gegen die eine ganze Piratenflotte geprallt sei, angegriffen von den Mönchen dieses Klosters von Santa María de Oya; das war damals im 16. Jahrhundert. – *M.:* Und woher wußte er all das so im Detail? – *J.:* Es wird dich ebenso wie mich überraschen: hier, genau in dieser Ecke verbrachten deine Eltern ihre Flitterwochen ... – *M.:* Wie? Was?

III. Grammatik

Ordnungszahlen (números ordinales)

1°	primero/a/os/as *erster/erste*	11°	undécimo
2°	segundo	12°	duodécimo
3°	tercero	13°	decimotercero
4°	cuarto		(*oder:* decimotercio)
5°	quinto	14°	decimocuarto *etc.*
6°	sexto	20°	vigésimo
7°	séptimo	100°	centésimo
8°	octavo	1000°	milésimo
9°	noveno	1000000°	millonésimo
10°	décimo		*Millionste/r*

Gebrauch: wie ein Adjektiv, das heißt Anpassung in Geschlecht und Zahl an das Bezugssubstantiv. Im allgemeinen Voranstellung:

los primeros minutos   *die ersten Minuten*
por segunda vez   *zum zweiten Mal*

jedoch: la lección tercera   *die dritte Lektion*

primero und **tercero** werden vor männlichen Hauptwörtern im Singular verkürzt:

| el primer viaje | *die erste Reise* |
| el tercer hombre | *der dritte Mann* |

Beim **Datum** kann nur der erste Tag des Monats durch die Ordnungszahl ausgedrückt werden:

| Hoy estamos a primero de julio. | *Heute ist der erste Juli.* |

jedoch: el dos de mayo   *der zweite Mai*
el día treinta y uno de marzo   *der einunddreißigste März*

Im allgemeinen werden im Spanischen die Ordnungszahlen nur bis einschließlich 10 verwendet, ab 11 wird meistens die Grundzahl (ohne Punkt im Spanischen!) eingesetzt:

el siglo XX (siglo veinte)	*das 20. Jahrhundert*
Alfonso X (Alfonso Décimo)	*Alfons X.*
el Papa Juan Pablo II	*Papst Johannes Paul II.*

Bruchzahlen (números fraccionarios)

un entero	*ein Ganzes*	dos mitades	*zwei Halbe*
la mitad	*die Hälfte*	media hora	*eine halbe Stunde*
un tercio	*ein Drittel*	(*oder:* una tercera parte)	
un cuarto	*ein Viertel*	tres cuartas partes	*drei Viertel*
		un cuarto de hora	*eine Viertelstunde*
un quinto	*ein Fünftel*		
un sexto	*ein Sechstel*		
un séptimo	*ein Siebtel*	etc.	

ab 11 steht die Endung **-avo**

un onceavo	*ein Elftel*	$\frac{1}{11}$	(*auch:* onzavo)
un veintavo	*ein Zwanzigstel*	$\frac{1}{20}$	
un centavo	*ein Hundertstel*	$\frac{1}{100}$	
dos centavos	*zwei Hundertstel*	$\frac{2}{100}$	

Vielfache (múltiples)

simple	*einfach*		
doble	*zweifach,*	el doble	*das Zweifache,*
(*auch:* duplo)	*doppelt*		*Doppelte*
triple, triplo	*dreifach*		
cuádruple,	*vierfach*		
cuádruplo			
quíntuplo	*fünffach* etc.		
céntuplo	*hundertfach*		
oder: ...	*(... mal so*		
veces tanto	*viel)*:		
tres veces tanto	*dreimal so viel*		
cien veces tanto	*hundertmal so*		
	viel, das Hun-		
	dertfache		

Unregelmäßige Verben

poder *können, dürfen*

Präsens:	puedo	podemos	Konjunktiv	pueda	podamos
	puedes	podéis	Präsens:	puedas	podáis
	puede	pueden		pueda	puedan
Pretérito	pude	pudimos	Imperfekt:	podía	podíamos
indefinido:	pudiste	pudisteis		podías	podíais
	pudo	pudieron		podía	podían
Konjunktiv	pudiese,	pudiera	Gerundium:	pudiendo	
II:	etc.	etc.			
Futur I:	podré	podremos	Perfekt:	he podido etc.	
	podrás	podréis	Plusquam-	había podido etc.	
			perfekt:		
	podrá	podrán	Futur II:	habré podido etc.	
Konditio-	podría		Konditional	habría podido etc.	
nal I:	podrías		II:		
	etc.				

¿Puedo entrar?	*Kann/darf ich reinkommen?*
¿Puede Ud. respirar?	*Können Sie atmen?*

saber *wissen, können (= gelernt haben), erfahren*

Präsens:	**sé**	sabemos	Konjunktiv	**sepa**	sepamos
	sabes	sabéis	Präsens:	sepas	sepáis
	sabe	saben		sepa	sepan
Pretérito indefinido:	**supe**	supimos	Imperfekt:	sabía	
	supiste	supisteis		sabías	
	supo	supieron		etc.	
Konjunktiv II:	supiese, etc.	supiera etc.	Gerundium:	sabiendo	
Futur I:	sabré, sabrás etc.		Perfekt:	he sabido etc.	
Konditional:	sabría, sabrías etc.		Plusquamperfekt:	había sabido etc.	

¿Sabes esquiar?	*Kannst du skifahren?*
No lo sabía.	*Ich wußte es nicht.*
Lo supimos ayer.	*Wir erfuhren es gestern.*
No que yo sepa.	*Nicht daß ich wüßte.*

IV. Übungen

1. Leer:
Pepe vive en la calle Zorrila, 67/V / En el siglo XXI será más fácil acceder a Galicia / El papa Juan XXIII sucedió a Pío XII, y Juan Pablo I a Pablo VI / En el siglo VIII invadieron los árabes el territorio ibérico, y permanecieron en la Península hasta fines del siglo XV / Alfonso X es llamado el Sabio, por haber hecho una gran labor cultural, iniciada en parte por su padre, Fernando III el Santo.

2. Expresar en pretéritos (perfecto, imperfecto, indefinido):
Julio no *(saber)* responder; ¿*(poder)* tú ayudarle?; ellos *(decir)* que no; vosotros *(tener)* suerte; yo no *(querer)* decidirme; ¿*(creer)* vosotros lo que *(contaros)*?; ¿a qué hora *(llegar)* los excursionistas?; ¡qué tiempo *(hacer)*!

3. Leer según exige el sentido:
Yo no *(saber)* todavía la lección; ¿*(poder)* responder vosotros ya?; mañana, seguramente *(saber)* todos las preguntas; ayer,

3 nadie *(poder)* responder correctamente; cuando ellas *(llegar)* a clase, ya *(estar)* nosotros esperándolas; yo no *(saber)* conducir; mi amigo *(saber)*, pero no *(poder)*, porque la policía le ha retirado el carnet.

4. Traducir al alemán:
¿Denme Uds. doble cantidad! ¡Vendedme treinta veces tanto! El cuádruplo de ocho es treinta y dos. Su hermano está en la segunda clase. La milmillonésima (parte) de un milímetro. Es el tercer viaje que hacemos a España, pero la primera vez que estamos en Galicia. En el capítulo primero se explican detalladamente los primeros pasos. Mis suegros viven en el tercer piso, cuarta puerta, nosotros en el primero. El rey Alfonso Décimo, el Sabio, fue una de las figuras más ilustres del siglo XIII (trece). ¿Estamos hoy a primero o a dos de abril? En Alemania se dedica un quinto del presupuesto *(Budget)* federal a la Defensa. El Gobierno ha gastado la mitad de los fondos. La quinceava parte de sententa y cinco es cinco. Tenéis que esperar un cuarto de hora. Cinco sextas partes de la población son mestizos.

5. Übersetzen Sie ins Spanische:
Er verdient das Doppelte *(oder:* zweimal soviel) wie du. Der Garten, der früher einem Kloster gehörte, ist von Pinien umgeben. König Juan Carlos I. ist der Enkel des Königs Alfons XIII., der 1931 nach Italien ging. Die beiden jungen Leute *(jóvenes)* hatten sich in einer Bar im Zentrum verabredet. Wie ist es möglich, daß du nur 101 Peseten besitzt? Man kann sich von der Schönheit der katalanischen Landschaft keine Vorstellung machen, wenn man sie nicht mit eigenen Augen gesehen hat. An den Klippen zerschellte in der zweiten Hälfte des 16. Jahrhunderts eine Seeräuberflotte. Wo möchtet ihr eure Flitterwochen verbringen? Wer hat dieses Geheimnis aufgedeckt? Der zweite Mann von Tante Adela, und es ist nicht so lange her.

V. Wortschatz

esconder	verstecken, verbergen
es que ...	nämlich; weil
expresar	ausdrücken, zum Ausdruck bringen
me parece raro que *(+ Konj.)*	es kommt mir merkwürdig vor, daß
descubrir	entdecken
ser de	stammen von, kommen von
sabe Dios	Gott weiß
inspirar	inspirieren, eingeben

lindo, -a	hübsch, schön
lo linda que es (la región)	wie schön sie ist (die Gegend)
imposible	unmöglich
darse una idea de	sich eine Vorstellung machen von
con los propios ojos	mit eigenen Augen
la pareja	Paar
darse cita	sich verabreden
solitario, -a	einsam
rodear (de)	umgeben, umringen, einsäumen
el pinar	Pinienhain, Pinienwald
pertenecer a	gehören zu
el monasterio	Kloster
revelar	verraten, preisgeben
acampar	zelten, kampieren
cada cual	jeder (einzelne)
acceder (a)	rankommen (an), Zugang finden (zu)
preguntando se va a Roma	wer viel fragt, geht nicht irr
no me digas	jetzt hör aber auf; hör mir auf damit!
tomar el pelo a alguien	jemanden auf den Arm nehmen
futuro, -a	künftig
el suegro	Schwiegervater
la afición	Hobby, Lieblingsbeschäftigung
submarinista	Unterwasser . . . , Tauchsport . . .
el acantilado	Steilküste
estrellarse (contra)	zerschellen, zerschmettern (an), prallen (gegen)
la flota	Flotte
el pirata	Seeräuber, Pirat
atacar	angreifen
el monje	Mönch
allá por	damals (ungefähr) im . . .
de qué	woher
el detalle	Detail
sorprender	überraschen
mismísimo, -a	ganz genau, gleich, direkt
la luna	Mond
la miel	Honig
la luna de miel	Flitterwochen, Honigmond

Lección 4 – Lektion 4

Viaje a la eternidad

Reise in die Ewigkeit

I. Text

Tan en secreto y a hurtadillas como le había parecido a Paco no
había sido su aventura en compañía de sus tíos. Todo había sido
perfectamente planeado, para dejar en paz a los padres, a fin de
que tuvieran ocasión de hacer solos una escapada a Santiago de
Compostela; don Antonio había prometido asistir a la recepción
de clausura de un congreso periodístico. Hasta la hora de comer,
su esposa pudo recorrer por enésima vez las rúas y plazas de esta
ciudad incomparable, que tantos recuerdos guardaba de sus años
de estudiante. Casi con los ojos cerrados fue paseando por el
centro, contemplando toda la belleza de la ciudad de los peregrinos: la Catedral del Apóstol, con su espléndido Pórtico de la
Gloria y las distintas fachadas y plazas circundantes: Platerías,
Quintana, Azabachería, Obradoiro; edificios de abolengo histó-
rico como el antiguo Hospital Real, hoy Hotel de los Reyes Católicos; el palacio del Obispo Gelmírez, personaje extraordinario de

la Edad Media española; el Colegio Mayor Fonseca, conventos, iglesias, plazas, fuentes y mercados... Cansada, se sentó un rato en el famoso Paseo de la Herradura, desde donde se contempla una panorámica inolvidable del centro urbano, "un sueño de granito, inmutable y eterno", como lo definiera un gran escritor gallego, don Ramón María del Valle Inclán.

II. Übersetzung

So heimlich und unauffällig, wie es Paco vorgekommen war, war sein Abenteuer in Begleitung seines Onkels und seiner Tante nicht gewesen. Alles war perfekt geplant worden, um die Eltern in Frieden zu lassen, damit sie Gelegenheit hatten, allein einen Abstecher nach Santiago de Compostela zu machen; Antonio hatte versprochen, an einem abschließenden Empfang eines Journalistenkongresses teilzunehmen. Bis zum Essen konnte seine Frau zum x-ten Male durch die Straßen und über die Plätze dieser unvergleichlichen Stadt gehen, die so viele Erinnerungen an ihre Studienzeit bewahrte. Fast mit geschlossenen Augen schlenderte sie durch das Zentrum und betrachtete (dabei) all die Schönheit der Stadt der Pilger: die Kathedrale des Apostels mit ihrem herrlichen Pórtico de la Gloria (= *Säulengang der Seligkeit*), die verschiedenen Fassaden sowie die umliegenden Plätze: Platerías, Quintana, Azabachería, Obradoiro; Gebäude von großer geschichtlicher Tradition wie das alte Hospital Real, heute Hostal (Hotel) de los Reyes Católicos; das Palais des Bischofs Gelmírez, einer außergewöhnlichen Gestalt des spanischen Mittelalters; das Colegio Mayor Fonseca sowie Klöster, Kirchen, Plätze, Brunnen und Märkte... Müde geworden, nimmt sie für kurze Zeit auf dem Paseo de la Herradura Platz, von wo aus man einen unvergeßlichen Gesamtblick auf die Innenstadt hat, „ein Traum aus Granit, unveränderlich und ewig", wie es ein großer galicischer Dichter, Ramón María del Valle Inclán, formulierte.

III. Grammatik

Interrogativpronomen

a) in der **direkten** Frage:
¿Qué quieres? *Was willst du?*
b) in der **indirekten** Frage:
Pregúntale **qué** quiere. *Frag ihn, was er will.*

c) im **Ausruf:**

¡Qué tontería!   *Was für eine Dummheit!*

Diese Pronomen werden – zur Unterscheidung von den Relativpronomen – mit **Akzent** versehen:

¿Qué? (+ Verb):
   ¿Qué has dicho?   **Was** *hast du gesagt?*
   ¿Qué es esto?   *Was ist das?*
¿Qué? (+ Substantiv):
   ¿Qué diccionario compras?   **Welches** *Wörterbuch kaufst du?*
¿Qué tal?   **Wie** *geht's?*
   ¿Qué tal (es) la película?   *Wie ist der Film?*
   ¿Qué te parece el libro?   *Was hältst du von dem Buch?*
                                    (Wie findest du das Buch?)

   ¡Qué calor!   *Was für eine Hitze!*
   ¡Qué lástima!   *Wie schade!*
   ¡Qué bien habla el español!   *Wie gut er Spanisch spricht!*
   ¡Qué poco sabes! *oder:*   *Wie wenig du weißt!*
   ¡Lo poco **que** sabes!
¿A qué?   *Wozu denn?*
   ¿A qué comprar todas estas   *Wozu denn all diese Dinge*
   cosas?   *kaufen?*
¿Para qué?   *Wozu? Wofür?*
   ¿Para qué necesitas la   *Wozu brauchst du die Pistole?*
   pistola?
¿Por qué?   *Wieso? Warum?*
   ¿Por qué bebes tanto vino?   *Warum trinkst du soviel Wein?*
¿Quién? (Plural: **quiénes**)   *Wer?*
   ¿Quién es esa señora?   *Wer ist diese Dame dort?*
   ¿Quién me ha escrito?   *Wer hat mir geschrieben?*
   ¿Quiénes son esas señoras?   *Wer sind . . . diese Damen dort?*
   ¿De quién es ese paraguas?   *Wem gehört dieser Regenschirm?*
¿Cuál? (Plural: **¿cuáles**?)   **Welcher, Welche, Welches?**
   ¿Cuál es la diferencia entre   *Was ist der Unterschied zwischen*
   . . .?   *. . .?*
   ¿Cuáles son los coches más   *Welche sind die teuersten Autos?*
   caros?

Cuál frägt also nach Sachen/Personen, die zahlen- oder gruppen-
mäßig abgegrenzt sind:

   ¿Cuál de las dos (chicas) es   *Welche(s) von den beiden (Mäd-*
   tu hermana?   *chen) ist deine Schwester?*

¿Cómo?	Wie?	4
¿Cómo ha podido conseguir la beca?	Wie ist es ihm gelungen, das Stipendium zu bekommen? (wie hat er erreichen können . . .)	
¿Cómo se pronuncia esta palabra?	Wie spricht man dieses Wort aus?	

¿Cuánto?	Wieviel? (auch veränderlich: cuanta/os/as)
¿Cuánto es? ¿Cuánto cuesta? ¿Cuánto vale?	Wieviel kostet das?
¿Cuánto dinero?	Wieviel Geld?
¿Cuántos libros?	Wie viele Bücher?
¿Cuántas mujeres?	Wie viele Frauen?

¡Cuánto!	Wie sehr!
¡Cuánto me gusta tu nombre!	Wie sehr (gut) mir dein Name gefällt!
¡Cuánto hemos trabajado!	Wie haben wir doch gearbeitet (geschuftet)!

¿Dónde?	Wo?
¡Dónde trabaja Ud.?	Wo arbeiten Sie?
¿A dónde vas?	Wohin gehst du?
¿De dónde viene?	Woher kommt er?
¿Por dónde pasa el tren?	Durch welchen Ort fährt der Zug?

¿Cuándo?	Wann?
¿Cuándo terminas?	Wann bist du fertig?
¿Desde cuándo estás en España?	Seit wann bist du in Spanien?
¿Para cuándo habrás terminado el trabajo?	Bis wann wirst du die Arbeit beendet haben?

Aber **Uhrzeit:**	
¿A qué hora llega el tren?	Wann kommt der Zug (an)?

IV. Übungen

1. Expresar en el tiempo adecuado según el sentido:
En 1936 *(comenzar)* la guerra civil española; *(costar)* la vida de 1.000.000 de personas aproximadamente y *(durar)* hasta 1939, año en que *(empezar)* la segunda guerra mundial, que *(ocasionar)* todavía más muertes y desgracias[1]. En el siglo XIX, las guerras *(ser)* más numerosas, pero no *(producirse)* tanto número de vícti-

4 mas, porque las armas[2] no *(estar)* tan desarrolladas ni *(haber)* medios de transporte como en el siglo XX. El l de mayo *(tener)* lugar una manifestación pacifista[3].

[1] Unglück; Verluste [2] Waffen [3] Friedenskundgebung

2. Responder de acuerdo con el texto:
¿Le gustaría conocer Santiago de Compostela? – ¿Por qué? / ¿Qué piensa de la historia de esta ciudad? ¿Conoce lo que era el llamado Camino de Santiago? / ¿Qué eran los peregrinos? ¿Le gustaría haber vivido en la Edad Media?

3. Formular las preguntas correspondientes:
(Ejemplo: Son 200 pesetas – ¿**cuánto** cuesta? / ¿cuánto es?)
Viene a las 12,30; no juegan porque no quieren; viven para trabajar; trabajan para vivir; ha hecho muy mal la traducción; mis libros son éstos; mi amiga vive en Valladolid; esa señora es la madre de Juan; me dijo que no quería ir; compró un diccionario usado; conduce un coche elegante.

4. Traducir al alemán:
¿Quién es Ud.? ¿Qué eres? ¿Qué clase de puros prefieres? ¿Qué tal es el nuevo ministro? ¿Qué tipo de bicicleta tienes? ¿A qué esperáis? ¿De qué estabais hablando? ¿Qué les parecen mis cuadros al óleo *(Ölbilder)*? ¿Qué os parece repetir todos los verbos irregulares? ¿Le gusta la nueva casa? ¡Qué guapa es tu novia! ¡Qué temprano teníamos que salir cada mañana! ¡Qué poco sabéis! ¿Cuántos kilómetros hay de Valencia a Madrid? ¿Cuánto tiempo tardará el tren (en llegar)? ¿A qué os habéis decidido? ¿Para qué trabajar, si tenemos que pagar tantos impuestos? ¿Cuál es la diferencia entre vicuña y alpaca? ¿Cuántos libros ha leído Ud. ya en su vida? ¡Cuánto habéis corrido! ¿Cómo lo va a saber ella? ¿De qué libro han copiado los estudiantes?

5. Übersetzen Sie ins Spanische:
Wer ist der Älteste von Ihnen? Welches ist die beste Methode, um Spanisch in 30 Tagen zu lernen? Worauf ist das zurückzuführen? Laßt die Eltern in Frieden; sie wollen allein einen Abstecher nach Rom machen. Sie sind heimlich und verstohlen abgereist. Wie viele Erinnerungen an meine Kindheit *(niñez)* doch dieses Haus bewahrt! Wie kann man mit geschlossenen Augen durch diese herrliche Stadt gehen? Was betrachten die Pilger in der Kirche? Der Bischof ist eine der berühmtesten Persönlichkeiten des 14. Jahrhunderts. Stammhäuser mit alter geschichtlicher Tradition finden sich in ganz Galicien und auch in Kastilien. Ein großer Dichter des Landes bezeichnete die Stadt als „einen ewigen Traum aus Granit". Wo und wann ist dieses Kapitel zu Ende?

V. Wortschatz

la eternidad	Ewigkeit
en secreto	geheim, im geheimen, insgeheim
a hurtadillas	heimlich, verstohlen, unauffällig
la compañía	Begleitung; Gesellschaft
perfecto, -a	perfekt, vollkommen
planear	planen, vorbereiten
a fin de que *(+ Konj.)*	damit . . .
la escapada	Abstecher
asistir (a)	teilnehmen
la recepción	Empfang
la clausura	(Ab)schluß
el congreso	Kongreß
por enésima vez	zum x-ten Male
la rúa	Gasse, Straße *(nur in Galicien)*
el recuerdo	Erinnerung
el/la estudiante	Student/in
años de estudiante	Studienzeit, Studentenzeit
el peregrino	Pilger
el apóstol	Apostel
el pórtico	Säulengang
la fachada	Fassade
circundante	umliegend, umgebend
la platería	Silberschmiede
el azabache	Gagat
el abolengo	Abstammung; *hier:* alte Tradition
el hospital	Krankenhaus
real	königlich
el hostal	(einfaches) Hotel; *auch:* feines Lokal
Reyes Católicos	= Isabel und Fernando *(15. Jh.)*
el palacio	Palast, Palais
el obispo	Bischof
el personaje	Persönlichkeit, Gestalt
la Edad Media	Mittelalter
el colegio mayor	Studentenheim
el convento	Kloster
la iglesia	Kirche
famoso, -a	berühmt
el paseo	Promenade, Allee
la herradura	Hufeisen
contemplar	anschauen
el granito	Granit
inmutable	unveränderlich
eterno, -a	ewig
definir	definieren, bezeichnen; formulieren
el escritor	Schriftsteller, Dichter
el Camino de Santiago	Jakobusweg (Weg der Jakobspilger im Mittelalter)

33

Lección 5 – Lektion 5

I. Text

(Manolo: *Man.*, Marion: *Mar.*)

Man.: Un interesante país, Portugal, ¿no?

Mar.: Interesantísimo, un lindísimo país.

Man.: Tal vez yo, como español, no logré verlo como tú; entre vecinos, se han de superar muchísimos prejuicios que de lejos no existen.

Mar.: Creo que tienes razón; a un turista alemán, seguro que le es más fácil hacer una comparación desapasionada entre España y Portugal; la distancia contribuye a objetivizar las reacciones.

Man.: Nos estamos poniendo muy filosóficos, Marion; ¿qué te parece si volvemos a la realidad corriente y moliente?

Mar.: Pues sí, y la realidad es que las vacaciones se acaban. Pero antes, tenemos que hacer un par de interesantes visitas; primero, a tus padres, en su lugar de veraneo, y después . . .

Man.: ¡A Santiago!

Mar.: Para mí, la coronación de mi estancia en España. Tuve un profesor en Alemania que nos hablaba casi en cada lección de Santiago . . ., y no creas que era gallego. ¿Vendrán también tus padres?

Man.: No lo creo. Para ellos, Santiago es algo así como su hogar espiritual. Los dos pasaron allí su juventud, allí se conocieron . . . Apostaría a que ya han hecho una escapada.

Mar.: Quién pudiera tener esa suerte.

II. Übersetzung

Manolo: Ein interessantes Land, Portugal. Nicht wahr? – *Marion:* Hochinteressant, ein sehr schönes Land! – *Man.:* Vielleicht gelingt es mir als Spanier nicht, es wie du zu sehen; unter Nachbarn sind sehr viele Vorurteile zu überwinden, die von weitem nicht vorhanden sind. – *Mar.:* Ich glaube, du hast recht; für einen deutschen Touristen ist es sicher leichter, einen unparteiischen Vergleich zwischen Spanien und Portugal zu ziehen; die Entfernung trägt dazu bei, die Reaktionen zu versachlichen. – *Man.:* Wir werden allmählich sehr philosophisch, Marion; was hältst du davon, wenn wir zur Wirklichkeit des Alltags zurückkehren? – *Mar.:* Nun ja! Und die Realität besteht darin, daß die Ferien zu Ende gehen. Aber vorher müssen wir eine Reihe interessanter Besuche machen. Zuerst bei deinen Eltern, an ihrem Urlaubsort, und dann . . . – *Man.:* Nach Santiago! – *Mar.:* Für mich der Höhepunkt meines Aufenthalts in Spanien. Ich hatte einen Lehrer in Deutschland, der uns fast in jeder Stunde von Santiago erzählte . . ., und glaube (ja) nicht, daß er Galicier war. Werden auch deine Eltern (mit)kommen? – *Man.:* Ich glaube nicht. Für sie ist Santiago so etwas wie ihre geistige Heimat. Die beiden verbrachten dort ihre Jugend, dort lernten sie sich kennen . . . Ich möchte wetten, daß sie schon einen Abstecher (dorthin) gemacht haben. – *Mar.:* Wer könnte so ein Glück haben.

Unregelmäßiges Gruppenverb construir *erbauen, errichten*

Bei allen auf -uir endenden Verben wird unbetontes **-i-** zwischen Vokalen zu **-y-**:

Präsens	construyo	construimos	*Konjunktiv*	construya	construyamos
	construyes	construís	*Präsens:*	construyas	construyáis
	construye	construyen		construya	construyan

Pretérito	construí	construimos	*Imperfekt:*	construía
indefinido:	construiste	construisteis		construías
	construyó	construyeron		etc.

Konjunktiv II:	construyese, construyera etc.	*Gerundium:*	construyendo

Futur I:	construiré, construirás etc.	*Perfekt:*	he construido etc.

Konditional:	construiría etc.	*Plusquamperfekt:*	había construido etc.

Wichtige Verben dieser Gruppe:

contribuir a	*beitragen zu*
destruir	*zerstören*
disminuir	*vermindern*
distribuir	*verteilen*
excluir	*ausschließen*
incluir	*einschließen*
huir	*fliehen*
influir en	*Einfluß haben auf*
sustituir	*ersetzen*
instruir	*unterrichten*
retribuir	*vergüten*
restituir	*erstatten*
concluir	*zu Ende bringen, abschließen*
obstruir	*blockieren*
fluir	*fließen*
etc.	

A. Vor dem Substantiv (attributives Adjektiv):

1 Als **ausschmückendes Beiwort,** in der Dichtung, Literatur, bei **subjektiver** Betrachtungsweise (z. B. Gefühlsbetonung) etc.:

el fiero león	*der wilde Löwe* (der Löwe ist ohnehin wild!)
la mansa oveja	*das zahme Schaf* (das Schaf ist ohnehin zahm!)
jedoch: los animales mansos	*die zahmen Tiere* (im Gegensatz zu den wilden!)
la dulce miel	*der süße Honig*
la blanca nieve	*der weiße Schnee*
nuestra pequeña ciudad	*unsere kleine Stadt* (mit all ihren Vor- und Nachteilen!)
un buen vino	*ein guter Wein* (hm!)
Carmen e Inés son buenas amigas.	*Carmen und Ines sind gute Freundinnen.*
las enormes pérdidas	*die gewaltigen Verluste* (stark beeindruckend!)
jedoch: una pérdida enorme	*ein enormer Verlust* (rechnerisch!)
Tengo un pequeño coche.	*Ich habe einen kleinen Wagen* (Understatement/Bescheidenheit).
El nuevo M. es un gran coche.	*Der neue M. ist ein großartiger Wagen.*
El M 800 es un coche grande.	*Der M 800 ist ein großer Wagen* (Dimension!).

2 **mucho, poco, otro:**

Tienes mucha plata.	*Du hast viel Geld.*
Hay pocas muchachas que lo saben.	*Es gibt wenig Mädchen, die es wissen.*
¿Qué te parece comprar otro diccionario?	*Was hältst du davon, ein anderes Wörterbuch zu kaufen?*
pequeño: la pequeña María	*die kleine Maria*
joven: una joven española	*eine junge Spanierin*
a b e r : un señor muy joven	*ein sehr junger Herr*
grande: un gran conocedor de la cocina francesa	*ein großer Kenner der französischen Küche*

5 ■ Bei sogenannten Klischee-Ausdrücken, festen Begriffen etc.:

el Nuevo Mundo	*die Neue Welt*
la Santa Sede	*der Heilige Stuhl*
la alta sociedad	*die oberen Zehntausend*
el Viejo Continente	*der Alte Kontinent (Europa)*
la Real Academia	*die (span.) Königliche Akademie*
las Bellas Artes	*die Schönen Künste*

(Fortsetzung in Lektion 6)

IV. Übungen

1. Colocar el verbo en su forma respectiva:
Mi amigo *(construir)* una casa / No *(influir)* en mí tus protestas /
En la carta, mis padres *(incluir)* recuerdos para ti / Los manifes-
tantes *(distribuir)* folletos de propaganda / Al enemigo que *(huir)*,
puente de plata[1] / El año pasado, el turismo *(disminuir)* con
respecto al año anterior / ¡No *(obstruir)* vosotros la entrada!

---

[1] silberne Brücke = keine Unterstützung

2. Colocar el verbo en la forma requerida:
Esta mañana, los niños *(llegar)* tarde a la escuela / Hace tres
meses, mis padres *(hacer)* un largo viaje / Pasado mañana *(ir)*
todos a un museo / El año 1914 *(estallar)* la primera guerra europea / Cuando tú *(hallarte)* en Italia, alguien *(preguntar)* por ti / Es
posible que tú no *(poder)* responder.

3. Responder a las preguntas:
¿Por qué puede ser más objetiva Marion que Manolo al enjuiciar
Portugal? / ¿Tiene la gente prejuicios respecto a países extranjeros? / ¿Son los países vecinos los que mejor se aprecian? / ¿Qué
medios existen para superar los prejuicios entre los pueblos?

4. Traducir al alemán:
Los aviones habían destruido todos los puentes y edificios. Logramos ver las cosas como realmente son. A un español seguramente
le es más fácil entender a los argentinos que a los portugueses.
Marion y Manolo se están poniendo nerviosos: ha desaparecido
su coche. En las grandes ciudades la realidad corriente y moliente
es poco agradable. El año pasado fuimos a ver a tus conocidos en
su lugar de veraneo. Antonio me hablaba casi todo el día de la
belleza de esa ciudad histórica. El desarrollo económico de la
posguerra *(Nachkriegszeit)* ha influido mucho en el bienestar de
los países de la CE (Comunidad Europea). Gigantescas masas de
nieve obstruyeron las carreteras en Austria y Suiza, y también en
los Pirineos. Peter, un joven alemán, trabajaba como periodista

en una editorial inglesa. Tenemos grandes deseos de comprar esa dulce miel elaborada por numerosas abejas *(Bienen)*.

5. *Übersetzen Sie ins Spanische:*
Ich wette, daß du bereits einen Sommer auf der Iberischen Halbinsel verbracht hast, denn deine Aussprache läßt nichts zu wünschen übrig *(no deja nada que desear)*. Viel Geld ist erforderlich, um ein anderes Gebäude zu errichten. Rom ist eine bedeutende Stadt, nicht nur wegen des Hl. Stuhles, sondern auch wegen *(por)* der vielen dort vorhandenen Kunstschätze *(riqueza artística)*. Juan López, ein junger Chilene *(chileno)*, hat eine junge Peruanerin geheiratet *(casarse con)*. Ihre Spanischkenntnisse werden dazu beitragen, die Probleme der hispanoamerikanischen Staaten besser zu verstehen. Wir beschließen diese Übung mit einem Sprichwort *(refrán)*: Es ist nicht alles Gold, was glänzt.

V. Wortschatz

la vuelta	Rückkehr
superar	überwinden, beseitigen
logro *(+ Inf.)*	es gelingt mir zu ...
el prejuicio	Vorurteil
lejos	weit
de lejos	aus der Ferne, von weitem, aus der Distanz
seguro que	sicherlich; sicher, daß ...
desapasionado, -a	unparteiisch, neutral, leidenschaftslos
la distancia	Entfernung
contribuir (a)	beitragen (zu)
objetivizar	versachlichen
el filósofo	Philosoph
ponerse filosófico	philosophisch werden
corriente y moliente	alltäglich, Alltags ...
moliente *(von* moler: mahlen)	mahlend
acabarse	zu Ende gehen
la visita	Besuch
la coronación	Krönung, Höhepunkt
la estancia	Aufenthalt
hablarle a una persona	jemandem erzählen
vendrán	*Futur I von* venir
el hogar	Zuhause, Heim, Heimat
espiritual	geistig
conocerse	sich kennenlernen
se conocieron	sie lernten sich kennen
se conocían	sie kannten sich (schon)
apostar	wetten

Lección 6 – Lektion 6

I. Text

Al regresar Marion y Manolo de su excursión a Santiago, se llevaron una sorpresa mayúscula: les estaba esperando la familia en
pleno. Adela y Jaime habían llegado el día anterior, y don Antonio tenía todo preparado para celebrar una solemne fiesta de
despedida de su tierra. Había organizado con exactitud la última
jornada de vacaciones: salida a primera hora del día, visita al
antiguo monasterio de Armenteira, comida en La Toja y regreso a
la caída de la tarde. Había redactado una descripción de la meta,
para ambientar la excursión final: "En la fachada románica y
barroca del edificio monacal, hay una curiosa escultura de San
Ero, con la Virgen y el Niño escuchando a un pajarito en un árbol.
Cuenta una vieja leyenda que San Ero oyó una vez cantar a un
pájaro en el bosque vecino y se detuvo para escuchar un momento

40

la dulce música; cuando el pájaro se calló, San Ero volvió al monasterio. Ni él conocía a los monjes, ni éstos se acordaban de él: había pasado trescientos años escuchando al pajarito en el bosque. Una conocida leyenda, que resume el hechizo de este paisaje, y que se recuerda aquí para que nadie se ponga a soñar; porque sólo disponemos ya de un día."

II. Übersetzung

Als Marion und Manolo von ihrem Ausflug nach Santiago zurückkehrten, erlebten sie eine ganz große Überraschung: Die gesamte Familie erwartete sie. Adela und Jaime waren am Vortag gekommen, und Antonio hatte alles (schon) vorbereitet, um ein feierliches Abschiedsfest von seiner Heimat zu veranstalten. Er hatte ein ganz genaues Programm für den letzten Urlaubstag festgesetzt: Aufbruch zu früher Morgenstunde, Besuch des alten Klosters von Armenteira, Essen in La Toja und Rückkehr am Abend. Er hatte eine Beschreibung des Reiseziels verfaßt, um auf den letzten Ausflug einzustimmen: „An der romanischen und barokken Fassade des Klostergebäudes befindet sich eine merkwürdige Skulptur des hl. Ero, mit der Jungfrau und dem Kinde, einem kleinen Vogel auf einem Baum zuhörend. Eine alte Legende erzählt, daß der hl. Ero einmal einen Vogel im nahen Wald singen hörte und er innehielt, um einen Augenblick der süßen Melodie zu lauschen; als der Vogel verstummte, ging der hl. Ero zum Kloster zurück. Weder kannte er die Mönche, noch erinnerten sich diese seiner: Er hatte dreihundert Jahre damit zugebracht, dem Vöglein im Walde zu lauschen. Eine bekannte Legende, die den Zauber dieser Landschaft in sich faßt, und die hier in Erinnerung gebracht wird, damit niemand zu träumen beginnt. Denn es steht uns ja nur mehr ein Tag zur Verfügung."

III. Grammatik

Stellung des Adjektivs

B. Nach dem Substantiv:

1 Zur **Unterscheidung** (Farbe, Form, Nationalität etc.), also bei **objektiver** Betrachtungsweise:

vino blanco/tinto	*Weiß-/Rotwein*
vino agrio	*saurer Wein*

vino dulce	*Süßwein*
libros alemanes	*deutsche Bücher*
novelas francesas	*französische Romane*
la fe católica	*der katholische Glaube*
la religión musulmana	*der Islam (mohammedanische Religion)*
la tradición protestante	*die protestantische Tradition*
jedoch: la españolísima fiesta	*das **ur**spanische Fest*

2 Mehrere (durch „o" oder „y/e" miteinander verbundene) Adjektive:

cuatro alumnos concienzudos y aplicados	*vier gewissenhafte und fleißige Schüler*
máquinas fresadoras y taladradoras	*Fräs- und Bohrmaschinen*

3 Bei näherer Bestimmung des Adjektivs:

el dinero necesario para la reconstrucción	*das für den Wiederaufbau erforderliche Geld*

4 Die Komparativformen „mayor" und „menor" in der Bedeutung von *„älter"* bzw. *„jünger"*:

mi hermano menor	*mein jüngerer Bruder*
mi hermana mayor	*meine ältere Schwester*

C. Einige Adjektive (z. B.: *grande, simple, nuevo, triste, cierto, pobre, negro*) haben je nach Stellung **vor** oder **nach** dem Substantiv eine **unterschiedliche** Bedeutung:

una casa grande	*ein großes Haus* (mit 100 Räumen)
una gran casa	*ein groß(artig)es Haus* (bedeutend, traditionell)
una gran mujer	*eine große* (bedeutende) *Frau*
una señora grande	(meist: una señora alta) *eine großgewachsene Frau*
ciertas noticias	*gewisse Nachrichten*
noticias ciertas	*sichere* (= zuverlässige) *Nachrichten*
un caballo negro	*ein schwarzes Pferd*
la negra suerte	*das Unglück* (= schlimmes Schicksal)

un nuevo diccionario	*ein neues* (= neuerschienenes) *Wörterbuch*
un diccionario nuevo	*ein* (noch) *neues Wörterbuch* (= wie neu)
un coche nuevo	*ein neues Auto* (= wie neu, gut erhalten)
el nuevo coche	*der neue Wagen* (neuestes Modell)
un poeta triste	*ein trauriger Dichter* (Stimmungslage)
un triste poeta	*ein trauriger Dichter* (mit dem nicht viel los ist)
el Caballero de la Triste Figura	*der Ritter von der traurigen Gestalt (= Don Quijote)*
un chico pobre	*ein armer Junge* (mittellos)
un pobre chico	*ein armer Junge* (bedauernswert)
una simple comparación	*ein einfacher Vergleich* (= nur ein Vergleich)
un trabajo simple	*eine einfache Arbeit* (nicht schwierig)
mi antiguo profesor	*mein alter* (ehemaliger) *Lehrer*
un castillo antiguo	*ein altes Schloß*
mero	*nur, bloß*
el mero hecho de que	*die bloße Tatsache, daß* . . .

IV. Übungen

1. Qué diferencia hay entre (Ejemplo: el traje nuevo/el nuevo traje):
pobre hombre – gran hombre – noticias ciertas – vino bueno – jefe triste – respuesta simple – mujer dichosa *(glücklich;* vorangestellt: verdammt) – casa antigua – muchacha curiosa – casa importante – familia grande.

2. Leer:
Luis XIV de Francia se casó con una hija de Felipe IV de España; al papa Juan XXIII le sucedió Pablo VI; Alfonso XIII murió en Roma; el año 1808 se rebeló Madrid contra los franceses; el coche ha costado 17.580 marcos.

3. Formar comparativos o *superlativos según requiera el sentido:*
el hijo pequeño / la hermana grande / leyenda interesante / descripción exacta / poco dinero / antiguo monasterio / dulce música / curiosa escultura.

6 **4. *Traducir al alemán:***

Algunas novelas rusas son realmente tan interesantes como dice la gente. El Banco Transatlántico se encuentra en la mismísima *(direkt am)* Plaza de España. El (vino) clarete es una forma intermedia entre vino blanco y vino tinto. El Conde de R. intenta comprar dos caballos blancos para la carroza nupcial *(Hochzeitskutsche)* de su única hija. José es hijo único de la familia González. Ciertos estudiantes prefieren hacer novillos *(blau machen, schwänzen)*. La Madre Teresa, un gran ejemplo de caridad, ha recibido el premio Nobel de la Paz. Este pobre individuo ha perdido los sentidos *(Verstand)*. La gente pobre de ciertos países necesita ayuda urgente y eficaz. Los Borbones sucedieron a los Austrias (Habsburgos), una gran casa en la historia de España. Sancho Panza fue el escudero *(Knappe)* de Don Quijote, conocido este último bajo el nombre de "Caballero de la triste figura". Una persona simple es poco inteligente.

5. *Übersetzen Sie ins Spanische:*

Als ich von meiner Spanienreise nach München zurückkehrte, erlebte ich eine Riesenüberraschung: Diebe *(ladrones)* hatten das ganze Mobiliar *(muebles)* gestohlen *(robar)*. Wenn ich in der Woche zuvor gekommen wäre, wäre dies sicher nicht passiert, denn mein Nachbar hatte jeden Abend das Haus kontrolliert. In den Ferien wollen die Mädchen ein Fest mit einem guten Essen und Tanz veranstalten. Deshalb müssen sie schon heute alles vorbereiten. Auch in Frankreich, Deutschland, Österreich und der Schweiz gibt es zahlreiche Legenden, die manchmal den Zauber der Landschaft miteinschließen. Wir müssen schneller und mehr lernen, denn wir verfügen nur mehr über wenige Tage. Auf der kastilischen Hochebene *(Meseta castellana)* findet man noch viele alte Schlösser, von denen mein alter Spanischlehrer fast in jeder Unterrichtsstunde sprach. Er war ein ziemlich großer Mann. Seine Frau war etwas kleiner als er und viel jünger. Die katholische Religion unterscheidet sich wesentlich von der jüdischen und mohammedanischen.

V. Wortschatz

llevarse una sorpresa	eine Überraschung erleben
mayúsculo, -a	riesig, ganz groß
en pleno	insgesamt, vollzählig
anterior	zuvor, vorhergehende(r)
el día anterior	Vortag
celebrar	feiern, durchführen, abhalten

solemne	feierlich
la despedida	Abschied
organizar	organisieren
la exactitud	Genauigkeit
la jornada	Tag
a primera hora	früh am Morgen, zu früher Stunde
el regreso	Rückkehr
a la caída de la tarde	abends, am Abend
redactar	redigieren, verfassen
la descripción	Beschreibung
la meta	Ziel
ambientar	(auf das Milieu) einstimmen
final	letzte(r)
barroco, -a	barock
monacal	Kloster...
la escultura	Skulptur
la Virgen	Hl. Jungfrau
el niño	Kind
el Niño	Jesuskind
el pajarito (pájaro)	Vogel, Vöglein
la leyenda	Legende
cantar	singen
el bosque vecino	der nahe (benachbarte) Wald
la música	Musik, Melodie
detenerse	anhalten, innehalten
acordarse (de)	sich erinncrn (an)
resumir	zusammenfassen
el hechizo	Zauber
recordar	in Erinnerung bringen
recordarse *(Passiv)*	in Erinnerung gebracht werden
disponer (de)	verfügen (über)
sólo ... ya	nur mehr ...

Lección 7 – Lektion 7

Gustos literarios

Literarische Geschmäcker

I. Text

El regreso de las vacaciones se hizo como el viaje de ida, y don Antonio hizo otra vez alarde de sus dotes de organización: hora de salida, paradas, hora de llegada. Como conoce a la perfección la ruta, es un guía documentadísimo.

(Don Antonio: *D. A.*, Doña Julia: *D. J.*, Manolo: *Man.*, Marion: *Mar.*)

D. A.: ¿Os fijáis en aquel castillo? Estamos en Ponferrada; aquí tuvieron su sede los Templarios.

D. J.: ¿No se desarrolla aquí una novela importante? El señor de no sé dónde ...

Man.: ... de Bembibre, mamá: lo que se dice un "rollo".

D. A.: ¿Un "rollo" dices? Pues a mí me gusta mucho. Es una de las mejores novelas históricas españolas.

Man.: Fue escrita por Enrique Gil y Carrasco, un escritor romántico, que por cierto está enterrado en Berlín; ¡para que veas, Marion!

Mar.: ¿Que está enterrado en Berlín?

Man.: Efectivamente. Allí estaba de diplomático, allá a mediados del siglo XIX.

D. J.: Estás empollado en Literatura.

Man.: Tanto como eso ... Pero no quiere decir que la novela en cuestión me guste. Empecé a leerla y la dejé.

D. A.: Es que las grandes obras literarias no han sido escritas para gustar o no gustar. El arte hay que medirlo con otros criterios; no todo va a ser sociología y política, como ahora ...

Man.: ¡Pero es que tiene unas descripciones tan pesadas ...!

D. A.: Pues a "Azorín" le encantaban.

Man.: ¡Cada oveja, con su pareja!

II. Übersetzung

Die Rückreise aus dem Urlaub gestaltete sich wie die Anreise, und Antonio stellte erneut sein Organisationstalent unter Beweis: Zeitpunkt der Abreise, Aufenthalte, Zeitpunkt der Ankunft. Da er die Reiseroute ganz genau kennt, ist er ein sehr bewanderter Führer.

Don Antonio: Seht ihr dieses Schloß dort? Wir sind in Ponferrada. Hier hatten die Tempelritter ihren Sitz. – *Doña Julia:* Ist das (hier) nicht der Schauplatz eines bedeutenden Romans? Der Herr von ... ich weiß nicht wo ... – *Manolo:* ... von Bembibre, Mama: Das ist das, was man einen „Schinken" nennt. – *D. A.:* Ein „Schinken", sagst du? Also, mir gefällt er sehr. Er ist einer der besten spanischen historischen Romane. – *Man.:* Er wurde von Enrique Gil y Carrasco geschrieben, einem romantischen Schriftsteller, der übrigens in Berlin begraben ist. Damit du (nur) siehst, Marion! – *Mar.:* Daß er in Berlin begraben ist? – *Man.:* In der Tat. Dort war er als Diplomat (tätig), so um die Mitte des 19. Jahrhunderts. – *D. J.:* Du hast mächtig Literatur gepaukt. – *Man.:* Das gewiß nicht ... Aber das heißt nicht, daß der betreffende Roman mir gefällt. Ich begann ihn zu lesen und legte ihn dann weg. – *D. A.:* Die großen literarischen Werke sind nämlich nicht geschrieben worden, um zu gefallen oder nicht zu gefallen. Die Kunst ist mit anderen Maßstäben zu messen; nicht alles muß Soziologie und Politik sein, wie zur Zeit . . . – *Man.:* Aber er (der Roman) enthält (einige) so langweilige Beschreibungen . . .! – *D. A.:* Also „Azorín" bezauberten sie. – *Man.:* Gleich und gleich gesellt sich gern!

III. Grammatik

Passiv

Bildung mit Hilfsverb **ser** + Partizip Perfekt (dieses nach Geschlecht und Zahl veränderlich)

Präsens:	La fábrica es construida.	*Die Fabrik wird erbaut.*
	Los puentes son destruidos.	*Die Brücken werden zerstört.*
Perfekt:	La fábrica ha sido construida.	*Die Fabrik ist erbaut worden.*
Pretérito indefinido:	La fábrica fue construida.	*Die Fabrik wurde erbaut.*
Plusquamperfekt:	La fábrica había sido construida.	*Die Fabrik war erbaut worden.*
Futur I:	La fábrica será construida.	*Die Fabrik wird erbaut werden.*
Futur II:	La fábrica habrá sido construida.	*Die Fabrik wird erbaut worden sein.*

Zur Beachtung: „sido" ist immer unveränderlich!

Häufig findet man anstelle der obigen Konstruktion die **reflexive** Form:

Präsens:	Se construye la fábrica.	(wörtlich: *Die Fabrik erbaut sich*) = *Die Fabrik wird erbaut.*
	Se destruyen los puentes.	(wörtlich: *Die Brücken zerstören sich*) = *Die Brücken werden zerstört.*

Zur Beachtung: „se" ist also in dieser Konstruktion **nicht** „man"!

"Se abre la puerta" kann heißen:

a) *Man öffnet die Tür.*
b) *Die Tür wird geöffnet.*
c) *Die Tür öffnet sich (selbst).*

Se cantaba la canción.	*Das Lied wurde gesungen.*
Se cantaban las canciones.	*Die Lieder wurden gesungen.*
Se construyó la fábrica.	*Die Fabrik wurde erbaut.*
Se han destruido los puentes.	*Die Brücken sind zerstört worden.*
Se destruirán los puentes.	*Die Brücken werden zerstört werden.*

Statt „ser" finden manchmal **andere Verben** bei der Passivkonstruktion Verwendung:

En el accidente dos personas **resultaron** muertas.	*Bei dem Unfall wurden zwei Personen getötet (zwei Personen resultierten als getötete)*
El puente **ha quedado** destruido.	*Die Brücke ist zerstört worden.* (wörtlich: ... *ist zerstört geblieben).*

Die Urheberschaft wird zumeist durch die Präposition **por** ausgedrückt:

América fue descubierta **por** Colón.	*Amerika wurde **von** Kolumbus entdeckt.*
Mi amigo fue recibido **por** el ministro.	*Mein Freund wurde **vom** Minister empfangen.*
aber: El jefe, acompañado **de** su esposa, ...	*Der Chef, von seiner Gattin begleitet, (= in Begleitung seiner Gattin) ...*

Zur Bildung des **vollzogenen,** das heißt abgeschlossenen, Passivs (= Zustandspassiv) wird statt „ser" **estar** eingesetzt:

La casa está construida.	*Das Haus ist erbaut.*
Los puentes están destruidos.	*Die Brücken sind zerstört.*
La puerta está abierta.	*Die Tür ist offen (= steht offen).*
La puerta estaba abierta.	*Die Tür stand offen.*
El coche ya está vendido.	*Der Wagen ist bereits verkauft.*

IV. Übungen

1. *Construir las frases en pasiva:*

Construyen un puente / El profesor ha excluido a varios alumnos / La ciudad organiza grandes festejos / Los amigos organizaron una excursión / Abren la ventana de par en par *(sperrangelweit)* / Murieron tres personas / Han vendido todos los coches / El alcalde *(Bürgermeister)* recibió a los deportistas / La novia acompañaba a Carlos.

2. *Colocar la preposición adecuada:*

Mi amigo va de vacaciones ... Italia / ¿A qué hora llega el avión procedente ... Munich? / Hemos pasado tres semanas ... Mallorca / ¿Vienes ... casa o ... la escuela? / Están ... veraneo ... la montaña / Cuando vayas ... España, llevas un encargo *(Auftrag, Bestellung)* ... un amigo mío que vive ... Barcelona.

3. *Responder afirmativa y negativamente:*

¿Le gusta a Vd. leer novelas históricas? / ¿Tiene afición a los temas románticos? / ¿Conoce alguna novela moderna en lengua española? / ¿Ha leído algún libro últimamente? / ¿Tiene tiempo para leer? / ¿Sabe quién es "Azorín"?

4. *Traducir al alemán:*

Tanto el viaje de ida como el de vuelta se hicieron en tren. Las rutas han sido descritas por el Sr. Ruan, un guía muy documentado. La sede de los Templarios fue establecida en Ponferrada. El Cid, la epopeya *(Epos)* más conocida, se desarrolla en Castilla y en Valencia. Aunque el libro es un "rollo", es preferido por muchos lectores. La novela corta y varios cuentos fueron escritos por un autor neoclásico. Lo siento muchísimo, pero el traje ya está vendido. ¿Dónde están enterradas las víctimas de la guerra civil? Mi amiga Rosario está empollada en Historia. Algunas obras literarias no han sido escritas para el gran público. En esta ciudad se construyen camiones y aviones. Estas puertas se abren automáticamente. Casi todos los edificios han quedado destruidos por la aviación. La canción francesa es presentada por una muchacha bastante joven. Allí estaban hablando de dinero. Los pasajeros resultaron gravemente heridos.

5. *Übersetzen Sie ins Spanische:*

Der Text wird von dem Dolmetscher übersetzt *(texto, intérprete)*. Der Text wurde von dem Dolmetscher übersetzt. Die Texte sind von den Dolmetschern übersetzt worden. War der Text von dem Dolmetscher übersetzt worden? Wird der Text von der Dolmetscherin übersetzt werden? Der Text wird von dem Dolmetscher nicht übersetzt worden sein *(. . . no habrá sido traducido)*. Kann das Buch von dem Kind gelesen werden? Das Buch konnte von dem Analphabeten *(analfabeto)* nicht gelesen werden. Die Suppe hat/hatte nicht so heiß gegessen werden können. Die Route wird zuerst von dem Reiseführer zurückgelegt werden müssen. Alle Geschäfte sind nachmittags geöffnet. Die Tür war schon geschlossen, als du kamst. Dieser Text kann zweimal gelesen werden.

V. Wortschatz

literario, -a	literarisch
la ida, el viaje de ida	Hinfahrt, Anreise
otra vez	noch einmal, erneut
hacer alarde de	zur Schau tragen, mit etwas glänzen, unter Beweis stellen
las dotes	Begabung, Talent
la organización	Organisation
a la perfección	ganz genau, perfekt
la ruta	Route
documentado	*hier:* bewandert (dokumentiert)
la sede	Sitz
los Templarios	Tempelritter, Templer
desarrollarse	sich abspielen, Schauplatz sein
la novela	Roman
novela corta	Novelle
se dice	*hier:* man nennt
un rollo	Schinken *(Buch)*, langweilige Sache
escribir	schreiben, verfassen
por cierto	übrigens
enterrar	beerdigen, begraben
el diplomático	Diplomat
estar empollado, -a en . . .	mächtig gepaukt haben in . . .
empollar	büffeln, pauken
la literatura	Literatur
tanto como eso . . .	das gewiß nicht
quiere decir	will heißen
en cuestión	betreffend, fraglich
la obra	Werk
el arte (las artes)	Kunst *(z. B.:* el arte español)
medir (-i-)	messen
el criterio	Kriterium, Maßstab
la sociología	Soziologie
pesado, -a	langweilig, schwerfällig
"Azorín" (José Martínez Ruiz)	moderner spanischer Schriftsteller (1873 – 1967)
la oveja	Schaf
cada oveja con su pareja	gleich und gleich gesellt sich gern

Lección 8 – Lektion 8

I. Text

Hicieron un alto en Valladolid, donde se celebraban las fiestas de San Mateo y había una animación extraordinaria. Aunque era un día de entresemana y el comercio estaba abierto, por doquier se respiraba aire de fiesta: las calles lucían vistosas colgaduras y guirnaldas, la música alegre llegaba de todas partes mezclada con gritos de la chiquillería y el alboroto de la gente, un penetrante olor a tostadas y frituras hacía el ambiente tan tentador que el alto para descansar y tomar un café se alargó hasta el anochecer. Manolo y Marion se habían escapado a la plaza de la feria, y al fin llegaron, Marion con una enorme muñeca y Manolo con una bolsa de almendras garapiñadas, que habían ganado en una barraca de tiro al blanco. De nuevo en la carretera, la tibia y profunda noche castellana parecía un sedante después del ajetreo de la jornada viajera y festera. Al llegar a casa, Manolo tuvo que despertar a sus padres: las vacaciones habían pasado, como un sueño.

II. Übersetzung

Sie legten in Valladolid eine Pause ein, wo (gerade) die Festlichkeiten (zu Ehren) des hl. Matthäus gefeiert wurden, und außergewöhnlich viele Leute waren auf den Beinen. Obwohl es ein Wochentag war und die Geschäfte geöffnet hatten, spürte man überall die Festtagsstimmung: In den Straßen hingen prächtige Drapierungen und Girlanden; heitere Musik ertönte von allen Seiten, vermischt mit dem Geschrei von vielen Kindern und dem Lärm der Leute; ein penetranter Geruch nach Geröstetem und Gebackenem schuf eine so verführerische Atmosphäre, daß sich die Pause, um auszuruhen und Kaffee zu trinken, bis zur Abendstunde ausdehnte. Manolo und Marion hatten sich zum Rummelplatz fortgestohlen, und endlich kamen sie wieder, Marion mit einer riesigen Puppe und Manolo mit einer Tüte gebrannter Mandeln, die sie in einer Schießbude gewonnen hatten. Wieder auf der Landstraße, kam ihnen die laue tiefdunkle kastilische Nacht wie etwas Beruhigendes vor, nach dem anstrengenden Tag der Reise und des Volksfestes. Als sie zu Hause ankamen, mußte Manolo seine Eltern wecken: Der Urlaub war wie ein Traum vergangen.

III. Grammatik

Präpositionen (preposiciones):
Einteilung: einfache und zusammengesetzte Präpositionen, räumliche und zeitliche Präpositionen, präpositionale Ausdrücke etc.

Einfache (d. h. nur aus einem Wort bestehende) **Präpositionen**

Die Präposition **a**:
a *nach*, *zu* (Richtung):

Voy a Barcelona.	*Ich fahre nach Barcelona.*
Va a la escuela.	*Er geht zur Schule.*
¡a trabajar!	*an die Arbeit!*
traducir al español	*ins Spanische übersetzen*
a casa	*nach Hause*
a b e r : a la casa	*zum Hause (hin)*

um (Zeitangabe):

a la una	*um ein Uhr*
a mediodía	*mittags*
a medianoche	*um Mitternacht*

nach Verben (s. a. Rektion der Verben, Lektion 28):

empezar a trabajar	*zu arbeiten beginnen*

8 nach Adjektiven (Partizipien):

dispuesto a	*bereit zu*	decidido a	*entschlossen zu*
obligado a	*verpflichtet zu*	acostumbrado a	*gewöhnt an*

als Dativ ① und Akkusativ ②:

① A él le doy el regalo. *Ihm gebe ich das Geschenk.*
② Conozco al Sr. Contreras. *Ich kenne Herrn Contreras.*

bei adverbialen Ausdrücken:

a pie	*zu Fuß*	a mi modo	*auf meine Art*
a caballo	*zu Pferd*	al contrario	*im Gegenteil*
uno a uno	*einer nach dem andern*	al servicio de	*im Dienste von*

de *von* (Besitz, Genitiv) ①, Herkunft ②, Material ③:

① la casa de Pepe *Pepes Haus* ①
  la casa del jefe *das Haus des Chefs*
② Soy de Guatemala. *Ich bin aus Guatemala.*
③ una puerta de hierro *eine Tür aus Eisen*

als (in der Eigenschaft):

Trabaja de intérprete. *Sie arbeitet als Dolmetscherin.*

von ... bis:

örtlich: de Madrid a *von Madrid nach Valencia*
Valencia

zeitlich: de domingo a *von Sonntag bis Dienstag*
martes

nach Verben:

Acabamos de oír las noti- *Wir haben soeben die Nachrich-*
cias. *ten gehört* (s. Rektion der Ver-
ben, Lektion 27).

nach Adjektiven:

ansioso de *erpicht auf*
enfermo de *krank an*

adverbielle Zeitangabe:

de noche *nachts*
de día *tagsüber*

para:

für (Bestimmung):	Esto es para mí.	*Das ist für mich.*
	¿Para qué?	*Wozu?*
nach (Ziel):	El tren sale para Vigo.	*Der Zug fährt nach Vigo ab.*
um zu (Absicht):	Vivimos para trabajar.	*Wir leben, um zu arbeiten.*
für (Verhältnis):	Para principiante no está mal.	*Für einen Anfänger ist es nicht übel.*

für (zeitlich):	para siempre	*für immer*	**8**
	Lo dejaremos para	*Wir schieben es bis*	
	mañana.	*morgen auf.*	
en:			
in, auf (örtlich):	Estamos en Colombia.	*Wir sind in Kolumbien.*	
	La navaja está en la mesa.	*Das Messer liegt auf dem Tisch.*	
	en casa	*zu Hause*	
	a b e r : en la casa	*im Hause*	
in (zeitlich):	en 1990	*im Jahre 1990*	
	en julio	*im Juli*	
	en la primavera	*im Frühling*	
mit (Mittel):	ir en tren	*mit der Bahn reisen*	
	ir en avión	*mit dem Flugzeug reisen*	
	ir en coche	*mit dem Auto reisen*	
	ir en bicicleta	*radfahren*	
	en voz alta	*mit lauter Stimme*	
	en francés	*auf Französisch*	
	en seguida	*sofort*	

nach Verben (s. Rektion der Verben, Lektion 28):

	Insiste en decirlo.	*Er besteht darauf, es zu sagen.*
	confiar en	*vertrauen auf*
	consistir en	*bestehen aus*
	creer en	*glauben an*
	pensar en	*denken an*
nach Adjektiven:	pobre en	*arm an*
	rico en	*reich an*

(Fortsetzung in Lektion 10)

IV. Übungen

1. Formar frases con "se" pasivo/impersonal:
Dicen que mañana es fiesta / Hay apartamentos para alquilar / Aquí venden naranjas españolas / Afirman que habrá elecciones / Esperan una victoria socialista / Niegan importancia a las elecciones *(den Wahlen Bedeutung absprechen)* / Cuentan que habrá grandes dificultades.

2. Formar frases condicionales (potencial-pretérito imperfecto subjuntivo):
quiere comprar una moto – no tiene dinero / deseo ayudarte – no tengo tiempo / visitarnos – no tiene nuestra dirección / llegar a

55

tiempo – levantarse temprano / decírselo – saberlo / venir en vuestra ayuda – solicitárnosla / creer lo que cuentas – mientes con mucha frecuencia / asistir – estar enfermo.

3. Rectificar lo que no corresponde a la lectura:

Pasaron por Valladolid sin detenerse / Era domingo de madrugada / Los comercios estaban cerrados / Reinaba tranquilidad en las calles / Marion traía un abanico *(Fächer)* y Manolo un libro / Al llegar a casa, los padres estaban esperándoles / Manolo se alegraba ante las próximas vacaciones.

4. Traducir al alemán:

Cada domingo suelen ir a los toros[1] o al frontón[2]. Los esposos se sentaron a la mesa. Llamaron a la puerta. Mi hija no me llega al hombro[3]. El agua nos llega al cuello[4]. Hizo la vuelta[5] al mundo en 80 días. Ha estado dos años a la sombra[6]. Una ciudad a orillas del[7] Danubio[8]. Toledo está a 80 kilómetros de Madrid. Juan falleció[9] a los 45 años. Nos ha contestado a vuelta de correo[10]. A lo lejos[11] se otean[12] las montañas nevadas. A lo loco[13] se vive mejor. ¿A cómo se vende el kilo de alcachofas[14]? Refrán: De herrero[15] a herrero no pasa dinero. El miedo a la muerte. En una casa próxima a la estación. Pancho López, natural de[16] Mérida y vecino de[17] Guadalajara. Su padre está de apoderado[18] en una fábrica de cerveza[19]. La chica del mostrador[20] es muy simpática.

---

[1] Stierkampf [2] baskisches Ballspiel [3] Schulter [4] Hals [5] Rundreise, Umkreisung [6] Schatten; *ironisch:* Gefängnis [7] am Ufer von [8] Donau [9] *fallecer* – sterben [10] postwendend [11] in der Ferne [12] *otear* (poetisch) – sehen, erblicken [13] auf die verrückte Tour [14] Artischocken [15] Schmied [16] gebürtig aus [17] wohnhaft in [18] Prokurist [19] Brauerei [20] Ladentisch, Theke

5. Übersetzen Sie ins Spanische:

Der Urlaub dauert (erstreckt sich) vom 1. Juli bis zum 2. September dieses Jahres. Das Königreich Spanien entstand *(formarse)* ungefähr in der zweiten Hälfte des 15. Jahrhunderts. Die Reisenden zitterten *(temblar)* vor Kälte. Der Buchstabe „k" ist in der spanischen Sprache sehr selten, in der deutschen aber sehr häufig. Das ist leicht zu *(de)* sagen. Die Familie Sánchez ist gestern umgezogen *(mudar de casa)*. Diese Leute werden von allen geschätzt *(estimar de)*. Sagen Sie es doch auf Deutsch! Sein Kollege ist ins Wasser gefallen; dann hat er sich ins Bett gelegt *(meterse en)*. Ich hänge *(colgar)* das Bild an *(en)* die Wand; jetzt hängt es an *(de)* der Wand. Es geschah an einem Sonntag. Für ihr Alter ist Luisa sehr groß. Für einen Engländer spricht er sehr gut Spanisch. Er ist für diesen Beruf nicht geeignet *(no apto para)*. Zuerst hatte er sich zum Rummelplatz fortgestohlen, dann kaufte er eine Tüte

mit gebrannten Mandeln, und schließlich gewann er in einer
Schießbude eine riesige Puppe. Seine Frau mußte in der Apotheke *(farmacia)* ein Beruhigungsmittel kaufen.

V. Wortschatz

la semifinal	Halbfinale, Semifinale
festero, -a	festlich
hacer un alto	Halt machen, Pause einlegen
San Mateo	der hl. Matthäus
la animación	Belebtheit, viel Verkehr
el día de entresemana	Wochentag
por doquier *(literarisch)*	überall
respirar(se)	atmen; *hier:* spüren
el aire	Luft; *hier:* Stimmung
lucir	leuchten; *hier:* prangen mit
vistoso, -a	prächtig
la colgadura	Drapierung, hängende Verzierung
la guirnalda	Girlande
mezclar	(ver)mischen
el grito	Schrei
la chiquillería	Haufen Kinder
el alboroto	Lärm
penetrante	penetrant, durchdringend
el olor	Geruch; Duft
la tostada	Toast; Geröstetes
la fritura	Gebackenes
el ambiente	Umgebung; Umwelt, Atmosphäre
tentador, -ra	verführerisch, verlockend
alargarse	sich verlängern, ausdehnen
el anochecer	Abendstunde
escaparse	entwischen; *hier:* sich fortstehlen
la feria	(Volks-)Fest
la plaza de la feria	Rummelplatz
enorme	riesig
la muñeca	Puppe
la bolsa	Tüte
la almendra garapiñada	gebrannte Mandel
la barraca de tiro al blanco	Schießbude
de nuevo	wieder
tibio, -a	lau(warm)
profundo, -a	tief(dunkel)
castellano, -a	kastilisch
el sedante	Sedativ(um), Beruhigungsmittel
el ajetreo	Hetze, anstrengendes Hin und Her
despertar	wecken
el sueño	Traum
el abanico	Fächer

Lección 9 – Lektion 9

Turrón en verano

Turron im Sommer

I. Text

(Adela: *A.*, Marion: *M.*, Camarero: *C.*)

A.: ¡Uff! ¡Qué sed tengo! ¿Tomamos un refresco? ¿Te apetece una tónica, o prefieres una cerveza?

M.: Cuanto más bebo, más sed tengo; además, la cerveza española no acaba de gustarme, lo siento . . .

A.: ¡Claro, como la cerveza alemana . . .!

M.: Te advierto que tampoco soy muy aficionada a la cerveza alemana, ni siquiera a la de Munich, que ya es decir.

A.: Entonces, un helado, ¿vale?

M.: ¿Me recomiendas alguna especialidad? En helados, los italianos son imbatibles.

A.: Pues los españoles no les van a la zaga; ¿has probado helado de turrón?

M.: ¿De turrón? ¿No es una especialidad navideña?

A.: Acertado. Pero te aseguro que cuando lo pruebes no vas a querer otras especialidades.

M.: Ya se me está haciendo la boca agua ...

C.: ¿Qué desean tomar las señoritas? ¿Una horchata?

A.: Dos helados de turrón, pero dos buenas copas, ¡eh!

M.: ¿No resultará demasiado dulzón?

A.: Aquí lo tienes ya. Pruébalo y ya me dirás ...

M.: ¡Pero qué riquísimo está! ¿Y cómo es posible que no exportéis esta especialidad? Los españoles sois malos comerciantes; ya verás cómo se os adelantan los italianos.

A.: Bueno, ¿eh? Es mi debilidad. Jaime dice que se debe a mi inconsciente sentimentalismo, por lo del turrón, claro. Ya sabes que para los españoles el turrón es sinónimo de Navidad; quizá por eso resulte inexportable ...

M.: Al regresar a Munich, hablaré con el propietario de una heladería, para venderle la patente.

A.: ¡Camarero! ¡La cuenta, por favor!

C.: Son 480 pesetas. ¿Les ha gustado?

M.: Ha estado delicioso. Mañana volvemos.

A.: Perdone, sólo tengo este verde. Redondee a 500 pesetas.

C.: ¡Mil gracias! Así que ... ¡hasta mañana!

II. Übersetzung

Adela: Mensch, hab' ich einen Durst! Trinken wir etwas Erfrischendes? Wie wär's mit einem Tonic Water? Oder willst du lieber ein Bier? – *Marion:* Je mehr ich trinke, desto größer ist mein Durst; außerdem sagt mir das spanische Bier immer noch nicht zu; es tut mir leid ... – *A.:* Natürlich, wie das deutsche Bier ... ! – *M.:* Da möchte ich dir aber sagen, daß ich auch keine große Liebhaberin des deutschen Bieres bin, nicht einmal des Münchner Bieres, was schon viel heißen will. – *A.:* Dann (also) ein Eis?

9 Einverstanden? – *M.:* Kannst du mir irgendeine Spezialität empfehlen? Was Eis betrifft, sind die Italiener unschlagbar. – *A.:* Also, die Spanier stehen ihnen nicht nach. Hast du schon ein Turron-Eis probiert? – *M.:* Mit Turron? Ist das nicht eine Weihnachtsspezialität? – *A.:* Richtig. Aber ich versichere dir, daß du keine anderen Spezialitäten mehr willst, wenn du es (einmal) probiert hast. – *M.:* Das Wasser läuft mir schon im Munde zusammen ... – *Ober:* Was möchten die jungen Damen bestellen? Eine Mandelmilch? – *A.:* Zweimal Turron-Eis, aber zwei schöne Becher, ja! – *M.:* Wird das nicht zu süß? – *A.:* Hier ist es schon. Koste es, und du wirst mir (gleich) sagen ... – *M.:* Das ist aber lecker! Und wie kommt es, daß ihr diese Spezialität nicht exportiert? Ihr Spanier seid (doch) schlechte Kaufleute. Du wirst schon sehen, wie euch die Italiener überholen. – *A.:* Schmeckt gut, nicht wahr? Das ist meine Schwäche. Jaime sagt, dies sei auf meine unbewußte Sentimentalität zurückzuführen, was die Sache mit dem Turron betrifft, natürlich. Du weißt ja, daß der Turron für die Spanier gleichbedeutend mit Weihnachten ist; vielleicht ist er deshalb nicht exportierbar ... – *M.:* Wenn ich nach München zurückkomme, werde ich mit dem Besitzer einer Eisdiele sprechen, um ihm das Patent zu verkaufen. – *A.:* Herr Ober! Die Rechnung, bitte! – *Ober:* Das macht 480 Peseten. Hat es Ihnen geschmeckt? – *M.:* Es war köstlich. Morgen kommen wir wieder. – *A.:* Entschuldigen Sie, ich habe nur diesen Tausendpesetenschein. Runden Sie auf 500 Peseten auf. – *Ober:* Tausend Dank! Also ... bis morgen!

III. Grammatik

Unregelmäßige Partizipien der Vergangenheit
(Partizip Perfekt)

escribir	escrito	*schreiben*
	Ha escrito la novela.	*Er hat den Roman geschrieben.*
describir	descrito	*beschreiben*
inscribir	inscrito	*einschreiben*
prescribir	prescrito	*vorschreiben*
abrir	**abierto**	*öffnen*
decir	**dicho**	*sagen*
	No me lo han dicho.	*Man hat es mir nicht gesagt.*

bendecir	bendito	*segnen*
	(Adj.) und: bendecido	
	agua bendita	*Weihwasser*
	El Papa ha bendecido	*Der Papst hat die*
	a los peregrinos.	*Pilger gesegnet.*
maldecir	maldito	*verfluchen*
	(Adj.) und: maldecido	
	¡Maldita la cosa!	*Verflixte Angelegen-*
		heit!
	El padre ha	*Der Vater hat seinen*
	maldecido a su hijo.	*Sohn verflucht.*
predecir	predicho	*voraussagen*
antedecir	antedicho	
contradecir	contradicho	*widersprechen*
	susodicho	*obengenannt*
		(nur Adj.)

poner	**puesto**	*setzen, stellen, legen*
anteponer	antepuesto	*voranstellen*
imponer	impuesto	*auferlegen;*
		imponieren
	impuestos	*Steuern*
deponer	depuesto	jur: *aussagen;* (*ab-,*
		hinterlegen = deposi-
		tar!)
suponer	supuesto	*vermuten; bedeuten*
	Esto supone un	*Dies bedeutet eine*
	aumento enorme.	*gewaltige Zunahme.*
reponer		*ersetzen; erwidern*
	repuesto	
reponerse		*sich erholen*
componer	compuesto	*zusammensetzen,*
		-stellen
descomponerse	decompuesto	*zerfallen*
disponer(de)	dispuesto	*verfügen (über);*
		anordnen

| **imprimir** | **impreso**/imprimido | *(be)drucken* |
| | impresos | *Drucksachen* |

9 regelmäßig:

deprimir	deprimido	*deprimieren*
suprimir	suprimido	*unterdrücken;*
		abschaffen
oprimir	oprimido	*(be)drücken*
	oprimir el botón	*auf den Knopf*
		drücken
reprimir	reprimido	*unterdrücken, nieder-*
		halten
comprimir	comprimido	*zusammenpressen*
	el compresor	*Kompressor*
exprimir	exprimido	*auspressen*

romper	**roto**	*(zer)brechen*

regelmäßig:

corromper	corrompido	*verderben*
	corrupto *(nur Adj.)*	
interrumpir	interrumpido	*unterbrechen*

volver	**vuelto**	*umdrehen; zurück-*
		kehren

Merke: Alle Verben, die auf *-olver* enden, haben im P. P. die Endung *-uelto*!

revolver	revuelto	*umwälzen*
devolver	devuelto	*zurückgeben*
envolver	envuelto	*einhüllen*
resolver	resuelto	*beschließen; lösen*
disolver	disuelto	*auflösen*

hacer	**hecho**	*machen, tun lassen*
rehacer	rehecho	*wieder machen*
deshacer	deshecho	*auflösen, zerstören*
satisfacer	satisfecho	*zufriedenstellen*
	estamos satisfechos	*wir sind zufrieden*

ver	**visto**	*sehen; prüfen*
prever	previsto	*vorsehen; vorhersehen*
proveer(de)	provisto	*versorgen, versehen*
		(mit)

entrever	entrevisto	*undeutlich sehen*
	jedoch: entrevistar	*interviewen*
freír	**frito**	*backen, braten*
	patatas fritas	*Pommes frites*
morir	**muerto**	*sterben, umkommen*
morirse		
	la muerte	*der Tod*
	me muero	*ich geh' drauf*
cubrir	**cubierto**	*bedecken*
	cubierto de nieve	*schneebedeckt*
descubrir	descubierto	*entdecken*
recubrir	recubierto	*überziehen*

Merke: Einige Partizip-Perfekt-Ausdrücke sind **nur mehr als Adjektiv** gebräuchlich:

electo	*gewählt* (elegir)
incluso	*sogar; einschließlich* (incluir)
corrupto	*verdorben* (corromper)
confuso	*verwirrt* (confundir)
preso	*gefangen* (prender)
etc.	

Anwendung des Partizip Perfekt

1 Zur Bildung der **zusammengesetzten Zeiten;** Partizip dabei **unveränderlich:**
he (*bzw.* había, hube, habré, habría) tomado, dicho

2 Zur Bildung des **Passivs** (s. Lektion 7); Partizip dabei **veränderlich:**

El puente será destruido.	*Die Brücke wird zerstört werden.*
La grabadora ya está	*Das Tonbandgerät ist bereits*
vendida.	*verkauft.*

3 Als reines **Adjektiv:**

| un traje usado | *ein gebrauchter Anzug* |
| una chica aplicada | *ein fleißiges Mädchen* |

Merke: mit **ser** wird **kein Passiv** gebildet:

La foto es muy parecida a la otra.	*Das Foto ist dem anderen sehr ähnlich.*

Beachte:

María es aburrida.	*Maria ist langweilig.*
María está aburrida.	*Maria langweilt sich.*

Substantivierung möglich:

un engañado	*ein Betrogener*
los recién llegados	*die Neuangekommenen*

4 Anstelle eines **Relativsatzes:**

El edificio, destruido durante la guerra, fue reconstruido por completo.	*Das Gebäude, welches während des Krieges zerstört worden war, wurde vollständig wiederaufgebaut.*

5 Bei der **absoluten Partizipialkonstruktion** (ein temporaler Nebensatz wird ersetzt):

Leída la escritura por el notario, la firmaron los interesados.	*Nachdem die Urkunde vom Notar verlesen worden war, wurde sie von den Beteiligten unterzeichnet.*

IV. Übungen

1. Formar el pretérito perfecto, indefinido y pluscuamperfecto:
Paco *(escribir)* una carta – vosotros *(volver)* muy tarde – los amigos *(reponerse)* de la excursión – los novios *(romper)* su compromiso – jamás *(verse)* una cosa semejante – la dueña del hotel *(morir)* últimamente – ¿por qué *(decir)* Vd. eso? – las puertas *(abrirse)* a las siete.

2. Formar frases de imperativo con pronombres (Ejemplo: compra el libro para ti = cómpratelo):
trae el coche al jefe – pasa la revista (a mí) – explica la lección (a nosotros) – permite ir al cine (a los niños) – di el secreto (a la muchacha) – regala las flores (a tu madre) – no devuelvas las entradas a la portera – entrega la carta al director.

3. Responder a las preguntas (según las lecturas):
¿Ha tomado Vd. helado de turrón? / ¿Qué es el turrón? / ¿Cuándo suele comerse el turrón? / ¿Cree que el clima de España es suave? / ¿Qué regiones de España conoce Vd.? / ¿Dónde le gustaría pasar sus vacaciones en España?

4. Traducir al alemán:
No han abierto ni las ventanas ni las puertas. Los navegantes ya habrán descubierto todas las islas. Las líneas telefónicas continentales serán interrumpidas por condiciones atmosféricas. Los trabajos de control están terminados. Los ejercicios están hechos. Los animales se han dormido; ahora están dormidos (*o:* están durmiendo). Los recién bautizados *(taufen)* son indígenas *(Eingeborene)* del pueblo. Viven todos en casas recién construidas. Os habéis equivocado; vuestros amigos no están equivocados. Pepe es aficionado a los toros. Cruzamos el Atlántico en una de las motonaves *(Motorschiff)* más modernas, construida en los astilleros *(Werft)* técnicamente más avanzados de España. La fiesta preparada para sus bodas de plata *(Silberhochzeit)* fue una maravilla. Se casó con una señorita educada en uno de los mejores colegios de la República Argentina. Una vez recopilados *(sammeln)* los datos necesarios, los presentó a la asamblea de especialistas. Apenas llegados, los padres tuvieron que salir de nuevo. Hechos todos los ejercicios del libro, los estudiantes pudieron emprender viaje a España.

5. Übersetzen Sie ins Spanische:
Anna ist mit Peter verheiratet. Wir sind von der Arbeit müde, aber wir sind nicht verzweifelt. Diese Tage sind sehr aufregend *(agitado)*. Nachdem die Prüfungen vorüber waren, konnten wir alle sehr zufrieden nach Spanien fahren. Meine Freundin mag das bayerische Bier sehr gern, besonders das aus München. Ich habe kein Turron-Eis bestellt, weil es heute vormittag gefroren hat *(helar)*. Die Italiener exportieren viele landwirtschaftliche Produkte *(productos agrícolas)*. Aber die Spanier stehen ihnen nicht nach. Als wir auf der Landstraße fuhren, hat uns ein Lastwagen, der mit Orangen beladen war, überholt.

V. Wortschatz

el turrón	typisch spanische (mandel-nuß-nougat-ähnliche) Süßigkeit zu Weihnachten
el refresco	Erfrischung(sgetränk)
apetecer	zusagen, Lust haben auf
la tónica	Tonic Water
la cerveza	Bier
no acabar de	*hier:* noch immer nicht . . .
advertir	bemerken, (darauf) hinweisen, aufmerksam machen

aficionado, -a (a)	Freund(in), Liebhaber(in) (von)
el helado	Eis, Gefrorenes
recomendar	empfehlen
italiano, -a	italienisch
imbatible	unschlagbar
ir a la zaga (de una persona)	zurückbleiben; jemandem nachstehen
navideño, -a	Weihnachts . . .; weihnachtlich
acertar (ie)	treffen, erraten
acertado	richtig, stimmt
hacerse la boca agua	das Wasser im Munde zusammenlaufen
la horchata	(Erd)mandelmilch
la copa	*hier:* Schale, Becher; *sonst:* Glas; Pokal
dulzón, -ona*	süßlich, sehr süß
rico, -a, riquísimo, -a *(Superlativ)*	*hier:* lecker
exportar	exportieren, ausführen
el comerciante	Händler, Geschäftsmann, Kaufmann
adelantar	überholen; zuvorkommen
la debilidad	Schwäche
inconsciente	unbewußt
el inconsciente	Unterbewußtsein
el sentimentalismo	Sentimentalität
por lo de	wegen, was die Sache betrifft
(el) sinónimo (de)	gleichbedeutend; Synonym
la Navidad	Weihnacht
inexportable	nicht exportierbar
el propietario	Besitzer
la heladería	Eisdiele
la patente	Patent, Erfindung
el camarero	Ober; Kellner
delicioso, -a	köstlich
el verde	Tausend-Peseten-Schein
redondear a	auf- *bzw.* abrunden
así que	*hier:* also . . .

---

* alle auf -*ón* endenden Adjektive bedeuten eine Verstärkung, z. B.:

comilón	gefräßig (comer)
respondón	vorlaut, rechthaberisch (responder)

Lección 10 – Lektion 10

Un poco de geografía

Etwas Geographie

I. Text

España ocupa la mayor parte de la Península Ibérica, situada en el extremo suroeste de Europa. Está bañada por el mar Mediterráneo y el océano Atlántico, que en el norte recibe el nombre de mar Cantábrico; el litoral español suma un total de 3.144 kilómetros, con playas muy variadas y bellas, cada año visitadas por millones de turistas.

El relieve de España es bastante accidentado; se caracteriza por una gran meseta central y varias franjas costeras, separadas entre sí por diversos sistemas montañosos, entre los que cabe mencionar los Pirineos y la cordillera Cantábrica, al norte; la cordillera Ibérica, del norte al sureste; las sierras de Gredos y Guadarrama, entre ambas Castillas; la Sierra Morena, entre Castilla la Nueva y Andalucía, y la Sierra Nevada, plenamente andaluza, con el pico más elevado de la Península, el Mulhacén (3.481 metros); sin embargo, es superado por el Teide (3.710 m), un cono volcánico que se encuentra en la isla de Tenerife, una de las que forman el archipiélago de las Canarias, muy frecuentadas por los turistas en todas las épocas del año, lo mismo que las Baleares, también pertenecientes a España.

El clima español es muy variado, según las regiones; en general, puede ser calificado de continental extremado, muy frío en invierno y muy caliente en verano, si bien, claro, allí donde llegan las influencias marinas es de mayor suavidad. La escasez de lluvias explica el carácter del paisaje español, árido y semidesértico en grandes extensiones; donde son posibles los regadíos, surgen vegas de extraordinaria fertilidad, ante todo en el Levante, con huertas donde maduran naranjos y limoneros. Las zonas septentrionales son más verdes, por ser más húmedas, y a veces dan la impresión de valles alpinos.

II. Übersetzung

Spanien beansprucht den größten Teil der Iberischen Halbinsel, die im äußersten Südwesten Europas gelegen ist. Sie wird vom Mittelmeer und vom Atlantischen Ozean umspült, welcher im Norden die Bezeichnung „Kantabrisches Meer" (= die Biscaya) erhält; die spanischen Küsten haben eine Gesamtlänge von 3144 Kilometern, mit sehr abwechslungsreichen und schönen Stränden, die alljährlich von Millionen von Touristen besucht werden.

Das Relief Spaniens ist ziemlich uneben; es wird charakterisiert durch eine große zentrale Hochebene und mehrere Küstenstreifen, die voneinander durch verschiedene Gebirgssysteme getrennt sind, unter welchen die Pyrenäen und das Kantabrische Gebirge im Norden zu erwähnen sind; ferner das Iberische Gebirge, das sich vom Norden bis zum Südosten erstreckt; die Gredos und das Guadarrama-Gebirge, zwischen Alt- und Neukastilien; die Sierra Morena, zwischen Neukastilien und Andalusien, sowie die ausschließlich in Andalusien gelegene Sierra Nevada mit dem höchsten Gipfel der Halbinsel, dem Mulhacén (3481 m); er wird jedoch noch übertroffen vom Teide (3710 m), einem Vulkankegel auf der Insel Teneriffa, die zum Archipel der Kanaren gehört, die zu jeder Jahreszeit von vielen Touristen besucht werden; das trifft auch für die Balearen zu, die ebenfalls zu Spanien gehören.

Das Klima Spaniens ist je nach Region sehr unterschiedlich; im allgemeinen kann es als extremes Kontinentalklima bezeichnet werden – sehr kalt im Winter und sehr heiß im Sommer –, auch wenn es natürlich dort, wo der Einfluß der Meere vorhanden ist, wesentlich milder ist. Die geringen Regenfälle erklären den Charakter der spanischen Landschaft: trocken und wie eine Halbwüste in weiten Bereichen; wo Bewässerung möglich ist, entsteht Kulturland von außergewöhnlicher Fruchtbarkeit, vor allem in der Levante mit Feldern, auf denen Orangen- und Zitronenbäume reifen. Die nördlichen Gebiete sind grüner, da sie feuchter sind, und vermitteln manchmal den Eindruck von Alpentälern.

III. Grammatik

Anwendung des Infinitivs

■ Anstelle von Nebensätzen:

Temporalsätze der Gleichzeitigkeit:

Al oír estas palabras, el jefe se pone nervioso.	(wörtlich: *beim Hören . . .) Sobald* (oder: *wenn) er diese Worte hört, wird der Chef nervös.*
Al oír estas palabras, el jefe se puso nervioso.	*Als er diese Worte hörte, wurde der Chef nervös.*

Temporalsätze der Vorzeitigkeit:

Antes de ir a España, tengo que aprender el idioma del país.	*Ehe ich nach Spanien fahre, muß ich die Landessprache erlernen.*

Temporalsätze der Nachzeitigkeit:

Después de verme en la calle, el señor me saludó.	*Nachdem er mich auf der Straße gesehen hatte, grüßte mich der Herr.*
hasta *bis:*	
Estudia **hasta obtener** un título.	*Er studiert, bis er einen Titel erlangt.*

Finaler Nebensatz (Absicht):

Para ser algo en la vida, hay que estudiar mucho.	*Um etwas im Leben zu werden, muß man viel lernen.*

Konditionaler Nebensatz:

De no saberlo, no te lo diría.	*Wenn ich es nicht wüßte, würde ich es dir nicht sagen* (irreale Bedingung).

A saberlo yo, te lo diría.   *Wenn ich es wüßte, würde ich es dir sagen.*

Kausaler Nebensatz:
Por ser tú mi amigo, te ayudaré.   *Weil du mein Freund bist, werde ich dir helfen.*

Konzessiver Nebensatz:
Con ser tan rica, no me casaré con ella.   *Obwohl sie so reich ist, werde ich sie nicht heiraten.*

❷ Substantivbildung:

Jeder Infinitiv kann durch Voranstellen des maskulinen Artikels zum Hauptwort gemacht werden:

| el trabajar | *das Arbeiten* | el fumar | *das Rauchen* |
| el oír | *das Hören* | el sonar | *das Läuten* |

Einige Infinitive sind bereits zu festen Hauptwörtern geworden (und als solche im Wörterbuch ausgewiesen):

el cantar	*das (Helden-) Lied*	el ser vivo	*das Lebewesen*
el deber	*die Pflicht*	el saber	*das Wissen*
el poder	*die Macht*	etc.	

❸ Zur Verkürzung von Hauptsätzen:

a) in direkten und indirekten Fragesätzen:
¿Qué hacer?   *Was kann man tun? (Was tun?)*
No sé qué hacer.   *Ich weiß nicht, was ich tun soll.*

b) als Imperativ:
¡no fumar!   *Rauchen verboten!*   a ver   *mal sehen!*
¡a trabajar!   *an die Arbeit!*

❹ Bei der Rektion der Verben (s. Lektion 27):

Quiere **trabajar** más.   *Er will mehr arbeiten.*
Acaba de **llamar**me.   *Er hat mich soeben angerufen.*

Einfache Präpositionen (Fortsetzung von Lektion 8)

por:
hier (ungefähre Ortsangabe):
¿Cuánto tiempo lleva Vd. por aquí?   *Wie lange sind Sie schon hier?*
durch (Passage), *über:*
Se sale por la puerta.   *Man geht durch die Tür hinaus.*

Viajamos por toda Europa.	*Wir reisen durch ganz Europa.*
Pasamos por París.	*Wir fahren über Paris.*
Tengo que pasar por el teatro.	*Ich muß (schnell) am/ beim Theater vorbeischauen.*

für (anstelle von) (Tausch, Preis):

por 100 dólares	*für 100 Dollar*
cambiar el libro por otro	*das Buch gegen ein anderes ein- tauschen*
Trabajo por Juan.	*Ich arbeite für Juan (= anstelle).*

am (Zeitangabe):

por la mañana	*morgens, vormittags*
por la tarde	*nachmittags*
por la noche	*abends, nachts*

für (Zeitdauer):

por un año	*für/auf ein Jahr*

durch/von (Urheber):

La casa fue diseñada por un arquitecto.	*Das Haus wurde von einem Architekten entworfen.*

wegen (Grund):

por el honor	*der Ehre wegen*
por la paz	*um des Friedens willen*
por mí	*meinetwegen*
por la gracia de Dios	*von Gottes Gnaden*

Mittel, Zweck:

por avión	*auf dem Luftwege*
por ferrocarril	*per Bahn, mit der Bahn*
por la patria	*für das Vaterland*

nach Verben (s. Rektion Lektion 28):

Acabamos por convencerle.	*Wir haben ihn schließlich über- zeugt.*

nach Adjektiven:

estoy curioso por saber	*ich möchte sehr gerne wissen*

(Fortsetzung in Lektion 11)

IV. Übungen

1. Colocar en el tiempo adecuado:

Ayer, todos *(responder)* mal; hoy, nadie *(saber)* la lección; ¿qué *(occurrir)* mañana? / Cuando todos *(llegar)* a la estación el jueves pasado, el jefe del grupo *(darse)* cuenta de que *(faltar)* tres seño-

10 ras de Hamburgo; el jefe *(avisar)* al hotel, pero allí nadie *(saber)* nada; finalmente, *(tener)* que notificar de ello a la policía / Si tú *(disponer)* de tiempo, el próximo fin de semana *(visitar)* el museo; todavía no *(conocerlo)*, y eso que ya *(llevar)* varios años en esta ciudad.

2. Colocar la preposición:

Me dio 50 marcos . . . comprar libros; los libros son . . . estudiar; le he dado las gracias . . . ello – Querido amigo: Muchas gracias . . . tu carta . . . 20 . . . febrero – ¿. . . qué lo dices? ¿. . . qué vienes? – Al volver de las vacaciones pasaremos . . . tu casa, . . . contarte cómo lo hemos pasado – ¡Deja la traducción . . . otro día!

3. Forme una frase con cada infinitivo sustantivado (Ejemplo: pasear: el pasear es bueno para la salud):

fumar – no trabajar – llegar tarde – gastar demasiado – escuchar lo que dice el profesor – no estudiar durante el curso – cenar tarde – discutir con sordos – no hacer nada – preocuparse a tiempo.

4. Traducir al alemán:

Los policías preguntaron por el Sr. Gómez. Ud. lo ha hecho por algo *(nicht grundlos)*. Las madrileñas nos gustan por su belleza y su gracia. Es un drama representado por los mejores actores del país. Esta región fue conquistada por los visigodos *(Westgoten)*. 144 dividido por 12 son 12. El es doctor por la Universidad de Bogotá. El cartero baja por la escalera. ¿Viene por mar o por tierra? ¿Puedes dejarme tu televisor por un mes? Mañana por la mañana hablaré por primera vez con el canciller. Pago 500 francos suizos por la habitación. ¿Me das tu corbata *(Krawatte)* por la mía? ¡No tires al tigre por la cola! Aquí se vende este artículo por docenas. Lo repitió palabra por palabra. La madre mandó a su hija por pan. Le he tomado por mi amigo. Tomó por esposa a Conchita. Por la presente les comunicamos que . . . Damos por terminada la sesión. Los sordomudos *(taubstumm)* hablan por señas. Por más barata que sea la casa, no la compraré. Por inteligente que seáis, nunca vais a aprobar el examen. No te lo digo por alarmarte *(beunruhigen)*.

5. Übersetzen Sie ins Spanische (Nebensätze möglichst mit dem Infinitiv):

Als ich heute morgen aufstand, stellte ich fest *(notar)*, daß es während der ganzen Nacht geschneit hatte. Weil er mein Freund ist, werde ich ihm die ganze Wahrheit sagen. Nachdem ihr mich angerufen hattet, fuhr ich sofort zum Flugplatz, um die nächste Maschine nach Caracas zu nehmen. Er arbeitete, bis er das Wörterbuch fertig hatte. Ehe du heiratest, mußt du dich beim Standesamt erkundigen *(pedir informes al Registro Civil)*. Zuviel Rauchen schadet *(perjudicar a)* der Gesundheit. Pflanzen, Tiere und Menschen sind Lebewesen, die Wasser, Luft und Nahrungsstoffe *(sustancias nutritivas)* benötigen. Lieber hungern als auf Freiheit verzichten *(antes pasar hambre que ...)*. Er verkaufte das kleine Unterseeboot *(submarino)* für 121 000 Mark. Im letzten großen Krieg starben viele Menschen für ihr Vaterland. Der „Don Quijote" wurde von dem unsterblichen *(inmortal)* Dichter M. de Cervantes geschrieben. Dort wird der Quadratmeter noch für 100 Peseten verkauft.

V. Wortschatz

la geografía	Geographie, Erd-, Landeskunde
ocupar	besetzen, belegen
la península	Halbinsel
ibérico, -a	iberisch
estar situado, -a	liegen, gelegen sein
el suroeste (SO)	Südwesten (SW)
bañar	*hier:* umspülen
el océano	Ozean
el mar Cantábrico	der Golf von Biskaya = die Biskaya
sumar	insgesamt betragen
el relieve	Relief, Bodengestalt
accidentado, -a	uneben, hügelig, bergig
la meseta	Hochebene
la franja	Streifen
costero, -a	Küsten ...
el sistema montañoso	Gebirgssystem
mencionar	erwähnen
cabe mencionar	ist zu erwähnen; man kann erwähnen
los Pirineos	Pyrenäen
la cordillera	Gebirge, Gebirgskette
el sureste (SE)	Südosten (SO)
la sierra	Bergkette, Gebirge
ambas Castillas = las dos Castillas	Alt- und Neukastilien
Castilla la Nueva	Neukastilien
Castilla la Vieja	Altkastilien
moreno, -a	dunkel(braun)
andaluz, -a	andalusisch
el pico	Gipfel
el cono	Kegel
volcánico, -a	vulkanisch

10

la isla	Insel
el archipiélago	Inselgruppe, Archipel
las Islas Canarias	die Kanarischen Inseln
frecuentar	(häufig) besuchen, frequentieren
perteneciente a	gehörend zu
el clima	Klima
continental	kontinental
extremado, -a	extrem; äußerst
frío, -a	kalt
el frío	Kälte
caliente	warm
la influencia	Einfluß
marino, -a	Meeres . . .
la suavidad	Milde
la escasez	Knappheit, Mangel
árido, -a	dürr, trocken
semidesértico, -a	wie eine Halbwüste
la extensión	Ausdehnung; Bereich
el regadío	Bewässerung
surgir	entstehen; auftauchen
la vega	Au(e); *hier:* Kulturland
la fertilidad	Fruchtbarkeit
el Levante	Osten; *hier:* die spanische Levante *(zwischen Tarragona und Alicante)*
la huerta	bewässertes Land für Obst- und Gemüsebau *(speziell in der Gegend von Valencia)*
madurar	reifen
el naranjo	Orangenbaum
el limonero	Zitronenbaum
la zona	Gegend, Zone
septentrional	nördlich
húmedo, -a	feucht
la impresión	Eindruck
dar la impresión	den Eindruck vermitteln
alpino, -a	Alpen . . .
los Alpes	die Alpen

Lección 11 – Lektion 11

Música es música

Musik ist Musik

I. Text

(Manolo: *Man.*, Marion: *Mar.*)

Man.: Antes de marcharte de España, tenemos que ir al teatro; no te puedo invitar a una ópera, pero en estos días ponen "Luisa Fernanda", una zarzuela muy conocida. ¿Te apetece ir a verla?

Mar.: ¡Pues claro que sí! Es como una opereta, ¿no?

Man.: Algo parecido, pero a la española, claro. La música es muy popular, y tiene números que se pegan fácilmente al oído. Hay quien dice que la zarzuela no vale gran cosa, pero yo lo paso en grande. Claro, no puede compararse con una ópera de Wagner . . .

Mar.: Un profesor que tuve en Munich nos dijo una vez que la zarzuela se parece más bien a la opereta de tipo vienés . . .

Man.: ¡Una excelente comparación! Se ve que ese profesor también es zarzuelero; me cae simpático.

Mar.: ¿Has sacado ya las entradas?

Man.: Todavía no. Las localidades que suelo comprar no hay que sacarlas con antelación; ya verás esta tarde: nos presentamos un cuarto de hora antes, y tienes para elegir. Yo voy siempre arriba, al paraíso, que es donde hay un ambiente más democrático; el patio de butacas y las plateas son más aptos para la representación, claro; a lo mejor, tú las prefieres.

Mar.: ¡Qué va, hombre! En Munich, se saca lo que se puede . . . y después de pasarse horas y horas haciendo cola.

Llegan al teatro un cuarto de hora antes de comenzar la función. Nadie guarda cola ante las taquillas. Marion y Manolo se miran ante el enorme letrero: "Localidades agotadas".

Man.: ¡Habráse visto! La primera vez que me ocurre . . . Y ahora, ¿qué?

Mar.: Para que veas que no eres el único aficionado a la zarzuela.

Man.: Aquí cerca hay una discoteca muy animada, "La Noria"; como consuelo . . .

Mar.: ¿Por qué no? Música es música, y las discotecas son iguales en todo el mundo.

Man.: No hay mal que por bien no venga.

II. Übersetzung

Manolo: Bevor du Spanien verläßt, müssen wir ins Theater gehen; ich kann dich nicht zu einer Oper einladen, aber in diesen Tagen wird „Luisa Fernanda" gegeben, eine sehr bekannte „Zarzuela". Hättest du Lust, sie zu sehen? – *Marion:* Aber natürlich! Es ist wie eine Operette, nicht wahr? – *Man.:* So ähnlich, aber natürlich auf spanische Art. Die Musik ist sehr volkstümlich und hat Melodien, die leicht ins Ohr gehen. Es gibt Leute, die sagen, die „Zarzuela" sei nichts Besonderes, aber ich amüsiere mich großartig. Natürlich kann man sie nicht mit einer Wagneroper vergleichen . . . – *Mar.:* Ein Lehrer, den ich in München hatte, sagte uns einmal, daß die „Zarzuela" eher der Operette im Wiener Stil gleiche . . . – *Man.:* Ein ausgezeichneter Vergleich! Man sieht, daß dieser Lehrer ebenfalls Zarzuela-Anhänger ist; er ist mir sympathisch. – *Mar.:* Hast du schon die Karten besorgt? – *Man.:* Nein, noch nicht. Die Plätze, die ich gewöhnlich nehme, braucht man nicht im Vorverkauf zu kaufen; du wirst es schon sehen, heute abend: Wir finden uns eine Viertelstunde vorher ein, und du hast die Auswahl. Ich gehe immer nach oben, in den Olymp (Galerie), wo eine demokratischere Atmosphäre herrscht; das Parkett und die Parterrelogen sind natürlich mehr für die Repräsentation (geeignet); vielleicht ziehst du das vor? – *Mar.:* Von wegen, Mensch! In München nimmt man, was man (kriegen) kann ... Und nachdem man Stunden um Stunden angestanden hat.

Sie kommen eine Viertelstunde vor Beginn der Vorstellung zum Theater. Vor den Schaltern steht niemand Schlange. Marion und Manolo sehen sich vor der riesigen Tafel „Plätze ausverkauft" (verwundert) an.

Man.: Kaum zu glauben! Zum ersten Mal passiert mir das ... Und was nun? – *Mar.:* Damit du siehst, daß du nicht der einzige Zarzuela-Fan bist. – *Man.:* Hier in der Nähe gibt es eine sehr gut besuchte Diskothek, „La Noria"; als Trost ... – *Mar.:* Warum nicht? Musik ist (doch) Musik, und die Diskotheken sind auf der ganzen Welt gleich. – *Man.:* An jeder schlechten Sache ist auch etwas Gutes.

III. Grammatik

Einfache Präpositionen (Fortsetzung von Lektion 8 und 10)

sin:

ohne:	Estáis sin trabajo.	*Ihr seid ohne Arbeit.*
	sin decir nada	*ohne etwas zu sagen*

con:

mit:	con atención	*mit Aufmerksamkeit*
	conmigo	*mit mir*
	contigo	*mit dir*
	consigo	*mit sich*
	Trabaja con su padre.	*Er arbeitet mit seinem Vater.*
nach Verben:		
	contar con	*rechnen auf/mit*
	dar con	*treffen auf*

zeitlich:

	con este tiempo	*bei diesem Wetter*

contra:

gegen,	contra la pared	*gegen die Wand*
wider:	contra el enemigo	*gegen den Feind*
	pago contra documentos	*Zahlung gegen Dokumente*

según:

gemäß,	Obra según las circuns-	*Er handelt gemäß den*
nach,	tancias.	*Umständen.*
laut:	el método según Bunsen	*die Methode nach Bunsen*
	según su opinión	*seiner Meinung nach*

durante:

während	durante la guerra	*während des Krieges*
(+ Sub-		
stantiv)		
	(jedoch: Trabajamos	*Wir arbeiten, während er*
	mientras que el duerme.	*schläft.)*

hacia:

gegen (Richtung): örtlich + zeitlich

	hacia Madrid	*gegen (gen) Madrid*
	hacia las dos	*gegen zwei Uhr*

hasta:

bis:	Llegamos hasta Granada.	*Wir kommen bis Granada.*
	Estudiábamos hasta las diez.	*Wir lernten bis 10 Uhr.*

desde: *seit:*

zeitlich:	desde ayer	*seit gestern*
	desde 1492	*seit 1492*
	desde hace tres años	*seit drei Jahren*
örtlich:	desde Burgos	*seit Burgos*
		von Burgos an ...
	desde ... hasta	*von ... bis ...* (örtlich + zeitlich)

entre:

zwischen:	entre tú y yo (Nominativ!)	*zwischen dir und mir*
zeitlich:	entre las dos y las tres	*zwischen zwei und drei*

bajo:

unter, *unter-* *halb:*	tres grados bajo cero	*drei Grad unter Null*
	Está bajo tutela.	*Er steht unter Vormund-schaft.*
	bajo pena	*unter (bei) Strafe*

ante:

vor, an- *gesichts:*	ante mí, el Notario	*vor mir, dem Notar*
	ante todo	*vor allem*
	ante la muerte	*angesichts des Todes*

tras: *hinter, nach:*

zeitlich:	tras la explosión	*nach der Explosion*
örtlich:	tras sus propias huellas	*hinter seinen eigenen Spuren (her)*

sobre:

über, auf:	La lámpara está sobre la mesa.	*Die Lampe steht auf dem Tisch.*
	Vamos a hablar sobre Filosofía.	*Wir wollen über Philoso-phie sprechen.*
	sobre todo	*vor allem*
	escribir sobre papel	*auf Papier schreiben*
	mano sobre mano	*untätig*
	sobre las diez	*gegen zehn Uhr*
	sobre demanda	*auf Anfrage*
	Toledo está sobre el Tajo.	*Toledo liegt am Tajo.*

menos oder **salvo:**

außer:	todos menos yo	*alle außer mir*
	todos salvo uno	*alle außer einem*
zuzüg- *lich, plus:*	el honorario más gastos	*das Honorar zuzüglich Spesen*

hace:

vor, es *ist ... her:*	hace dos años	*vor zwei Jahren*

IV. Übungen

1. Colocar la preposición adecuada:

Mi amigo es ... Valencia. – Era ... noche cuando llegamos ... viaje. – ... las tardes solemos salir ... paseo ... el campo. – Los viajes ... ferrocarril resultan más largos que ... avión. – A veces vengo ... la escuela ... bicicleta, pero generalmente vengo ... pie. – Julio lleva casi un año ... trabajo; está parado *(arbeitslos)* ... la última huelga *(Streik)*. – ¿Vienes ... nosotros ... cine?

2. Forme frases condicionales (Ejemplo: tengo trabajo – no puedo ir = si no tuviera trabajo, iría):

Está enfermo – no puede salir / Tenemos una visita – no ir al cine / Querer estudiar – haber olvidado el libro / Escribir una carta – estar estropeada la máquina / Mandar (a) los niños al campo – llover mucho / Viajar en avión – no haber plazas.

3. Expresar en la forma pasiva:

Julio no reconoció a Lola. – La nieve ha cubierto el jardín. – El director ha cerrado la biblioteca. – Los alumnos organizaron una fiesta. – Un coche salpicó *(anspritzen)* a los paseantes. – El alcalde ha vendido una finca *(Grundstück)* comunal. – El presidente premió *(auszeichnen)* a los campeones.

4. Traducir al alemán:

Entre nuestros amigos hay varios especialistas. Todos fueron testigos *(Zeugen)* del accidente, excepto los que estaban ausentes. Esto está prohibido según las leyes *(Gesetz)* alemanas. En este mundo no se puede vivir sin dinero. Conmigo no podéis hablar de esa manera. La señora era siempre muy amable con nosotros. Esta puerta no puede abrirse sin *(nur mit)* ganzúa *(Dietrich)*. Al tomar una curva bastante cerrada *(eng)* el coche chocó contra un árbol. Ocurrió durante el siglo pasado. Las tropas de la milicia avanzaron hacia el Este. ¿Tú crees que vendrán hacia (la) medianoche? Hay que esperar hasta fines del año. No vendréis hasta la una *(erst um, nicht vor)*. Desde la introducción de estas normas, ya no hay dificultad alguna. Bajo dichas circunstancias *(Umstand)* no se puede conseguir absolutamente nada. Ante tal situación es mejor callarse. Tras la lluvia, el cielo se aclaró. ¿Pueden Uds. informarnos sobre las últimas cotizaciones *(Notierung)* en Bolsa *(Börse)*? Les ofrecemos el producto a este precio menos *(abzüglich)* un tres por ciento de descuento. Los precios se entienden netos más gastos de envío *(Versandspesen)*.

5. Übersetzen Sie ins Spanische:

Ohne Geld kann man im Leben nichts erreichen. Manolo würde mit Marion in die „Zarzuela" gehen, wenn sie noch Karten bekämen. Der Spieler *(jugador)* schleuderte den Ball *(estrellar la pelota)* gegen die Wand. Diese Musik ist wunderschön und geht leicht ins Ohr. Laut Anordnung des Direktors findet heute wegen des Nationalfeiertages kein Unterricht statt. Er hat während seines Studiums an der Uni ständig als Kellner und Briefträger gearbeitet. Gegen Süden weitet sich *(ensancharse)* das Gebirgstal zu einer fruchtbaren Ebene. Wir kamen gestern auf unserer Spanienreise bis Teruel. Vor der Schlußprüfung lernten wir jeden Tag ununterbrochen bis Mitternacht. Seit Bestehen der Welt ist das so. Seit drei Monaten ist der Gebirgspaß *(puerto de montaña)* gesperrt. Zwischen den beiden Flüssen erstreckt sich eine romantische Landschaft. Unter spanischen Männern gilt noch das Ehrenwort. Es ist bei Strafe verboten, das Auto am Ufer des *(a orillas de)* Sees zu waschen. Bei einer Temperatur von 30 Grad unter Null kann man nicht mehr im Freien *(al aire libre)* arbeiten. Angesichts einer solchen Ungerechtigkeit *(injusticia)* versteht man das Verhalten *(actitud)* des Volkes. Die Indianer *(indios)* marschierten einer hinter dem anderen *(uno tras otro)*. Nach langem Schweigen antwortete er. Die Kongreßteilnehmer *(congresista)* waren nicht untätig und sprachen die ganze Zeit über die wichtigsten Probleme. Alle – außer mir – werden an der Reise teilnehmen. Er erhält ein Gehalt *(sueldo)* von 90 000 Peseten zuzüglich Familienzuschlag *(plus familiar)*.

V. Wortschatz

marchar(se)	weggehen, wegfahren, verlassen
el teatro	Theater
la ópera	Oper
poner	*hier:* geben, spielen
la zarzuela	typisches spanisches Singspiel
apetecer	zusagen, gefallen
claro que sí	ja natürlich
la opereta	Operette
popular	volkstümlich, beliebt
el número	Nummer; *hier:* Melodie, Stück
pegar(se)	hängenbleiben; haften
el oído	Gehör
pegarse al oído	ins Ohr gehen

hay quien dice	manche sagen; es gibt Leute, die sagen
pasarlo en grande	sich köstlich amüsieren
vienés, -esa	wienerisch
Viena	Wien
el zarzuelero	Zarzuelafreund, -anhänger
caer	fallen
simpático, -a	sympathisch
me cae simpático	ich finde ihn sympathisch
sacar	ziehen; *hier:* besorgen, kaufen
la localidad	Platz, Eintrittskarte
con antelación	im voraus
presentarse	erscheinen, sich einfinden
el paraíso	Paradies; *hier:* Olymp; Heuboden (Galerie)
el patio (de butacas)	Parterre, Parkett
la platea	Parterreloge
qué va	von wegen!; I wo!
horas y horas	stundenlang
la cola (pasarse a la -, hacer -, guardar -)	Schlange (stehen)
la taquilla	Schalter
el letrero	Schild, Tafel
agotado, -a	ausverkauft
habráse visto	kaum zu glauben (= hat man so etwas gesehen)
la discoteca	Diskothek
animado, -a	belebt, gut besucht (wo etwas los ist)
la noria	Riesenrad
no hay mal que por bien no venga	*wörtlich:* Es gibt kein Übel, das nicht zum Guten kommt = jedes Übel hat auch sein Gutes

Lección 12 – Lektion 12

Sigue la geografía

Noch zum Thema Geographie

I. Text

Uno de los problemas capitales de España, debidos a razones de
tipo geográfico-climático, es la tradicional falta de agua. Cierta-
mente, España cuenta con muchos kilómetros de costas, pero
éstas se hallan por lo general separadas del interior por elevadas
montañas; esto impide que los efectos positivos de la influencia
marítima lleguen a beneficiar a la mayor parte del país. Aparte de
esto, tampoco los ríos españoles vienen a mejorar la situación, ni
siquiera los más largos, como el Ebro, el Duero, o el Guadálqui-
vir, y menos el Tajo y el Guadiana. Los ríos españoles son muy
irregulares en cuanto al caudal de aguas, y en verano, casi están
secos. Por el contrario, cuando se producen fuertes lluvias y en el
período del deshielo, corren el peligro de inundar las orillas,
como suele hacerlo por ejemplo el Turia, con lo que causan más
perjuicios que ventajas para la agricultura.
Gracias a la intensa construcción de embalses, se ha podido mejorar la situación en los últimos decenios, aprovechando mejor la

escasa cantidad de aguas para regadíos y la producción de energía eléctrica. Aparte de esto, los embalses han contribuido a revitalizar el paisaje, y hasta algunos se han tornado en atracciones turísticas, con grandes posibilidades también para la práctica de deportes acuáticos. De esta forma, se ha logrado matar dos pájaros de un tiro, como suele decirse, pues España, por lo demás, tampoco cuenta con lagos naturales de consideración.

II. Übersetzung

Eines der Hauptprobleme Spaniens ist – aufgrund geographisch-klimatischer Gegebenheiten – die traditionelle Wasserknappheit. Gewiß verfügt Spanien über viele Kilometer Küsten, jedoch sind diese im allgemeinen durch hohe Gebirge vom Innern des Landes getrennt; dies verhindert, daß die positiven Erscheinungen des maritimen Einflusses sich günstig auf den größten Teil des Landes auswirken. Abgesehen davon tragen die spanischen Flüsse auch nicht dazu bei, die Situation zu verbessern, nicht einmal die längsten wie Ebro, Duero oder Guadalquivir, und noch weniger Tajo und Guadiana. Hinsichtlich der Wasserführung weisen die spanischen Flüsse große Unregelmäßigkeiten auf, und im Sommer sind sie fast ausgetrocknet. Wenn starke Regenfälle eintreten und während der Schneeschmelze drohen sie jedoch über die Ufer zu treten, wie das im allgemeinen beim Turia der Fall ist, wodurch sie der Landwirtschaft mehr Schaden als Nutzen bringen.

Dank der intensiven Errichtung von Stauseen konnte die Lage in den letzten Jahrzehnten gebessert werden, wobei die knappe Wassermenge für Bewässerungszwecke und die Erzeugung von elektrischer Energie besser genutzt wird. Abgesehen davon haben die Stauseen dazu beigetragen, die Landschaft zu beleben, und einige sind sogar zu touristischen Attraktionen geworden mit großen Möglichkeiten auch für die Ausübung von Wassersport. Auf diese Weise ist es gelungen, „zwei Fliegen mit einer Klappe zu schlagen", wie man zu sagen pflegt, denn Spanien hat im übrigen auch keine bedeutenden natürlichen Seen.

III. Grammatik

Zusammengesetzte Präpositionen

a pesar de = pese a *trotz*
  a pesar del frío *trotz der Kälte*

a punto de   *kurz vor*
Estoy a punto de llorar.   *Mir kommen gleich die Tränen.*

a través de   *durch, hindurch, mittels*
a través del desierto   *durch die Wüste*
a través de la Cruz Roja   *über das Rote Kreuz*

además de   *außer, neben*
además de las dificultades   *außer den Schwierigkeiten*

al lado de   *an der Seite von, neben*
Él estaba al lado del Presidente.   *Er stand neben dem Präsidenten.*

alrededor de   *um herum, rings um*
örtlich: alrededor del estadio   *um das Stadion*
zeitlich: alrededor de las ocho   *so um 8 Uhr*

antes de   *vor, ehe*
antes de hablar   *vor dem Sprechen*
antes de la comida   *vor dem Essen*
antes del 2 de mayo   *vor dem 2. Mai*

acerca de   *über, betreffs*
discutir acerca de una cosa   *über eine Sache diskutieren*

cerca de   *nahe bei*
El Instituto está cerca de la Universidad.   *Das Institut liegt in der Nähe der Universität.*

debajo de   *unter, unterhalb von*
El sótano está debajo de la casa.   *Der Keller ist unter dem Haus.*

por debajo de   *unten hindurch*
El tren pasa por debajo del puente.   *Der Zug fährt unter der Brücke hindurch.*

a causa de   *wegen*
a causa de las fuertes lluvias   *wegen der starken Regenfälle*

debido a   *wegen, aufgrund*
debido a su protesta   *wegen, aufgrund seines Einspruches*

12 **delante de** — *vor*
Delante de la casa hay un roble. — *Vor dem Haus steht eine Eiche.*

por delante de — *an . . . vorbei*
El tren pasa por delante de la casa. — *Der Zug fährt an dem Haus vorüber/vorbei.*

dentro de — *innerhalb*
örtlich: dentro del país — *im Inland*
zeitlich: dentro de media hora — *innerhalb einer halben Stunde*

después de — *nach, hinter*
después de las ocho — *nach acht Uhr*
después de la guerra — *nach dem Krieg*
después de llamarme — *nachdem er mich anrief*
después de ellos — *nach, hinter ihnen*

detrás de — *hinter*
Detrás de la iglesia está el cementerio. — *Hinter der Kirche ist der Friedhof.*

por detrás de — *hinter . . . vorbei*
Los coches pasan por detrás de la casa. — *Die Autos fahren hinter dem Haus vorbei.*

en casa de — *bei*
Estuviste en casa de Pedro. — *Du warst bei Peter.*

en cuanto a — *bezüglich*
en cuanto a las exportaciones — *was die Exporte betrifft . . .*

en medio de — *mitten in, inmitten von*
en medio de esa muchedumbre furiosa — *inmitten dieser wütenden Menschenmenge*

encima de — *über, auf, darüber*
La antena está encima de la casa. — *Die Antenne ist auf dem Haus.*
No llevo tanto encima. — *Ich habe nicht soviel (Geld) dabei.*

por encima de — *über . . . hinweg*
El avión pasa por encima del bosque. — *Das Flugzeug fliegt über den Wald (hinweg).*

en vez de — *anstatt*
en vez de callar — *anstatt zu schweigen*

en lugar de	*anstelle*
en lugar de Vd.	*an Ihrer Stelle*
frente a = enfrente de	*gegenüber*
Frente a la estación hay un bar.	*Gegenüber dem Bahnhof gibt es ein kleines Restaurant.*
fuera	*außerhalb*
fuera del país	*außer Landes*
fuera de combate	*kampfunfähig = k. o.*
gracias a	*dank, infolge*
gracias a su ayuda	*dank seiner Hilfe*
junto a	*neben, an der Seite*
Estaba junto a la ventana.	*Er saß neben dem Fenster.*
lejos de	*weit weg von*
lejos de mis tierras	*weit von meiner Heimat weg*
Estamos lejos de creerlo.	*Wir sind weit davon entfernt, es zu glauben.*
más allá de	*jenseits von*
más allá del río	*jenseits des Flusses*
al otro lado	*jenseits*
al otro lado de la calle	*auf der anderen Straßenseite*
a lo largo de	*längs*
a lo largo del muelle	*längs der Mole*
a lo largo de tres meses	*auf die Dauer von drei Monaten*
jedoch: a la larg**a**	*auf lange Sicht*
a ras de	*dicht über*
a ras del suelo	*dicht über dem Boden*
a flor de	*dicht über*
a flor de tierra	*zu ebener Erde*

IV. Übungen

1. Colocar la preposición adecuada y convertir las frases en futuro:

Vamos de vacaciones ... Grecia; pasamos ... Viena ... visitar ... unos amigos / Hacemos el viaje ... avión; así ganar tiempo/ Me pongo el abrigo ... salir; tú cierras las ventanas ... ruido/ Se celebra una función ... teatro ... aire libre ... la plaza.

2. ¿Ser o estar?

... un señor muy importante; todo el tiempo ... de viaje / La gente ... muy olvidadiza *(vergeßlich)*; siempre ... esperando sorpresas, y en seguida las echa en olvido *(vergessen)*; ... natural; no ... preparada para reflexionar sobre lo que ... importante y lo que sólo ... de moda / Dice un refrán español que en el manicomio *(Irrenhaus)* ni ... todos los que ..., ni ... todos los que ... / Mañana nos encontramos a las 8,30, ¿...? / Cuando mi amigo ... de buen humor, cree que todo ... fácil; cuando ... de malas *(schlecht aufgelegt)*, piensa que todo ... difícil; no le ... fácil tomar la vida como ...

3. Expresar en subjuntivo (Ejemplo: Compra el libro – lo quiero = quiero que compres el libro):
Ponte los zapatos – lo ordeno / abre la puerta – lo deseo / cubre las flores – te lo pido / ven a verme – te lo ruego.

4. Traducir al alemán:
Pese a las malas condiciones meteorológicas, pudimos subir al Pico de Aneto (Pirineos, 3.404 m). Cuando vienen los amigos, todo tiene que estar a punto. Estaba a punto de llover. Los refugiados recibieron ayuda a través de la ONU *(= UNO)*. Además de ésta, hay otras soluciones. Los alrededores *(Umgebung)* de Munich son muy bonitos. Esto ocurrió antes de que Colón descubriera el Nuevo Mundo. A su lado estaba Juan, su único bisnieto *(Urenkel)*. Hemos gastado una suma enorme, alrededor de 100.000 dólares. Antes de comparecer ante el Juez *(erscheinen, Richter)* tienes que comprarte un traje nuevo. La casa importadora ha abierto un crédito documentario irrevocable *(unwiderrufliches Dokumentenakkreditiv)* cerca *(bei)* del Banco Central. Esos poetas están muy por debajo de nuestro Neruda. A causa de sus delitos fue condenado a siete años de reclusión mayor *(Gefängnis)*. Debido a lo grave de sus heridas ha sido necesario hospitalizarle. El delantero centro *(Mittelstürmer)* estaba delante del portero *(Tormann)*. Dentro y fuera del país es costumbre celebrar las fiestas navideñas. Los soldados desfilaron *(defilieren)* por delante del Primer Ministro y su Gabinete *(Kabinett)*. Seguíamos después de ellos. Después de terminada la guerra, numerosos emigrantes volvieron a su patria. Entraron uno detrás de otro. Algunos maridos van detrás de otras mujeres. Pablo conoció a su prometida en casa de su mejor amigo. En cuanto a los verbos irregulares, no nos encontramos aún sobre terreno firme. Esto está por encima de nuestras posibilidades.

5. Übersetzen Sie ins Spanische:

Aufgrund der geographisch-klimatischen Umstände gibt es in Spanien wenig Wasser. Diese Wasserknappheit ist auch typisch in bezug auf andere Mittelmeerländer: Italien, Jugoslawien, Griechenland, die Türkei und natürlich die Wüstenländer in Nordafrika (Marokko, Algerien, Tunesien, Libyen, Ägypten etc.). Zweifellos hat die Iberische Halbinsel viele Flüsse, aber diese führen – vor allem im Sommer – nur sehr wenig Wasser. Im Frühjahr besteht stets die Gefahr von Überschwemmungen. Die Hochebenen Kastiliens sind durch relativ hohe Gebirge von den Küstengebieten getrennt. Deshalb ist ihr Klima vorwiegend kontinental. In den letzten Jahrzehnten wurden viele Stauwerke *(presas)* und Elektrizitätswerke *(centrales eléctricas)* errichtet. Die so entstandenen künstlichen Seen haben die Landschaft positiv verändert: Die Vegetation breitet sich aus, und die Menschen der Großstädte haben die Möglichkeit, auch im Innern des Landes Wassersport zu treiben (Segeln, Rudern, Schwimmen).

V. Wortschatz

capital	Haupt . . .
el capital	Kapital
la capital	Hauptstadt
geográfico, -a	geographisch
climático, -a	klimatisch
contar con	haben, verfügen über
impedir *(+Konj.)*	verhindern
el efecto	Auswirkung, Erscheinung
marítimo, -a	Meeres . . .; maritim
beneficiar a	günstig beeinflussen, begünstigen
el río	Fluß
venir a *(+Inf.)*	schließlich *(+Inf.)*
largo, -a	lang
irregular	unregelmäßig
el caudal	(Wasser-)Menge, Wasserführung
seco, -a	trocken
producirse	eintreten, sich ereignen
fuerte	stark
el deshielo	Tauwetter, Schneeschmelze
inundar	überschwemmen
la orilla	Ufer
el perjuicio	Nachteil
la ventaja	Vorteil
la agricultura	Landwirtschaft

gracias a	dank
intenso, -a	intensiv
la construcción	Bau, Errichtung
el embalse	Stausee
el decenio	Jahrzehnt
aprovechar	(be-, aus)nützen
la cantidad	Menge
la producción	Erzeugung
eléctrico, -a	elektrisch
revitalizar	beleben
la atracción	Attraktion
la posibilidad	Möglichkeit
la práctica	Ausübung
practicar un deporte	eine Sportart ausüben
acuático, -a	Wasser . . .
matar	töten
el tiro	Schuß
matar dos pájaros de un tiro	zwei Fliegen mit einer Klappe schlagen
por lo demás	im übrigen
el lago	See
la consideración	Beachtung
de consideración	bedeutend

Lección 13 – Lektion 13

¡Mañana!

Morgen!

I. Text

Marion se dirige a Correos, con la intención de solucionar una serie de asuntos que ella considera como típicamente postales; cree que en unos minutos estará todo resuelto.
(Marion: *M.*, Empleado: *E.*)

M.:   Por favor, quisiera poner un telegrama ...

E.:   ¿Un telegrama dice Vd.? Lo siento, señorita, pero ésta es la oficina de Correos; tiene que ir a Telégrafos, un poco más hacia la Plaza Mayor.

M.:   ¿Puedo llamar desde aquí a Alemania? Quisiera poner una conferencia con Munich.

E.:   Eso, en Teléfonos; a la vuelta de la esquina, nada más salir a la izquierda, puede Vd. telefonear.

M.: Y estas tarjetas postales, ¿las podré franquear aquí, o tengo que . . .?

E.: ¡Por supuesto que eso puede hacerlo aquí, señorita! A ver: una, dos, tres . . .

M.: ¿Tiene sellos especiales? Son para unos amigos coleccionistas.

E.: Para eso, es mejor que vaya a la ventanilla 8; allí hay un servicio de filatelia; además, cerca tiene un buzón especial para el extranjero, con recogida cada hora.

M.: Gracias. Ah, se me olvidaba. Para certificar esta carta . . .; además, quiero enviarla por correo urgente.

E.: En seguida lo hacemos; a ver, rellene esta etiqueta.

M.: También desearía enviar un paquete a Alemania; son libros y unos regalillos, para no tener que cargar con ellos en el viaje, ¿sabe?

E.: Algo pesado me parece; pero, en fin, suba al piso primero, a la ventanilla de la aduana; allí la atenderán . . . *(mirando al reloj)* . . . ¡mañana!

M.: ¿Cómo dice Vd.?

E.: El servicio de aduana sólo abre por las mañanas, de 9 a 13 horas, y son las 14 en punto.

M.: ¡Qué líos!

II. Übersetzung

Marion begibt sich zum Postamt, mit der Absicht, eine Reihe von Angelegenheiten zu erledigen, welche sie als typisch postalisch erachtet; sie glaubt, daß in einigen Minuten alles erledigt sein dürfte.

Marion: Ich möchte bitte ein Telegramm aufgeben . . . – *Angestellter:* Ein Telegramm, sagen Sie? Ich bedaure, mein Fräulein, aber dies (hier) ist das Postamt; Sie müssen zum Telegrafenamt gehen, etwas weiter in Richtung Plaza Mayor. – *M.:* Kann ich von hier aus nach Deutschland telefonieren? Ich möchte gern ein Ferngespräch nach München führen. – *A.:* Das (machen Sie) im Fernsprechamt; um die Ecke, gleich, wenn Sie rauskommen, links, können Sie telefonieren. – *M.:* Und diese Postkarten (hier)? Kann ich sie hier frankieren, oder muß ich . . .? – *A.:* Aber selbstverständlich können Sie dies hier machen, mein Fräulein! Mal sehen: eins, zwei, drei ... – *M.:* Haben Sie Sondermarken? Sie sind für Freunde, die Marken sammeln. – *A.:* Hierzu gehen Sie besser zum Schalter 8; dort gibt es einen Sammlermarken-Dienst; ferner haben Sie in der Nähe einen Spezialbriefkasten fürs Ausland, der stündlich geleert wird. – *M.:* Danke. Oh, jetzt habe ich etwas vergessen. Um diesen Brief einzuschreiben ...; außerdem möchte ich ihn per Eilboten schicken. – *A.:* Das machen wir sofort; füllen Sie mal diesen Schein aus. – *M.:* Ich möchte auch gern ein Paket nach Deutschland schicken; es sind Bücher und (einige) kleinere Geschenke, um nicht während der Reise damit belastet zu sein, wissen Sie. – *A.:* Etwas schwer, meine ich; nun gut, gehen Sie in den ersten Stock hinauf, zum Zollschalter; dort wird man sich um Sie kümmern ... *(A. blickt auf die Uhr)* ... aber (erst) morgen! – *M.:* Wie meinen Sie? – *A.:* Die Zolldienststelle hat nur morgens von 9 bis 13 Uhr geöffnet, und jetzt ist es Punkt zwei. – *M.:* So ein Durcheinander!

III. Grammatik

Unpersönliche Verben (verbos impersonales bzw. unipersonales)

Sie kommen **nur** in der 3. Person Singular (ohne eigenes Subjekt) vor.

a) „meteorologische" Verben:

llover	llueve	*es regnet*
nevar	nieva	*es schneit*
granizar	graniza	*es hagelt*
rociar	rocía	*es fällt Tau*
neviscar	nevisca	*es schneit leicht*
helar	hiela	*es gefriert*
relampaguear	relampaguea	*es blitzt*
escarchar	escarcha	*es fällt Reif*
tronar	truena	*es donnert*
lloviznar	llovizna	*es nieselt*

b) andere unpersönliche Verben:

amanecer	amanece	*es wird Tag*
alborear	alborea	*es wird Tag*

haber	hay	*es gibt*
	Puede haber mucha gente.	*Es kann viele Leute geben.*
	hay niebla	*es ist nebelig*
anochecer	anochece	*es wird Nacht*
acontecer	acontece	
ocurrir	ocurre	*es passiert*
suceder	sucede	
bastar	Basta con llamarme.	*Es genügt, wenn man mich anruft (= man braucht mich nur anzurufen).*
hacer	hace frío	*es ist kalt*
	hace calor	*es ist warm*
	hace buen tiempo	*es ist schönes Wetter*
	hace mal tiempo	*es ist schlechtes Wetter*
	hace poco	*es ist nicht lange her (vor kurzem)*
	hace mucho	*es ist lange her (vor langer Zeit)*
	hace sol	*es scheint die Sonne, es ist sonnig*
	hace tres días	*es ist drei Tage her (vor drei Tagen)*
	hace tres días que ...	*seit drei Tagen ...*
	hace falta	*es ist erforderlich*
tratarse de	Se trata de dinero.	*Es handelt sich um Geld.*
	importa	*es ist wichtig*
	más vale	*es ist besser*
	es tarde	*es ist spät*

Zur Beachtung: Manche spanischen unpersönlichen Ausdrücke werden im Deutschen persönlich wiedergegeben (und umgekehrt!):

Me parece que tienes razón.	*Ich finde, daß du recht hast.*
Me gusta que trabajes tanto.	*Ich mag es, wenn du soviel arbeitest.*

tengo frío	*mir ist kalt*	tengo hambre	*mich hungert*
tengo calor	*mir ist warm*	tengo sed	*mich dürstet*
Logro verle.	*Es gelingt mir, ihn zu sehen.*		
Consigo convencerte.	*Es gelingt mir, dich zu überzeugen.*		

Me arrepiento de no haberle escrito.	*Es reut mich, ihm nicht geschrieben zu haben.*
Siento tener que decirte . . .	*Es tut mir leid, dir sagen zu müssen . . .*
Lo siento muchísimo . . .	*Es tut mir sehr leid . . .*
Me alegro de haberte encontrado	*Es freut mich, dich getroffen zu haben.*
Tengo el gusto de . . .	*Es freut mich, . . .*

Beachten Sie: Es gibt zahlreiche unpersönliche Ausdrücke der Stellungnahme, die mit **es** eingeleitet werden:

es necesario	*es ist notwendig*	es fácil	*es ist leicht möglich*
es posible	*es ist möglich*	es difícil	*es ist kaum möglich*
es lástima	*es ist schade*	es conveniente	*es ist angebracht*

Besonderheiten der Rechtschreibung bestimmter Verbformen

1 **c** beziehungsweise **g** vor **e** und **i** werden – wenn vor den mit **a** oder **o** beginnenden Endungen stehend – in **z** beziehungsweise **j** verwandelt:

proteger → protejo, exigir → exijo, exija, etc.; vencer → venzo, venza, etc.

2 Verben auf -zar und -car verwandeln das **z** beziehungsweise **c** vor Endungs-e in **c** beziehungsweise **qu**: cruzar → cruce; tocar → toque.

Umgekehrt wird **qu** zu **c**: delinquir → delinco, delinca, etc. Das heißt: **qu** wird vor **a** und **o** zu **c**.

3 Bei den Verben auf -guir entfällt **u** vor **a** und **o**:
distinguir → distingo, distinga, etc.

4 Die Verben auf -gar schieben nach **g** vor **e** ein **u** ein:
pagar → pagué, pague, etc.; llegar → llegue, llegué, etc.

5 Bei den Verben auf -guar wird das **u** vor Endungs-e mit Trema ¨ versehen, damit das **u** lautlich erhalten bleibt:
averiguar = averigu-ar → averiguo; aber: averigüé, averigüe, etc.

6 Wenn der Stamm mit **ll** oder **ñ** endet, fällt das **i** der Endung -ió, -ieron, -iendo weg:

reñir → riñó; bullir → bulló, bulle;

auch bei: reír → rio, rieron, riendo; tejer → tejieron

IV. Übungen

1. Conjugar en pretérito perfecto e indefinido (1ª pers. sing*.):
exigir justicia – cruzar la calle – vencer las dificultades – averiguar un secreto – reñir con el vecino – llegar a tiempo – abrir el sobre – poner las señas – decir la verdad – reír mucho.

2. Completar con la preposición adecuada:
Muchas gracias ... el regalo; ¿... qué se ha molestado? / Te lo digo ... que nunca lo vuelvas a hacer / Ayer estuve ... la fiesta ... colegio; vi ... muchos antiguos compañeros y algunos me preguntaron ... ti / Es ... mí un honor poder ayudarle ... este momento difícil / La traducción está aún ... hacer; te lo digo ... que no la olvides / Sabes que estoy ... tu servicio.

3. Poner el verbo en la forma (tiempo, modo) adecuada:
¿Cuándo *(volver)* vosotros de vacaciones? Nosotros *(estar)* de vuelta desde *(hacer)* una semana. / El médico me *(recomendar)* que no *(fumar)* tanto, pero yo no *(hacer)* caso. / No les *(gustar)* que tú *(venir)* tan a menudo a verles; yo *(aconsejarte)* que *(dejar)* de preocuparte tanto por su salud. / ¡*(Parecer)* mentira que todavía no *(terminar)* (vosotros) la lección! A este paso (Schrittempo), no *(poder)* llegar a tiempo.

4. Traducir al alemán:
Llovía a cántaros *(in Strömen)* cuando regresamos a casa. No por mucho madrugar amanece más temprano (refrán). Ocurrió cuando la guerra. Tengo frío y calor. Es preciso que vengáis cada sábado. Hace muchos años que no le hemos visto. Desde hace mucho tiempo viene explicándonos las dificultades de la gramática. Siempre se trataba del mismo planteamiento *(Problemstellung)*. Ayer hizo sol, pero por la mañana hubo bastante niebla. En España casi siempre suele hacer buen tiempo. Más vale callar que mal hablar. Me parece bien que él se haya retirado de los negocios. ¿Tienes mucho frío? Consiguió aprobar el examen de ingreso *(Aufnahmeprüfung)*. Es lástima que él no haya vuelto a presentarse *(nicht wieder ...)*. Sentimos muchísimo no poderles ayudar. Los catalanes, de las piedras sacan panes. Su estado de salud deja mucho que desear. Es deseable que todos vuelvan a reunirse en esta sala de conferencias. ¡No crucéis la calle a destiempo!

---

* 1. Person, weiblich, im Spanischen abgekürzt: *1.ª pers. sing.*
 1. Person, männlich, im Spanischen abgekürzt: *1.º pers. sing.*

5. Übersetzen Sie ins Spanische:

Seine Freundin hat Englisch und Französich an den besten Universitäten des In- und Auslandes studiert. Diese Metropole ist die bayerische Landeshauptstadt. In Bayern leben nicht nur echte Bayern, sondern auch Schwaben und Franken. Die Frauen des Dorfes webten vor vielen Jahren einen großen Teppich für ihre Kirche. Er kann das Rote *(lo rojo)* nicht vom Blauen unterscheiden. Bitte, forscht nicht nach! Bezahlen Sie doch die Rechnung! Ich verlange viel Geduld, aber ich schütze auch euer Eigentum *(propiedad)*. Es tut uns so leid, ihn nicht eingeladen zu haben. Es reute ihn, nicht an der Prüfung teilgenommen zu haben. Man braucht nur einmal zu klingeln *(tocar el timbre)*, und sofort erscheint jemand. Es ist kaum möglich, mich zu betrügen *(engañar)*. Seit Mittwoch, dem ersten Dezember, schneit es ununterbrochen.

V. Wortschatz

dirigirse (a)	sich begeben (zu)
Correos	Post(amt)
la intención	Vorhaben, Absicht
solucionar	erledigen
la serie	Reihe
el asunto	Angelegenheit
típico, -a	typisch
postal	Post . . .; postalisch
resolver	erledigen, lösen
el telgrama	Telegramm
poner un telegrama	ein Telegramm aufgeben
la oficina	Büro; *hier:* Amt
Telégrafos	Telegraphenamt
la Plaza Mayor	Hauptplatz, Rathausplatz
Alemania	Deutschland
RFA = República Federal de Alemania	Bundesrepublik Deutschland
la conferencia (telefónica)	*hier:* Ferngespräch (=conferencia interurbana)
Teléfonos	Fernsprechamt
la esquina	Ecke
a la vuelta de la esquina	um die Ecke
nada más . . .	gleich . . .; *wörtlich:* nichts mehr
telefonear	telefonieren
la tarjeta (postal)	Postkarte
franquear	frankieren, freimachen
por supuesto	aber selbstverständlich
el sello	Briefmarke, Postwertzeichen

13

especial	Sonder . . .
el/la coleccionista	Sammler(in)
el servicio	Dienst(stelle), Service
la filatelia	Philatelie, Briefmarkensammeln
el buzón	Briefkasten
la recogida	Leerung
cada hora	stündlich
certificar	einschreiben (lassen)
enviar por correo urgente	per Eilboten schicken
en seguida	gleich
rellenar	ausfüllen
la etiqueta	*hier:* Schein, Zettel
el libro	Buch
el regalillo	kleines Geschenk
cargar (con)	beladen, belasten (belastet sein mit)
la aduana	Zoll
atender a	betreuen, bedienen, sich kümmern um
el reloj	Uhr
en punto	genau, Punkt
el lío	Durcheinander

Lección 14 – Lektion 14

Un mosaico

Ein Mosaik

I. Text

España es como un mosaico de regiones diversas, cada una con personalidad histórica y cultural propia.

Sin duda alguna, Castilla es una región histórica muy representativa de España. Poco a poco se fue imponiendo a los demás reinos en la Edad Media, y desde el siglo XVI, Castilla es identificada frecuentemente con España, o al revés. Su lengua, el castellano, adquiere dimensión universal con el descubrimiento y la colonización de América. Este papel preponderante de Castilla, debido en gran parte al rígido centralismo impuesto por la Casa de Austria y posteriormente por la de Borbón, ha sido a veces interpretado como un intento castellano de eliminar las lenguas y culturas no castellanas de España. Sin embargo, no debe confundirse la influencia histórica de Castilla con el exagerado centralismo administrativo de Madrid. Actualmente, después de muchos años de represión, vuelven a diferenciarse las distintas regiones exigiendo el reconocimiento de su personalidad en todos los aspectos. Cataluña, el País Vasco, Galicia, son regiones histórico-culturales bien definidas, que cuentan con lengua propia, una rica cultura y una historia singular, en la que se han plasmado tradiciones, usos y costumbres que afortunadamente continúan tan vivos como antaño. Ojalá encuentren éstas y las demás regiones la expresión autonómica deseada dentro del Estado, a fin de que el mosaico español siga intacto y vario como en sus tiempos más gloriosos.

II. Übersetzung

Spanien ist (wie) ein Mosaik von verschiedenen Regionen, jede mit eigener historischer und kultureller Persönlichkeit.

Ohne jeden Zweifel ist Kastilien eine sehr repräsentative historische Region Spaniens. Ganz allmählich setzte es sich im Mittelalter gegen die anderen Königreiche durch, und seit dem 16. Jahrhundert wird Kastilien oft mit Spanien identifiziert, oder umgekehrt. Seine Sprache, das Kastilische, erhält (eine) weltweite Dimension mit der Entdeckung und der Kolonisierung Amerikas. Diese dominierende Rolle Kastiliens, zum Großteil zurückzuführen auf den vom Hause Habsburg und später von der Dynastie der Bourbonen aufgezwungenen strengen Zentralismus, ist zuweilen als ein kastilischer Versuch interpretiert worden, nichtkastilische Sprachen und Kulturen aus Spanien zu verdrängen. Man darf jedoch den historischen Einfluß Kastiliens nicht mit dem übersteigerten Verwaltungszentralismus Madrids verwechseln.

Heute, nach vielen Jahren der Unterdrückung, differenzieren sich wieder die verschiedenen Regionen und fordern in jeder Beziehung die Anerkennung ihrer Persönlichkeit. Katalonien, das Baskenland, Galicien sind genau definierte historisch-kulturelle Regionen, die eine eigene Sprache, eine reiche Kultur und eine eigene Geschichte haben, in der sich Traditionen, Sitten und Bräuche herausgebildet haben, welche glücklicherweise nach wie vor so lebendig wie einst sind. Hoffentlich finden diese und die übrigen Regionen die gewünschte Form (Ausdruck) der Autonomie innerhalb des (spanischen Gesamt-)Staates, damit – wie in den Zeiten seines größten Ruhmes – dieses Mosaik weiterhin unversehrt und vielfältig bleibt.

III. Grammatik

Vergrößernde und verkleinernde Endsilben

Man findet im Spanischen Substantive, Adjektive, Adverbien, Partizipien, Gerundialformen, die durch eine entsprechende Endsilbe als Augmentativum (vergrößernd) oder Diminutivum (verkleinernd) gekennzeichnet sind. Daneben werden durch diese Endsilben (*sufijos apreciativos*) noch weitere Nuancen, meist affektiver Art, ausgedrückt.

A. Vergrößernde/verstärkende Nachsilben (oft auch mit abwertender Nuance):

-aco	libro	lib**raco**	*Schmöker*
-acho	hombre	homb**racho**	*Mann wie ein Schrank*
-achón	pico	pic**achón**	*mächtiger Gipfel*
-ajo	latín	latin**ajo**	*schlechtes Latein (Küchenlatein)*
-arrón	nube	nub**arrón**	*Gewitterwolke*
-astro	padre	pad**rastro**	*Stiefvater*
-azo	perro	per**razo**	*großer Hund*
-erón	casa	cas**erón**	*alte Hütte*
-ón	cabeza	cabez**ón**	*Dickkopf*
-etón	pobre	pob**retón**	*armer Schlucker*
-orrio	villa	vill**orrio**	*Kaff, Nest*
-ote	palabra	palab**rota**	*derbes Wort*
-ucho	flaco	flac**ucho**	*klapperdürr*
-uzo	gente	gent**uza**	*Pöbel*

B. Verkleinernde/verzierende Nachsilben:

-cillo	nube	nube**cilla**	*Wölkchen*
-cito	mujer	mujer**cita**	*Frauchen*
-ececillo	pie	pie**cecillo**	*Füßchen*
-ecete	tren	tren**ecete**	*Bummelbahn*
-ete	viejo	vej**ete**	*altes Männchen*
-ito	hijo	hij**ito**	*Söhnchen*

(-**ito** ist das in Kastilien und damit im Hochspanischen gebräuchlichste Diminutiv.)

-illo	chico	chiqu**illo**	*kleiner Junge*
-ico	gato	gat**ico**	*Kätzchen*

(= typisch für Aragonien!)

-ijo	vaso	vas**ija**	*Gefäß*
-ín	chaval	chaval**ín**	*Bübchen*

(= typisch für Asturien!)

-iño	pobre	pob**riño**	*sehr arm*

(= typisch für Galicien!)

-uco	casa	cas**uca**	*Häuschen, Kate*

(= typisch für Santander!)

-uelo	río	riach**uelo**	*Bächlein*
	plaza	plaz**uela**	*kleiner Platz*

Zur Beachtung:

1 Es gibt beträchtliche regionale Unterschiede (siehe die obigen Formen für Kastilien, Aragonien, Asturien, Galicien, Santander).

2 Die Nachsilben können affektive Nuancen ausdrücken:

casa	cas**ita**	*das nette, liebe Haus*
papá	papa**íto**	*Pappi, Pappilein*
abuelo	abuel**ito**	*Opa*
mano	man**ita**	*Händchen, süße Hand*

3 Die Nachsilben können den Sinn des Ausgangswortes verändern:

cámara	*Kammer*		
camar**illa**	*Clique*	camar**ín**	*Ankleideraum*
mano	*Hand*	mane**cilla**	*Zeiger (Uhr)*
silla	*Sattel*	sill**ín**	*Fahrradsattel*
		sill**eta**	*Stechbecken*
máquina	*Maschine*	maquin**illa**	*Rasierapparat*
molino	*Mühle*	molin**illo**	*Kaffeemühle*
mujer	*Frau*	mujer**cita**	*liebe Frau*
		mujer**cilla**	*leichtes Mädchen*

4 Die Diminutivendung kann auch **verstärkend** verwendet werden:

despacio	despa**cito**	*sachte, sachte!*
caro	ca**rito**	*ganz schön teuer!*
mayor	mayor**cito**	
(= *volljährig*)	Ana es ya	*Anna ist nicht mehr*
	mayor**cita**.	*ganz so jung.*

5 Die Diminutivformen sind besonders in Amerika beliebt, vor allem als Adverbial- und Gerundialformen, zum Beispiel:

despacito	*sachte, sachte!*
tempranito	*ziemlich früh*
allá arribita	*dort (ganz schön weit) oben*

hasta lueguito (lueguecito) (hasta luego)	*bis nachher!*
hasta mañanita (hasta mañana)	*bis morgen!*
ven corriendito	*komm ganz schnell*
calladito	*mucksmäuschenstill*
chaucito (chau)	*tschüßchen*

Achtung: Nur bekannte, also schon gehörte beziehungsweise gelesene Formen, **deren Sinn genau bekannt ist,** verwenden. Keine Formen willkürlich neu bilden!

IV. Übungen

1. Expresar el matiz (aumentativo, diminutivo, despectivo) de las formas apreciativas siguientes:

solito – amigote – amiguito – gatito – casucha – casita – casona – aldehuela – vinazo – vasito – cucharilla – cucharón – pajarín – plazuela – callejón – florecilla – feote – reyezuelo – jefazo.

2. Colocar las formas muy/mucho, *según convenga:*

Mi amigo está . . . orgulloso de sus hijos; todos son . . . simpáticos; el mayor es . . . más inteligente que los demás. – Estamos . . . bien; tenemos . . . trabajo, pero no es . . . urgente ni . . . difícil; nos queda . . . tiempo para divertirnos. – Mis amigos suelen llegar . . . tarde; esto no me gusta . . .; no es . . . agradable tener que esperar. – No había . . . gente en la reunión, por lo que no fue . . . difícil encontrar asiento; el orador habló . . ., pero no . . . bien.

3. Contestar de acuerdo con el texto:

¿Qué lenguas se hablan en España? / ¿A qué se debe la preponderancia tradicional de Castilla? / ¿Qué autonomías conoce Vd?: nómbrelas / ¿Tienen todas las lenguas españolas la misma importancia por su difusión? / ¿Dónde se habla el castellano? / ¿Es Vd. partidario del centralismo? ¿Por qué?

4. Traducir al alemán:

¿Quiere Vd. jugar conmigo una partidita de ajedrez *(Schach)*? La fiesta fue inaugurada con tres cañonazos. Lo más peligroso es el populacho en las calles de ese poblacho. Tomás es un niño muy respondón. Al territorio nacional pertenecen también unos islotes. ¿No quieres regalarme tu gato chiquitín? La joven se ha casado con Pedro, ese ricachón. Los medicastros, los comicastros y los poetastros son personas de poca confianza. La manteca no debe confundirse con la mantequilla. Un poquitín es menos que un poquito. ¡Tú eres mi solete! *(kleiner Liebling)*. El hombrecito no pudo defenderse contra esos fortotes. Nuestros diccionarios no caben en el cajón. Nadie bailaba con esas chicas feotas. Ese amorío no es base suficiente para nuestro futuro matrimonio. ¡No hagáis uso de esas palabrejas y no leáis esa novelucha! Jiménez, ese santurrón, vive en una calleja del villorrio.

5. Übersetzen Sie ins Spanische:

Der Maulwurf *(topo)* ist ein nützliches Tierchen. Über dem mächtigen Turm *(torreón)* stand eine große Gewitterwolke. Nicht in allen Regionen Spaniens wird das Hochspanische (Kastilische) gesprochen: Die Katalanen sprechen Katalanisch, die Basken das Baskische und die Galicier das Galicische, eine Sprache, die Ähnlichkeit mit dem Portugiesischen hat. In dieser Kultur haben sich bestimmte Traditionen herausgebildet, die weiterhin gepflegt werden. Hoffentlich bewahren diese Völker den nationalen Frieden und ihre kulturellen Werte, die sie im Laufe ihrer Geschichte so mühsam geschaffen haben. Das Haus Habsburg herrschte in Spanien bis zum Ende des 17. Jahrhunderts. Ihm folgte das französische Haus Bourbon. Kastilien gewann allmählich die Oberhand über *(imponerse)* die restlichen Reiche auf der Iberischen Halbinsel. Das Staatsoberhaupt identifiziert sich mit allen Bürgern des Staates.

V. Wortschatz

el mosaico	Mosaik
la personalidad	Persönlichkeit
cultural	Kultur ...
la duda	Zweifel
sin duda (alguna)	ohne (jeglichen) Zweifel
representativo, -a	repräsentativ
identificarse	sich identifizieren, sich gleichsetzen mit
al revés	umgekehrt
adquirir	gewinnen, erhalten, annehmen
la dimensión	Dimension
universal	universal, weltweit
el descubrimiento	Entdeckung
la colonización	Kolonisation, Kolonisierung
el papel	Papier; *hier:* Rolle
preponderante	vorherrschend, dominierend

rígido, -a	streng, starr, unnachgiebig
el centralismo	Zentralismus
imponer	auferlegen, aufzwingen
Austria	Österreich
la Casa de Austria	die Dynastie der Habsburger (Haus Habsburg)
posteriormente	später
la Casa de Borbón	die Dynastie der Bourbonen (Haus Bourbon)
interpretar	interpretieren, auslegen
el intento	Vorsatz, Versuch
eliminar	eliminieren, ausschalten, verdrängen
exagerado, -a	übertrieben, übersteigert
administrativo, -a	verwaltungsmäßig
actualmente	jetzt, heute
la represión	Repression, Unterdrückung
diferenciar	differenzieren
el reconocimiento	Anerkennung
el aspecto	Aspekt; Beziehung
Cataluña	Katalonien
el País Vasco	Baskenland
rico, -a	reich, reichhaltig
singular	eigen, besondere/r
plasmar	bilden, gestalten
la tradición	Tradition
afortunadamente	glücklicherweise
vivo, -a	lebendig
ojalá *(+ Konj.)*	hoffentlich
la autonomía	Selbstverwaltung, Autonomie
intacto, -a	ganz, intakt, unversehrt
vario, -a	verschieden, vielfältig
glorioso, -a	glorreich, ruhmbedeckt
siga *(von:* seguir)	möge weiterhin sein, bleiben

Lección 15 – Lektion 15

Una salsa demasiado picante

Eine allzu pikante Soße

I. Text

El penúltimo día de Marion en España no fue tan agradable como hubiera deseado. Al despertar, se sintió indispuesta; doña Julia se llevó un buen susto, y le recomendó como primer remedio la clásica receta casera: dieta y cama.

(Doña Julia: *D. J.*, Don Antonio: *D. A.*, Adela: *A.*, Marion: *M.*)

D. J.: Deberíamos llamar al médico, no sea que haya alguna complicación; no me gusta tomar estas cosas a la ligera.

D. A.: Son cosas sin importancia; no hay que ponerse a pensar en seguida lo peor: un par de días a dieta, y queda como una rosa. Una muchacha como Marion no enferma así como así.

A.: Estoy segura de que le hizo daño la cena de ayer. Primero, unas tapas de mariscos; luego, una paella; y encima, Jaime se empeñó en que probara unos mejillones en salsa picante, especialidad del Mesón Montañés.

15

D. J.: ¿Estáis locos? ¿Mejillones para cenar, y para colmo en esa diabólica salsa? También a mí me ha dado que hacer; es un plato para estómagos como el de tu padre ...

D. A.: Venga, venga ... Claro, para uno que no está acostumbrado, la verdad, algo fuerte; y para la noche, dinamita pura; ¡qué ocurrencias tiene Jaime!

Adela se dirigió a la habitación de Marion, con una tisana y unos bizcochos.

A.: ¿Qué tal te sientes? ¿Quieres algo de la farmacia? ¿O tal vez deseas que llamemos al médico?

M.: ¡Bah! No es nada; sólo me siento un poco mal; lo que de veras siento es molestaros de esta forma ...

A.: La culpa de todo la ha tenido Jaime. ¿Verdad que ha sido la cena?

M.: Creo que debieron de ser los ..., cómo se llaman ...

A.: ... los mejillones, ¿verdad?

M.: Creo que sí; estaban tan ricos en la salsa tan picante; creo que comí demasiado, eso es todo ...

II. Übersetzung

Marions vorletzter Tag in Spanien war nicht so angenehm, wie sie gewünscht hätte. Als sie aufwachte, fühlte sie sich unwohl; Doña Julia erschrak gehörig und empfahl ihr als erstes Mittel das klassische Hausrezept: Diät und Bettruhe.

D. J.: Wir sollten den Arzt rufen, nicht daß es irgendeine Komplikation gibt; ich bin nicht dafür, diese Dinge auf die leichte Schulter zu nehmen. – *D. A.:* Es sind Dinge ohne Bedeutung; man muß nicht gleich an das Schlimmste denken: ein paar Tage Diät, dann ist sie wieder frisch und gesund. Ein Mädchen wie Marion wird nicht so ohne weiteres krank. – *A.:* Ich bin sicher, daß ihr das gestrige Abendessen nicht bekam. Zuerst Appetithappen mit Meeresfrüchten; dann eine „Paella"; und obendrein bestand

Jaime noch darauf, daß sie Miesmuscheln in pikanter Soße probierte, eine Spezialität des Mesón Montañés. – *D. J.:* Seid ihr verrückt? Miesmuscheln zum Abendessen und noch dazu in dieser teuflischen Soße? Auch mir hat sie zu schaffen gemacht; es ist ein Gericht für Mägen wie den deines Vaters . . . – *D. A.:* Nun hör schon auf . . . Natürlich, für jemanden, der das nicht gewohnt ist, wirklich etwas kräftig; und für den Abend reines Dynamit! Was für Einfälle hat doch Jaime!

Adela geht in Marions Zimmer, um ihr (Heil-)Tee und etwas Zwieback zu bringen.

A.: Wie fühlst du dich? Willst du etwas aus der Apotheke? Oder möchtest du etwa, daß wir den Arzt rufen? – *M.:* Pah! Es ist doch nichts. Ich fühl' mich nur ein wenig übel; was mich in Wirklichkeit schmerzt, ist, daß ich euch auf diese Weise zur Last falle . . . – *A.:* Schuld an allem hat Jaime (gehabt). Es war doch das Abendessen, nicht wahr? – *M.:* Ich glaube, es mußten die . . . – wie heißen sie gleich . . . – gewesen sein! – *A.:* . . . die Miesmuscheln, nicht wahr? – *M.:* Ich glaube ja. Sie waren so wohlschmeckend in der so pikanten Soße. Ich glaube, ich habe zuviel gegessen, das ist alles . . .

III. Grammatik

Modalverben

(können, dürfen, mögen, müssen, brauchen, sollen, wollen, werden, lassen)

Da die größeren Schwierigkeiten bei der Übersetzung **in** das Spanische auftreten, erfolgt die Klassifizierung nach den deutschen Modalverben.

können

poder	No puede contestar.	*Er kann nicht antworten.*
	No puedo ver.	*Ich kann nicht sehen.*
ser posible	No es posible.	*Es kann nicht sein.*
	No puede ser.	
ser capaz de	Es capaz de hacerlo.	*Er kann es machen.*
estar en condiciones de	¿Estáis en condiciones de conseguirlo?	*Könnt ihr es erreichen?*

saber	¿Sabes idiomas?	*Kannst du Sprachen?*
	¿Sabes bailar?	*Kannst du tanzen?*
estar autorizado	Estamos autorizados	*Wir können das*
estar facultado	(facultados) para fir-	*Dokument unter-*
	mar el documento.	*zeichnen.*
tener permiso	¿Tenéis permiso para	*Könnt ihr ins Ausland*
	viajar al extranjero?	*reisen?*
ferner:	No es culpa mía.	*Ich kann nichts dafür.*
	No hay remedio.	*Da kann man nichts*
		machen.

dürfen

poder	¿Puedo fumar?	*Darf ich rauchen?*
tener derecho a	Tiene el derecho de	
tener el derecho de	participar.	*Er darf teilnehmen.*
tener permiso para		
estar autorizado a	Está autorizado a hablar en la plaza.	*Er darf auf dem Marktplatz reden.*
deber	No debe Vd. hacer esto.	*Sie dürfen das nicht tun.*
	No debieras haber dicho eso.	*Du hättest das nicht sagen dürfen.*
estar permitido	No se permite hacer preguntas.	*Fragen dürfen nicht gestellt werden.*
permitir	¿Me permite ofre- cerle una copa?	*Darf ich Ihnen ein Glas anbieten?*
hacer el favor	¿Hace Vd. el favor de darme . . . ?	*Darf ich Sie um . . . bitten?*
	Bien puede suponerse que . . .	*Man darf wohl an- nehmen, daß . . .*
Futur:	Será fácil.	*Es dürfte leicht sein.*
	No sería difícil.	*Es dürfte nicht schwie- rig sein.*
	Jorge tendrá unos 40 años.	*Jorge dürfte etwa 40 sein.*

mögen

querer	Quisiera hablar con el jefe.	*Ich möchte gerne mit dem Chef sprechen.*
desear	desearía hablar con . . .	*(idem)*
poder	puede ser	*es mag sein*

preferir	Prefiero tomar un café.	*Ich möchte lieber einen Kaffee.*
gustar	Me gustaría tener una bici.	*Ich möchte (gerne) ein Fahrrad haben.*
	No me gusta oír tales palabras.	*Ich mag solche Worte nicht hören.*
Konjunktiv:	Por mucho que hables . . .	*Soviel du auch reden magst . . .*
	¡Que trabaje!	*Er mag arbeiten!*
	Dígase lo que se diga.	*Was man immer sagen mag.*
Futur:	¿Dónde habrá oído eso?	*Wo er es wohl gehört haben mag?*

müssen

äußerer Zwang:

tener que	Tenemos que pagar impuestos.	*Wir müssen Steuern zahlen.*
verse obligado estar obligado tener la obligación de	Me veo obligado a tomar un crédito.	*Ich muß einen Kredit aufnehmen.*
necesitar	No necesitas ir allá.	*Du mußt nicht hingehen.*
no poder menos de (= *nicht umhin können zu*)	No puedo menos de reírme.	*Ich muß einfach lachen.*
ser necesario	Es necesario que venga.	*Er muß kommen.*
	Si es absolutamente necesario . . .	*Wenn es unbedingt sein muß . . .*

innere (moralische) Verpflichtung:

haber de	Hemos de ayudar a los refugiados.	*Wir müssen den Flüchtlingen helfen.*
	Habrás de confesarlo.	*Du wirst es beichten müssen.*
deber	Debes ir a la fiesta.	*Du mußt zum Fest kommen.*
	Debéis hacer cuanto podáis	*Ihr müßt alles tun, was ihr könnt.*
	Deberías conocerme.	*Du müßtest mich (eigentlich) kennen.*

deber **de**	Debe de venir a	*Er muß um 8 Uhr*
(Vermutung)	las ocho.	*kommen.*
	Debe de haber sido	*Er muß es gewesen*
	él.	*sein.*
	una traducción	*eine Übersetzung, wie*
	como es debida	*sie sein muß*
hay que	Hay que bregar.	*Man muß schuften.*

brauchen

necesitar	No necesitas decír-	*Du brauchst es mir*
	melo.	*nicht zu sagen.*
hace falta	No hace falta que ella	*Sie braucht es nicht zu*
	lo sepa.	*wissen.*
basta	Basta abrir la botella.	*Man braucht die Fla-*
		sche nur zu öffnen.
	Basta con decirlo.	*Man braucht es nur zu*
		sagen.
no hay más que	No hay más que	(idem)
	decirlo.	
no hay motivo	No hay motivo para	*Sie brauchen nicht zu*
	que Vd. se asuste.	*erschrecken.*
no hace falta	No hace falta que Vd.	(idem)
	se asuste.	
no tener que	Él no tiene que repa-	*Er braucht das Motor-*
	rar la moto.	*rad nicht zu reparieren.*
no hay que	No hay que desespe-	*Man braucht nicht zu*
	rarse.	*verzweifeln.*
tardar en	Tardas mucho en	*Du brauchst lange, um*
	decidirte.	*dich zu entscheiden.*

(Fortsetzung in Lektion 16)

IV. Übungen

1. Conjugar en pretérito perfecto y en futuro imperfecto:
abrimos la ventana – escribimos una carta – ponéis los libros sobre la mesa – no podemos llegar a tiempo – no veo a los amigos – es muy hermoso – dice que no tiene tiempo – no lo creo – hace lo que puede – todos vienen tarde – lo sabéis todo.

2. Ponga en indefinido y traduzca:
Julio no puede venir. Muchos no saben responder. Manolo está en condiciones de ir. Prefieren vino tinto. No nos permiten

15 entrar. Tenemos que ir a la estación. Debe de ser el perro. Deben excusarse. Hemos de admitir el error. No necesitan más. Pretenden pasar delante. Envejecen con tantos disgustos. Nos volvemos locos con tanto ruido. Se corta el pelo al cero.

3. Colocar la preposición adecuada:

Aquí tienes 30 marcos . . . comprarte un regalo . . . tu cumpleaños / Mi amigo está . . . profesor . . . una universidad . . . Puerto Rico / La señora ha salido . . . compras y el señor está . . . viaje / Ven . . . casa y charlaremos un rato / Ya te he dicho algo . . . lo ocurrido . . . Barcelona / Don Pedro es un médico . . . la vieja escuela / ¿Has visto . . . perro?

4. Traducir al alemán:

No pudimos levantar el barril *(Faß)* porque era muy pesado. Los trenes tardaron mucho en llegar a sus estaciones de destino, debido a las fuertes nevadas. No puedes decir eso. Lo ha hecho por cáscaras *(weil er mußte)*. A la una de la noche no puedes tocar el trombón *(Posaune)*. Mi amiga no sabe tocar bien la guitarra. No es necesario que repitáis toda la lección. ¿Qué culpa tiene él? No queda más remedio que decir que sí. No hay quien pueda (con nosotros) *(= uns kann keiner!)*. Los alemanes tenemos que respetar la Ley Fundamental. ¿Puedo entrar? Diga lo que diga, no consigue convencerme. Quiera o no, tiene que estudiar. ¿Me concedes este baile, Rosita? No le eres simpática. No puede verte. No te extrañes de su conducta. No me gustan las medias tintas *(halbe Sachen)*. No puedes ni debes decirlo. ¡Dígale que no vuelva a presentarse! ¿Cómo habrá podido suceder eso? ¿Quieres un helado? ¿De dónde lo sabréis? Yo diría que esto fue una impertinencia *(Unverschämtheit)*.

5. Übersetzen Sie ins Spanische:

Sie brauchen nur Ja zu sagen, und schon gehört dieser Staubsauger *(aspiradora)* Ihnen! Wir mußten den Arzt rufen, weil sie hohes Fieber hatte und nichts essen konnte. Wir sind nicht dafür, diese Dinge leicht zu nehmen. Aber man darf nicht gleich an das Schlimmste denken. Mögen Sie gerne Miesmuscheln in Holländischer Soße? Nein, ich mag lieber eine echt Valencianische Paella. Dürfte ich Sie bitten, mir das Salz *(la sal)* zu reichen? Kinder können keine Verträge *(contratos)* unterzeichnen. Könnt ihr diesen Text einwandfrei aus dem Russischen ins Spanische übersetzen? Konnten Sie das Geräusch hören? Es muß das Auto des Nachbarn gewesen sein. Jedes Lebewesen muß Nahrung zu sich nehmen, um existieren zu können.

V. Wortschatz

la salsa	Soße
picante	pikant, scharf
penúltimo, -a	vorletzte/r
indispuesto, -a	unwohl
el susto	Schreck
llevarse un susto	erschrecken
clásico, -a	klassisch; Muster . . .
la receta	Rezept
casero, -a	Haus . . .
la dieta	Diät, Schonkost
la cama	Bett; *hier:* Bettruhe
no sea que . . .	es soll nicht sein, daß . . .
la complicación	Komplikation
a la ligera	leichtsinnig; *hier:* auf die leichte Schulter
la importancia	Bedeutung, Belang
(estar)a dieta	hungern, Diät halten/leben
la rosa	Rose
quedar como una rosa	*hier:* wieder auf dem Damm sein
enfermar	krank werden, erkranken
así como así	so mir nichts dir nichts = ohne weiteres
el daño	Schaden
hacer daño	schlecht bekommen, nicht bekommen
la cena	Abendessen
la tapa	Appetithappen
la paella	typisch valencianisches Gericht (Reis und Fleisch/Fisch/Meerestiere)
empeñarse (en) *(+Konj.)*	darauf bestehen
el mejillón	Miesmuschel
el mesón	Spezialitäten-Restaurant
el colmo	Höhepunkt
para colmo	noch dazu
diabólico, -a	teuflisch
dar que hacer	zu schaffen machen
el estómago	Magen
venga, venga	*hier:* nun aber Schluß
la verdad	Wahrheit; *hier:* eigentlich, wirklich, echt
la dinamita	Dynamit
la ocurrencia	Einfall
la habitación	Zimmer
la tisana	Heiltee
el bizcocho	Zwieback
la farmacia	Apotheke
de veras	wirklich
la culpa	Schuld
rico, -a (estar!)	schmackhaft, köstlich (sein)

Lección – Lektion 16

I. Text

Reina dentro y fuera de España la opinión estereotipada de una región paradisíaca, cuyos felices habitantes se dedican a bailar y cantar al son de la guitarra y las castañuelas, cuando no acuden a los toros o a alguna romería: Andalucía, tierra de ensueño; Jerez y Sevilla, la Alhambra y la Giralda, Sierra Nevada y Costa del Sol. Una imagen como la propagada por los prospectos turísticos.

La realidad es muy distinta; basta abrir un periódico para comprobar una vez más que donde hay tanto sol no faltan las sombras. He aquí un informe que no encaja en la propaganda turística al uso:

"El 46 por ciento del territorio andaluz puede conceptuarse hoy en día como zona deprimida o en proceso de depresión socioeconómica. Granada y Almería son, en este sentido, las provincias donde se alcanzan los mayores porcentajes al respecto: el 84,9 % de la superficie de Granada y el 61,8% de la de Almería.

114

Más de dos millones y medio de andaluces se han visto forzados a emigrar en el último cuarto de siglo: a Cataluña, Madrid, País Valenciano, Euskadi. En este mismo período de tiempo, 1.200.000 andaluces se instalaron en distintos Estados europeos, fundamentalmente en Francia, Suiza y Alemania ..." ("El País", 17 de febrero de 1980)

P. S. Casi diez años después, la situación es sustancialmente la misma, pese a la gestión socialista a nivel regional y nacional, con figuras andaluzas bien conocidas a la cabeza.

Tal vez aprovechando este olvido o abandono, se activa en la región una bien planeada infiltración islámica que presenta dos aspectos: uno, el más espectacular, es la inversión de petrodólares en la Costa del Sol por jeques árabes, quienes levantan pequeñas y suntuosas "alhambras" veraniegas. Y otro, más discreto pero también más agresivo, es el proselitismo político-religioso, manejado desde Irán, Libia o Marruecos, para "reconquistar" la Andalucía perdida en el siglo XV y quizás convertirla en cabeza de puente en Europa.

II. Übersetzung

Innerhalb und außerhalb Spaniens ist die stereotype Vorstellung von einer paradiesischen Region verbreitet, deren glückliche Bewohner sich dem Tanz und Gesang zum Klang der Gitarre und der Kastagnetten ergeben, wenn sie nicht zum Stierkampf oder einem Volksfest eilen: Andalusien, das Traumland; Jerez und Sevilla, die Alhambra und die Giralda, die Sierra Nevada und die Costa del Sol. Ein Bild, wie es von den Fremdenverkehrsprospekten verbreitet wird.

Die Wirklichkeit ist ganz anders. Man braucht nur eine Zeitung aufzuschlagen, um einmal mehr festzustellen, daß, wo soviel Sonne (Licht) ist, nicht die Schatten fehlen. Hier (ist) ein Bericht, der nicht zur üblichen Fremdenverkehrswerbung paßt:

„46 Prozent des andalusischen Territoriums können heute als rückentwickeltes Gebiet oder im Stadium des sozioökonomischen Verfalls gesehen werden. Granada und Almería sind in dieser Hinsicht diejenigen Provinzen, wo die jeweiligen Höchstwerte erreicht werden: 84,9 Prozent der Fläche Granadas und 61,8 Prozent der (Fläche) Almerías.

Mehr als zweieinhalb Millionen Andalusier sahen sich gezwungen, im letzten Vierteljahrhundert ihre Heimat zu verlassen: Sie sind nach Katalonien, Madrid, in die Region Valencia und Euskadi (Baskenland) abgewandert. Im selben Zeitraum nahmen

1 200 000 Andalusier ihren Wohnsitz in den verschiedenen europäischen Ländern, hauptsächlich in Frankreich, der Schweiz und Deutschland ..." (aus der Zeitung „El País" vom 17. Februar 1980)

Fast zehn Jahre danach ist die Situation im wesentlichen die gleiche, trotz der sozialistischen Führung auf regionaler und nationaler Ebene mit wohlbekannten andalusischen Persönlichkeiten (an der Spitze).

Vielleicht unter Ausnutzung dieses Vergessens oder Aufgabe (Auszugs) vollzieht sich in der Region eine gutgeplante islamische Infiltration, die zwei Aspekte aufweist: Einer – der spektakulärste – ist die Investition von Petrodollars an der Costa del Sol durch arabische Scheichs, die kleine prächtige Sommer-„Alhambras" (-Paläste) errichten. Ein anderer (Aspekt) – nicht so auffallend, jedoch viel aggressiver – ist der vom Iran, von Libyen und Marokko aus gesteuerte politisch-religiöse Bekehrungseifer, um das im 15. Jahrhundert verlorengegangene Andalusien „wiederzuerobern" und es vielleicht zum Brückenkopf in Europa zu machen.

III. Grammatik

Modalverben (Fortsetzung)

| sollen |

deber	Debes estudiar.	*Du sollst lernen!*
	Deberías trabajar más.	*Du solltest mehr arbeiten!*
Futur:	¡No matarás!	*Du sollst nicht töten!*
	¡Me las pagarás!	*Das sollst du mir büßen!*
Konjunktiv:	Dígales que vengan!	*Sagen Sie ihnen, sie sollen kommen!*
Imperativ:	Escribid!	*Ihr sollt schreiben!*
se dice	Se dice	
(Vermutung)	que es rico.	*Er soll reich sein*
	Dicen que...	*(es heißt, daß ...).*
	Parece que...	
Infinitiv:	No sé qué hacer.	*Ich weiß nicht, was ich tun soll.*
Umschreibung mit „querer":	¿Quieres que te ayude?	*Soll ich dir helfen?*

haber de	¿Qué he de hacer?	*Was soll ich tun?*
	Habría de pasar una semana.	*Eine Woche sollte vergehen.*
irreale Bedingung:	(en) caso que venga	*sollte er kommen*
	Mejor sería que se callara.	*Er sollte besser schweigen.*

wollen

querer	Queremos hacerlo.	*Wir wollen es machen.*
desear	Deseo hablar contigo.	*Ich will mit dir reden.*
proponerse	Me propongo estudiar.	*Ich will studieren.*
tener la intención de	Tengo la intención de ampliar la casa.	*Ich will das Haus erweitern.*
ir a	¡Vamos a ver = a ver!	*Wir wollen mal sehen = mal sehen!*
preferir	Prefiero cantar.	*Ich will lieber singen.*
pretender afirmar	Juan pretende/afirma haberme visto a las 11.	*Juan will mich um 11 Uhr gesehen haben.*

werden

ser *(= sein)*	Quiere ser ingeniero.	*Er will Ingenieur werden.*
	¿Qué ha sido de él?	*Was ist aus ihm geworden?*
venir a ser llegar a ser	Ha venido a ser una costumbre.	*Es ist (zur) Gewohnheit geworden.*
ponerse	Se ha puesto enferma.	*Sie ist krank geworden.*
caer	Cayó enferma.	*(idem)*
	Nos pusimos furiosos.	*Wir sind wütend geworden.*
	Juan se puso pálido.	*Juan ist blaß geworden.*
volverse	Me volveré loco.	*Ich werde (noch) verrückt.*
	Se ha vuelto loca.	*Sie ist wahnsinnig geworden.*
hacerse	Suele hacerse tarde.	*Es pflegt spät zu werden.*
	Se hace de noche.	*Es wird Nacht.*
	Su amigo se ha hecho rico.	*Sein Freund ist reich geworden.*

ir *(+ Gerundium)*	(Se) va siendo otoño.	*Es wird langsam Herbst.*
resultar	Dos personas resultaron heridas.	*Zwei Personen wurden verletzt* (s. Lektion 7, Passiv).
	La vida resulta cada vez más cara.	*Das Leben wird immer teurer.*
quedarse	Por la guerra se quedó pobre.	*Durch den Krieg ist er arm geworden.*
tornarse	El clima va tornándose más cálido.	*Das Klima wird (allmählich) wärmer.*
convertirse	Se convirtió en nuestro enemigo.	*Er wurde zu unserem Feind.*
	Se ha convertido a la fe católica.	*Er ist Katholik geworden.*

Ferner ist in zahlreichen Verben die Nuance „werden" bereits enthalten, zum Beispiel:

adelgazar	*schlank werden*	enfadarse	*böse werden*
amanecer	*Tag werden*	enfriarse	*kalt werden*
anochecer	*Nacht werden*	engordar	*dick werden*
cansarse	*müde werden*	envejecer	*alt werden*
crecer	*größer werden*	refrescar	*kühl werden*
enfermar	*krank werden*	mojarse	*naß werden*
enriquecerse	*reich werden*	etc.	

(Viele derartige Verben beginnen mit **en-** oder **em-** und enden meist auf **-ecer(se)**; siehe Wörterbuch.)

lassen		
dejar (= *zulassen*)	Le dejaron hablar.	*Man ließ ihn sprechen (er durfte . . .).*
dejar de (= *aufgeben*)	Dejó de fumar. ¡Déjese de bromas!	*Er ließ das Rauchen. Lassen Sie die Späße!*
permitir (= *gestatten*)	Permítame que le diga que . . .	*Lassen Sie (es) sich sagen, daß . . .*
hacer (= *veranlassen*)	Nos hizo esperar media hora.	*Er ließ uns eine halbe Stunde warten.*

ir a	Me voy a cortar el pelo.	*Ich lasse mir die Haare schneiden.*
	Me voy a hacer un traje.	*Ich lasse mir einen Anzug machen.*
mandar	Me he mandado hacer un traje.	*Ich habe mir einen Anzug machen lassen.*
	¡Mande Vd. llamar a Pedro!	*Lassen Sie Pedro rufen!*
poder	El texto no puede traducirse.	*Der Text läßt sich nicht übersetzen.*
	Eso se puede arreglar.	*Das läßt sich einrichten.*
Konj. Präs.:	¡Trabajemos!	*Laßt uns arbeiten!*
1. Pers. Pl.:	¡Vamos a trabajar!	(idem)
tolerar	¡No lo tolere Vd.!	*Lassen Sie das nicht durchgehen!*
dejar que	Esto deja mucho que desear.	*Dies läßt viel zu wünschen übrig.*
	Salúdele de mi parte.	*Ich lasse ihn grüßen (= grüßen Sie ihn von mir).*

IV. Übungen

1. Forme el imperativo (2ª persona singular y plural – afirmativo y negativo –):

acompañar al amigo – tomar el tranvía – ir a la conferencia – comprar las revistas – responder al jefe – ponerse el sombrero – detenerse en la estación – esperar la llamada – ir hoy – decir chistes – contar historias – dar ocasión.

2. La hora oficial:

El tren sale a las 17.15, pasa por Zaragoza a las 19.45 y llega a las 22.25 / El autobús tiene su salida a las 8.30 y llega a las 9.10 / El autocar pasa por aquí a las 18.00 / El exprés de La Coruña tiene enlace en León a las 21.35 / Llegamos al aeropuerto de Barajas a las 19.35 / El avión aterrizó a las 14.10 / Son las 22.00 por el reloj de la Puerta del Sol[1].

---

[1] Berühmter Platz in Madrid mit sehr bekannter Uhr; vgl. Big Ben in London

3. Responder según la lectura:

¿Qué piensa usted de Andalucía? ¿Cómo se explica su imagen turística con los datos de este informe? ¿Cree que engañan las estadísticas? ¿Ha estado en Andalucía? ¿Conoce la Andalucía "no turística"? ¿Qué relación establece entre la Costa del Sol y la Alhambra, por ejemplo? ¿Que influencias árabes existen? ¿Le gusta el flamenco? ¿Por qué?

4. Traducir al alemán:

Hubiésemos debido hacerlo antes. ¿Se lo digo? Si llama, dile que me espere a las ocho. Según se dice, han insistido en ello. Al parecer, diez soldados han muerto en el incidente. ¿Qué significa esto? ¿Qué pinto yo aquí *(was soll ich hier)*? Jaime ha cumplido con su obligación *(Soll)*. Iba a decírmelo, cuando se desmayó *(ohnmächtig werden)*. ¡Vamos a tomar una caña *(kleines Glas Bier)*! El reo *(Angeklagter)* afirmó no haber robado las joyas. Esto no acaba de entrarme en la cabeza *(will mir nicht . . .)*. No podéis olvidarlo *(will nicht aus dem Kopf)*. No se lo ha propuesto. Ignoramos qué ha sido de él. ¿Qué es de Lola? Luisa quería ser intérprete de conferencias, pero no ha llegado a serlo. Para nosotros ha venido a ser una costumbre pasar las vacaciones en Andalucía. Señora, su cabellera puede tornarse más espesa *(Haare/dichter)*, si toma . . . (tomando . . .)

5. Übersetzen Sie ins Spanische:

Jedesmal wenn er in Panamá ist, läßt er sich zwei Anzüge machen. Der Chef ließ die Sekretärin kommen. Manche Damen lassen sich alle drei Wochen die Haare schneiden. Sein Vater ließ ihn in den Ferien täglich acht Stunden hart arbeiten. Der Vater läßt die Tochter nicht den neuen Wagen fahren. Innerhalb und außerhalb Deutschlands herrscht die allgemeine Ansicht vor, die Spanier würden nichts anderes tun, als zum Klang der Gitarren und der Kastagnetten singen und tanzen. Dieses Image wird vor allem in den Prospekten der Touristikindustrie verbreitet. Auch viele Italiener, Jugoslawen und Türken haben ihre schöne Heimat verlassen müssen und leben jetzt in den Ländern Mitteleuropas, um dort Geld für ihre Familien zu verdienen. Manche glücklichen Mitteleuropäer können sich den Luxus leisten, das ganze Jahr das Leben auf einer der Kanarischen Inseln zu genießen. Dort soll das Paradies auf Erden sein.

V. Wortschatz

la sombra	Schatten
dentro (de)	innerhalb
la opinión	Meinung, Ansicht, Vorstellung
estereotipado, -a	stereotyp
paradisíaco, -a	paradiesisch
feliz	glücklich
el habitante	Einwohner, Bewohner
al son de	mit Begleitung von, zum Klang von
la guitarra	Gitarre
la castañuela	Kastagnette
la romería	Wallfahrt; Volksfest
de ensueño	traumhaft; Traum . . .
la imagen	Bild, Image
propagar	verbreiten
comprobar	bestätigen; feststellen
faltar	fehlen
he aquí	hier (ist, sind) (vgl. frz. *voici, voilà*)
el informe	Bericht
encajar en	passen zu
la propaganda	Werbung
al uso	gewöhnlich, üblich
el territorio	Gebiet
conceptuar	erachten als, sehen als
hoy en día	heute, heutzutage
deprimir	deprimieren; *hier:* (wirtschaftlich) herunterkommen (lassen)
el proceso	Prozeß
la depresión	Depression, Abstieg (ökonomisch)
socioeconómico, -a	sozial-wirtschaftlich
el sentido	Sinn, Hinsicht
alcanzar	erreichen
el porcentaje	Prozentsatz
al respecto	diesbezüglich, jeweilig
la superficie	Fläche
verse forzado (obligado) a	sich gezwungen sehen
emigrar	auswandern
establecerse	sich niederlassen
el País Valenciano	die Region Valencia
Euskadi	Baskenland
instalarse	sich niederlassen, Wohnsitz nehmen
el Estado	Staat, Land
fundamentalmente	hauptsächlich
total	ganz; Gesamt . . .
sustancialmente	im wesentlichen, substantiell
la gestión	Führung, Geschäftsführung

a nivel nacional	auf nationaler Ebene, den Gesamt-staat betreffend
a la cabeza	an der Spitze, angeführt von
aprovechar	(aus)nutzen
el olvido	Vergessen
el abandono	Aufgabe, Verlassen, Preisgabe
activarse	sich aktivieren, sich realisieren
la inversión	Investition
el jeque	Scheich
levantar	errichten, erbauen
veraniego, -a	Sommer ...; sommerlich
suntuoso, -a	prächtig
discreto, -a	unauffällig, verschwiegen
el proselitismo	Bekehrungseifer, Proselyten-macherei
manejar	handhaben, steuern, leiten
reconquistar	wiedererobern, zurückerobern
el siglo	Jahrhundert
la cabeza de puente	Brückenkopf
el puente	Brücke

Lección 17 – Lektion 17

No es lo mismo hablar que escribir

Reden ist nicht das gleiche wie Schreiben

I. Text

Tía Concha y tío Pepe han enviado un precioso regalo como saludo de despedida a Marion: un abanico de marfil pintado a mano. Marion ha escrito una carta de agradecimiento y para decirles adiós; sin embargo, no está del todo segura y decide resolver con Adela ciertos detalles: no es tan fácil escribir una lengua extranjera como hablarla.

(Marion: *M.*, Adela: *A.*)

M.: Adela, te voy a pedir un favor.

A.: Lo que quieras. Dime.

M.: Quiero escribir una carta para agradecer el precioso abanico; es lindo, ¿no?

A.: Lindísimo. Tía Concha y tío Pepe tienen un gusto extra-ordinario; tíos como ésos no se encuentran así como así.

M.: Te envidio, Adela. Pues mira, he escrito este borrador; pero no acaba de gustarme. En primer lugar, el saludo; ¿crees que está bien empezar con "Muy señores míos: Les doy las gracias . . ."?

A.: ¡De ninguna manera! ¡Buenos se pondrían!

M.: Entonces, ¿prefieres "Distinguidos amigos"?

A.: ¿Para qué tantas ceremonias? Escríbeles sencillamente: "Queridos tía Concha y tío Pepe"; se sentirán halagadísimos.

M.: Pero, ¿tú crees . . .?

A.: No lo pienses dos veces. Y luego, siguiendo en el mismo plan familiar: nada de ustedes . . .

M.: ¿Crees que puedo tutearlos en la carta?

A.: Pues claro, no faltaría más; siempre los has tratado de tú.

M.: Bueno, al hablar es distinto; una carta es algo más . . ., cómo diré, más formal.

A.: Una carta es como una conversación. . . . Bien, todo lo demás está perfectamente, excepto esta preposición: no se dice "gracias para el lindo regalo", sino "por el lindo regalo".

M.: ¡Siempre me pasa lo mismo! Jamás llegaré a aprender . . .

A.: ¡Bah! Hablas maravillosamente; si yo supiera tanto alemán como tú español . . .

II. Übersetzung

Tante Concha und Onkel Pepe haben Marion ein kostbares Geschenk als Abschiedsgruß geschickt: einen handbemalten Elfenbeinfächer. Marion hat ein Dankschreiben geschrieben (und), um ihnen Lebwohl zu sagen; sie ist sich jedoch nicht ganz sicher und beschließt, mit Adele bestimmte Details zu klären: Es ist nicht so leicht, eine Fremdsprache zu schreiben, als (sie) zu sprechen.

Marion: Adela, ich möchte dich um einen Gefallen bitten. – *Adela:* Sag mir (nur), was du willst. – *M.:* Ich möchte einen Brief schreiben, um mich für den kostbaren Fächer zu bedanken. Er ist doch hübsch? – *A.:* Wunderhübsch. Tante Concha und Onkel Pepe haben einen hervorragenden Geschmack; einen Onkel und eine Tante wie sie findet man nicht so ohne weiteres. – *M.:* Ich beneide dich, Adela. Also, schau mal: Ich habe diesen Entwurf geschrieben; aber nun gefällt er mir doch nicht. Zuerst (einmal) die Anrede. Glaubst du, daß es richtig ist, mit „Sehr geehrter Herr, sehr geehrte Frau, ich danke Ihnen ..." zu beginnen? – *A.:* Auf keinen Fall! Die würden ein schönes Gesicht machen! – *M.:* Dann würdest du lieber „Sehr geehrte Freunde" schreiben? – *A.:* Wozu so viele Umstände? Schreib Ihnen einfach: „Liebe Tante Concha, lieber Onkel Pepe"; sie werden sich sehr geschmeichelt fühlen. – *M.:* Aber, du glaubst ...? – *A.:* Überleg es (dir) nicht zweimal. Und dann geht es weiter im gleichen vertrauten Stil: keine Anrede mit Sie ... – *M.:* Glaubst du, daß ich sie im Brief duzen kann? – *A.:* Aber natürlich, das wäre ja (noch) schöner; immer hast du sie mit Du angeredet. – *M.:* Nun gut, beim Reden ist das anders; ein Brief ist etwas ..., wie soll ich sagen, förmlicher. – *A.:* Ein Brief ist wie eine Unterhaltung ... Alles übrige ist einwandfrei, ausgenommen diese Präposition: man sagt nicht „gracias para el lindo regalo", sondern „por el lindo regalo" („Dank für das schöne Geschenk"). – *M.:* Immer passiert mir das gleiche! Nie werde ich lernen ... – *A.:* Pah! Du sprichst wunderbar; wenn ich soviel Deutsch könnte wie du Spanisch ...

III. Grammatik

Partizip Präsens

Bildung:

an den Stamm der Verben der a-Konjugation wird **-ante** angehängt:

| rein ar | rein**ante** | *herrschend* |
| brill ar | brill**ante** | *glänzend* |

an den Stamm der Verben der e- und i-Konjugation wird **-ente** (manchmal auch **-iente**) angehängt:

| ten er | ten**iente** | *habend* |
| sorprend er | sorprend**ente** | *überraschend* |

17 **Gebrauch:** Im Spanischen gibt es **kein** Partizip Präsens als Element der Satzkonstruktion (im Gegensatz zum Deutschen):

Paso por las calles cantando (= Gerundium).	*Ich gehe singend durch die Straßen.*

Anwendung nur als Adjektiv:

un tema interes**ante**	*ein interessantes Thema*
un señor import**ante**	*ein bedeutender Mann*
un carácter domin**ante**	*ein beherrschender Charakter*

auch als Substantiv:

el ten**iente**	*der Leutnant*
el cant**ante**	*der Sänger*
(el) Or**iente**	*der Orient, Osten*
(el) Lev**ante**	*die Levante; Westen*
el supl**ente**	*der Stellvertreter*
la tang**ente**	*die Tangente etc.*

Es gelten folgende Regeln:

1 Substantive, die auf **unbetonten Vokal** enden, hängen **-s** an:
casa – casas, hombre – hombres, hermano – hermanos, tribu – tribus *(Stamm),* buena – buenas, inteligente – inteligentes, etc.

2 Substantive, die auf **betonten Vokal** enden, hängen **-es** an:
jabalí – jabalíes *(Wildschwein),* colibrí – colibríes, tabú – tabúes, bantú – bantúes, israelí – israelíes, marroquí – marroquíes, etc.
Moderne Tendenz: nur mehr Anhängen von **-s** (nicht bei Adjektiven!):
papá – papás, sofá – sofás, mamá – mamás, esquí – esquís *(Ski),* ambigú – ambigús *(Kaltes Buffet),* etc.

3 Substantive, die auf **betontes -e** enden, hängen **-s** an:
pie – pies, la fe – fes, cupé – cupés, café, – cafés, puré – purés, corsé – corsés, etc.

Beachten Sie: Pluralbildung der Vokale:
la a – las aes, la e – las ees, la o – las oes, la í – las íes, la u – las úes.

---

* analog für das Adjektiv gültig

4 Substantive, die auf **-y** oder **-j** enden, hängen **-es** an:
rey – reyes, buey – bueyes *(Ochse),* ley – leyes, convoy – convoyes *(Geleitzug),* reloj – relojes, etc.

5 Substantive, die auf **Konsonant** (falls auf -s: siehe **6**) enden, hängen **-es** an:
solución – soluciones (Akzent entfällt!), ciudad – ciudades, español – españoles, andén – andenes *(Bahnsteig),* carácter – caracteres (Akzentverschiebung!), régimen – regímenes (!), catalán – catalanes, mejor – mejores, nariz – narices *(Nase),* lápiz – lápices, nuez – nueces (z wird zu c!), útil – útiles, andaluz – andaluces, etc.

6 Substantive, die auf **-s** enden und **einsilbig** sind, hängen **-es** an:
mes – meses, gas – gases, res – reses *(Stück Vieh),* dios – dioses

Jedoch: Substantive, die auf **-s** enden, **mehrsilbig** und nicht auf der letzten Silbe betont sind, bleiben **unverändert:**
la crisis – las crisis, la dosis – las dosis, el análisis – los análisis, el lunes – los lunes (martes, miércoles, jueves, viernes), la tesis – las tesis

Wenn jedoch die **letzte** Silbe **betont** ist, dann wird **-es** angehängt:
compás – compases *(Takt),* marqués – marqueses, inglés – ingleses, cortés – corteses, muniqués – muniqueses, etc.

(Fortsetzung in Lektion 18)

IV. Übungen

1. Formar el plural:
maniquí *(Mannequin)* – espécimen *(Muster)* – avestruz *(Vogel Strauß)* – camaleón *(Chamäleon)* – tragaluz *(Dachfenster)* – huésped – nepalí – irlandés – tesis – mazapán *(Marzipan)* – vez – alemán – plural – tenaz *(hartnäckig)* – favor – adiós – marfil – té – volcán – cráter – rubí – sofá – par *(Paar).*

2. Expresar las diferencias:
la gracia – las gracias; el tío – los tíos; el agua – las aguas; la lente *(Linse)* – las lentes; el celo – los celos; el recuerdo – los recuerdos; la ceremonia – las ceremonias; el señor – los señores.

3. Colocar el verbo en la forma debida:
El viernes pasado nosotros *(ir)* al cine; mis padres no *(poder)* acompañarnos; *(ver)* una película muy interesante que *(durar)*

17 casi tres horas. – Mis padres *(desear)* que yo *(estudiar)* medicina, pero yo *(preferir)* una carrera técnica; no *(ser)* muy fácil *(ponerse)* de acuerdo; al fin, yo *(hacer)* lo que más *(gustarme)*. – *(Sentir)* (ellos) que no *(tener)* tiempo para visitarnos; (nosotros) también *(sentirlo)* y *(esperar)* que el año próximo *(vernos)* todos.

4. Traducir al alemán:
En la Química inorgánica, los gases nobles desempeñan un papel importante. Los bajaes *(Paschas)* fueron los hombres más ricos en dicho país. Mucho ruido y pocas nueces *(= viel Lärm um nichts)*. Dinero contante y sonante. Los cantantes fueron aplaudidos por el público. En las aldeas iraquíes existen todavía muchos tabúes. Las poblaciones fueron arrasadas por el ciclón. Los israelíes se defendieron con sus armas supermodernas. Me he comprado un par de esquís para carreras de fondo. La pronunciación de las úes e íes no es tan fácil como se cree. El carácter del régimen dictatorial no es considerado positivamente por los países vecinos. María esperaba ya en el andén cuando el tren llegó. Los análisis han revelado que el estado del paciente es grave. La pareja bailó estrictamente al compás. Las dosis eran demasiado elevadas. Los campesinos vendieron todas las reses al carnicero. Con meras palabras no lograremos dominar la crisis. Los dioses griegos fueron venerados por los habitantes de Atenas.

5. Übersetzen Sie ins Spanische:
Der Leutnant und der Sänger, beide aus der spanischen Levante stammend *(naturales de)*, werden sich im Osten niederlassen *(establecerse)*. Die afrikanischen Stämme sind die Attraktion vieler Touristen. Die Ochsen des Bauern fraßen das ganze Heu *(heno)*. Kartoffelpüree mit Lauch *(puerro)* ist sein Lieblingsgericht *(plato favorito)*. Manche Uhren gehen ziemlich vor *(adelantar)*. In den nordspanischen Städten begegnen wir heute zahlreichen Andalusiern, die ihre Heimat wegen Mangel an Arbeitsplätzen verlassen mußten. Montags hatte sie nie Zeit, aber immer am Samstag und am Sonntag. Nachdem er ein wunderbares Geschenk erhalten hatte, schrieb er dem Onkel und der Tante einen Dankesbrief. Sie können nicht so ohne weiteres ihre Lehrer duzen. Überleg es dir nicht zweimal! Vielen Dank für die herrlichen Blumen. Sie sind für meine Frau. Sie wird sich sehr geschmeichelt fühlen. Es ist nicht richtig, einen Brief an den Chef der Firma mit „Lieber Direktor" zu beginnen. Er ist sich nicht ganz sicher und so beschließt er, die Übersetzungen mit einem spanischen Kollegen zu überprüfen.

V. Wortschatz

el saludo	Gruß; *auch:* Anrede
saludo de despedida	Abschiedsgruß
el abanico	Fächer
el marfil	Elfenbein
pintar	malen
a mano	Hand . . .; von Hand
el agradecimiento	Dank
del todo	ganz
resolver detalles	Details klären
el favor	Bitte, Gefallen
agradecer	danken
envidiar	beneiden
el borrador	Entwurf
no acaba de gustarme	er gefällt mir immer noch nicht
Muy señores míos:	Sehr geehrte Herren,
de ninguna manera	auf keinen Fall, keineswegs
Distinguidos amigos:	Sehr geehrte Freunde,
	Verehrte Freunde
la ceremonia	Zeremonie; *hier:* Umstände
sencillo, -a	einfach, schlicht
Queridos . . .	Liebe . . .
halagar	schmeicheln
nada de	nichts von, keine Spur von
tutear	duzen
no faltaría más	das hätte gerade noch gefehlt; *hier:* das wäre noch schöner
tratar de tú	duzen, mit Du anreden
formal	förmlich
la conversación	Gespräch, Unterhaltung
excepto	außer
la preposición	Präposition
maravilloso, -a	wunderbar

Lección 18 – Lektion 18

I. Text

Resulta ya un tópico hablar de las "dos Españas". En realidad, la pluralización del nombre no es un fruto de la moda, pues el término "las Españas" se deriva de la pluralidad de reinos que se fueron formando en el territorio cristiano a lo largo de la Reconquista. Cuando ésta terminó, en 1492, no se produjo la unidad nacional de la que hablan los manuales de Historia; en realidad, cada reino siguió conservando sus leyes y privilegios; y así, quien pasaba del principado de Asturias al reino de Galicia, o del reino de Navarra al principado de Cataluña, poniendo como ejemplo, tenía que atravesar fronteras en toda regla. Esto explica, que Lope de Vega, al ser desterrado de Castilla la Nueva en 1588, se dirigiera al reino de Valencia para cumplir la sentencia de seis años.

Sin embargo, hoy no se piensa en esta pluralidad histórica al usar y abusar del término, que se ha reducido a dos. Nadie habla hoy

130

de "las Españas", sino de "las dos Españas", con lo cual se quiere expresar una gama infinita de aspectos antagónicos que afectan a España y a los españoles: la España húmeda y la España seca, la España interior y la litoral, la rural y la urbana; la España conservadora y la progresista, la clerical y la anticlerical, la vital y la oficial, la vieja y la nueva; la España peninsular e insular; la ortodoxa y la heterodoxa; la de dentro . . . y la del exilio.

Cierto, no resulta fácil dar una respuesta convincente a la frecuentísima pregunta: "¿Qué es España?". Don José Ortega y Gasset aventuró una respuesta enormemente simple y terriblemente compleja: "España es una cosa hecha por Castilla". Ahora bien, ¿es más fácil responder a la pregunta: qué es Alemania, qué es Rusia, qué es Canadá, a título de ejemplo?

Lo que pasa es que a los españoles les gusta mucho hablar en plural: para dar las gracias, para desear buenas noches, para mandar recuerdos o felicidades, con motivo del cumpleaños o de las navidades . . .

II. Übersetzung

Es ist bereits ein Gemeinplatz (geworden), von „zwei Spanien" zu sprechen. In Wirklichkeit ist (nun aber) die Mehrzahlbildung des Wortes kein Produkt der Mode, denn die Bezeichnung „die Spanien" leitet sich von der Vielzahl der Reiche ab, die allmählich während der Reconquista auf christlichem Territorium entstanden. Als diese 1492 abgeschlossen war, kam es nicht zur nationalen Einheit, von der in den Geschichtsbüchern die Rede ist. In Wirklichkeit behielt jedes Reich seine Gesetze und Privilegien bei. Und so mußte jeder, der aus dem Fürstentum Asturien in das Königreich Galicien, oder aus dem Königreich Navarra in das Fürstentum Katalonien – um nur ein Beispiel zu nennen – gelangen wollte, regelrecht Grenzen überschreiten. Dies erklärt, daß Lope de Vega, als er 1588 aus Neukastilien verbannt wurde, in das Königreich Valencia reiste, um das auf sechs Jahre lautende Urteil zu erfüllen.

Heute denkt man jedoch nicht mehr an diese historische Pluralität, wenn man den Begriff, der auf zwei (Spanien) reduziert worden ist, ge- und mißbraucht. Niemand spricht heute von „den Spanien" sondern von „den beiden Spanien", womit man einen unbegrenzten Bereich von gegensätzlichen Aspekten zum Ausdruck bringen will, welche Spanien und die Spanier betreffen: das „feuchte" Spanien und das „trockene" Spanien, das zentrale Spanien und das der Küstenzone, das ländliche und das städtische; das konservative und das fortschrittliche Spanien, das klerikale und das antiklerikale, das lebendige und das offizielle, das alte und das neue; das päninsulare und das insulare Spanien, das orthodoxe und das heterodoxe; das Spanien im Innern ... und das im Exil.

Gewiß, es ist nicht leicht, eine überzeugende Antwort auf die sehr oft gestellte Frage zu geben: „Was ist Spanien?" José Ortega y Gasset wagte eine enorm einfache und schrecklich komplizierte Antwort: „Spanien ist ein durch Kastilien geschaffenes Gebilde". Ist es aber nun einfacher, auf die Frage zu antworten: Was ist Deutschland? Was ist Rußland? Was ist Kanada? Um nur einige Beispiele zu bringen.

In Wirklichkeit ist es so, daß die Spanier sehr gern im Plural sprechen: um Dank zu sagen, um gute Nacht zu wünschen, um Grüße oder Glückwünsche zu schicken, anläßlich des Geburtstages oder zum Weihnachtsfest ...

III. Grammatik

Pluralbildung des Substantivs (Fortsetzung)

7 **Unregelmäßige Bildung** (bei Fremdwörtern – zumeist englischen Ursprungs –, Pronomina etc.):
el lord – los lores, el déficit – los déficit/déficits, el cóctel – los cócteles, el mitin – los mítines *(Meeting),* el superávit – los superávits *(Überschuß),* el club – los clubes, el frac – los fracs, el ballet – los ballets, el camping – los campings, el carnet – los carnets *(Führerschein),* el chalet – los chalets, el film(e) – los film(e)s, el lied – los lieder, el clip – los clips, el yo – los yoes, etc.

8 **Unregelmäßige Bildung** bei **zusammengesetzten Substantiven:**
a) beide Wörter sind **zu einem Wort** verschmolzen:
– wenn es auf **-s** endet, dann Plural = Singular:

el pararrayos	los pararrayos	*Blitzableiter*
el cumpleaños	los cumpleaños	*Geburtstag*
el limpiabotas	los limpiabotas	*Schuhputzer*
el paraguas	los paraguas	*Regenschirm*
el parabrisas	los parabrisas	*Windschutzscheibe*
el rascacielos	los rascacielos	*Wolkenkratzer*
el parachoques	los parachoques	*Stoßstange* etc.

– wenn das Wort **nicht auf -s** endet, dann wird im Plural **-s** beziehungsweise **-es** angehängt:

el ferrocarril	los ferrocarriles	*Eisenbahn*
		(FF. CC.)
el padrenuestro	los padrenuestros	*Vaterunser*
la bocacalle	las bocacalles	*Straßeneinmündung*
el sordomudo	los sordomudos	*Taubstummer*

b) bei mittels **Bindestrich** verbundenen Substantiven (Bindestrich muß nicht immer vorhanden sein) ist zu beachten:

– haben beide Wörter „gleiches" Gewicht, dann bekommen beide Pluralendungen **-s** oder **-es**:

el médico-mago	los médicos-magos	*Medizinmann,*
		Zauberer
la máquina-herramienta	las máquinas-herramienta(s)	*Werkzeugmaschine*

– ist jedoch eines der beiden Wörter „gewichtiger" (meist das erste = das „bestimmte"), dann erhält nur dieses die Pluralendung und nicht das zweite (= das „bestimmende"):

el buque(-)escuela	los buques(-)escuela	*Schulschiff*
el buque cisterna	los buques cisterna	*Tankschiff*
el marido modelo	los maridos modelo	*Mustergatte*
la granja-piloto	las granjas-piloto	*Versuchsfarm*
el piso-piloto	los pisos-piloto	*Musterwohnung*
el ingeniero-jefe	los ingenieros-jefe	*Chefingenieur*
el médico-jefe	los médicos-jefe	*Chefarzt*
el tractor-oruga	los tractores-oruga	*Raupenschlepper*
la grúa-puente	las grúas-puente	*Brückenkran* etc.

– ist eines der beiden Wörter (oder beide) kein Substantiv so bleiben beide unverändert (Plural = Singular):

un fuera-borda	dos fuera-borda	*Außenbordmotor*

Ferner gibt es
Substantive ohne Pluralform:
Zum Beispiel la gente *die Leute* (der manchmal auftretende Plural „las gentes" bedeutet eher: *Völkerschaften*);

sowie **Substantive ohne Singularform:**

los víveres	*die Lebensmittel*	las gafas, lentes	*die Brille*
los alrededores	*die Umgebung*	las tijeras*	*die Schere*
		los quevedos	*der Zwicker*

---

* typisch für Werkzeuge, die aus zwei Teilen bestehen

las afueras	die Außenbezirke	las tenazas*	die Beißzange

Zu beachten ist ferner, daß manche Substantive im Plural eine **andere Bedeutung** haben als im Singular:

el celo	*Eifer*	los celos	*Eifersucht*
el anteojo	*Fernrohr*	los anteojos	*= las gafas*
el toro	*Stier*	los toros	*Stierkampf*
la letra	*Buchstabe*	las letras	*(Geistes-)Wissenschaften*
el gemelo	*Zwilling*	los gemelos (= prismáticos)	*Feldstecher*
la gracia	*Grazie; Gnade*	las gracias	*= muchas gracias*
la corte	*Hof (Fürsten-; Königs-; Gerichts-)*	las Cortes	*spanisches Parlament*

Hierher gehören auch die **Paarbezeichnungen** bei Personen:

el padre	*Vater*	los padres	*Eltern*
el rey	*König*	los reyes	*König und Königin*
el Sr. López	*Herr López*	los señores López	*Herr und Frau López*
		los Reyes Católicos	*(Isabel de Castilla und Fernando de Aragón)*

IV. Übungen

1. Formar el plural:
déficit – cartel *(Plakat)* – cártel *(Kartell)* – albornoz *(Bademantel)* – andén – quitamanchas *(Fleckenentferner)* – redactor-jefe – ratón *(Maus)* chiquitín – abrelatas *(Dosenöffner)* – granja modelo – piso piloto – minusválido *(Behinderter)* – régimen político – el galán del film(e) – el cónsul iraní – ley-marco *(Rahmengesetz)*.

2. Colocar la preposición:
Me ha mandado un paquete ... avión. – No le gusta viajar ... avión. – Siéntese ... la mesa ... la ventana. – Cuando llegues ... Madrid, me llamas ... teléfono. – Mi amigo está ... maestro ...

---

* Siehe Fußnote S. 133

un pueblecito ... la sierra. – Vamos ... salir ... paseo ... el
parque. – ... verano, me gusta dormir ... aire libre o ... la
ventana abierta. – ¿Has sacado ya las entradas ... el partido?

3. Responder afirmativa y/o negativamente, según el texto:
¿Se justifica la expresión de "dos Españas"?; ¿por qué? / ¿Existen
motivos especiales para justificar la expresión al tratarse de
España? / ¿Cree Vd. que se podría afirmar lo mismo de otras
naciones?; ¿por ejemplo? / ¿Son especialmente individualistas los
españoles? / En alemán se dice que los españoles son orgullosos;
¿qué piensa Vd.? / ¿Conoce las líneas generales de la Historia de
España? / ¿Cree Vd. que es muy importante la herencia árabe? /
¿Qué tipos regionales distinguiría Vd.?

4. Traducir al alemán:
La policía detuvo a dos individuos participantes en varios com-
plots. El parlamento británico se compone de la Cámara de los
Lores y la Cámara de los Comunes. El coleccionista de sellos
(filatélico) compró dos álbums. Durante las lluvias no pudimos
utilizar el camión por estar averiados los limpiaparabrisas
(Scheibenwischer). Los buques escolta *(Begleitschiffe)* se hicieron
a la mar. Acudieron a los festivales gentes de Asturias, León y
Navarra. La mujer moderna lleva pantalones. Mis encías *(Zahnfleisch)* están inflamadas *(entzündet)*. Los alicates *(Flachzange)*,
las tenazas y las tijeras *(Schere)* son instrumentos de acero *(Stahl)*.
Ultimamente, sus padres celebraron sus bodas de plata *(Silberhochzeit)*. El médico-jefe está casado en segundas nupcias
(2. Ehe). En este clima muchos turistas han contraido *(sich zuzie-
hen)* unas anginas bastante rebeldes *(hartnäckig)*.

5. Übersetzen Sie ins Spanische:
Guten Tag (ab 13 h), meine Damen! Um diese Zeit *(a estas alturas)* des Jahres können wir noch nicht ohne Mantel spazierengehen. Meine Großeltern väterlicherseits *(abuelos paternos)* leben
nicht mehr *(ya no ...)*. Die Ehegattinnen, die ihre Männer getötet *(asesinar)* hatten, wurden in Handschellen *(esposas)* zur Poli-
zeistation gebracht. Sie arbeiten mit Eifer, aber sie sind nicht
eifersüchtig. Lope de Vega wurde im Jahre 1588 aus Kastilien
verbannt. Als er sich in das Königreich Valencia begab, mußte er
eine Grenze überschreiten. Nach dem Wiener Kongreß *(Congreso de Viena)* zu Beginn des 19. Jahrhunderts war Deutschland
noch weit davon entfernt *(estar lejos de)*, eine nationale Einheit
darzustellen. Im Laufe der Reconquista wurden die Mauren allmählich von den Christen nach Süden zurückgedrängt *(empujar)*,
und es entstanden die ersten Königreiche.

el tópico	Gemeinplatz (allgemeines Gesprächsthema)
la pluralización	Mehrzahlbildung
el fruto	Frucht, Produkt
el término	Ausdruck, Bezeichnung
derivar(se) de	ableiten von
la pluralidad	Vielzahl, Mehrzahl
cristiano, -a	christlich
a lo largo de	im Laufe (von), während
la Reconquista	Wiedereroberung Spaniens (gegen die Mauren 718–1492)
la unidad	Einheit
el manual	Hand-, Lehrbuch
la ley	Gesetz
el privilegio	Sonderrecht, Privileg
el principado	Fürstentum
atravesar	überschreiten
la regla	Regel
en toda (la) regla	regelrecht; *hier:* zwangsläufig
Lope de Vega (Félix)	spanischer Dichter (1562–1635)
desterrar	verbannen
dirigiera (von dirigir)	*Konjuktivform Imperfekt = Plusquamperfekt Indikativ*
cumplir	erfüllen
la sentencia	Urteil
cumplir la sentencia	*hier:* Strafe verbüßen
usar	gebrauchen
abusar (de)	mißbrauchen
la gama	Skala, Bereich
infinito, -a	unendlich, unbegrenzt
el aspecto	Aspekt
antagónico, -a	antagonistisch, gegensätzlich
conservador, -a	konservativ
progresista	fortschrittlich
clerical	klerikal
anticlerical	kirchenfeindlich
vital	lebendig, vital
peninsular	Halbinsel ...
insular	Insel ...
ortodoxo, -a	orthodox, (recht)gläubig
heterodoxo, -a	andersgläubig
el exilio	Exil
convincente	überzeugend
frecuente	häufig
José Ortega y Gasset	spanischer Philosoph und Schriftsteller (1883–1955)

aventurar	wagen
simple	einfach
terrible(mente)	furchtbar
complejo, -a	komplex, kompliziert
Rusia	Rußland
Canadá	Kanada
a título de ejemplo	zum Beispiel
dar las gracias	sich bedanken, danke sagen
desear buenas noches	gute Nacht sagen
mandar	senden, schicken
recuerdos	Grüße
felicidades	Glückwünsche
el cumpleaños	Geburtstag

Lección 19 – Lektion 19

Despedida precipitada
Überstürzter Abschied

I. Text

Por fin, llegó el día de los adioses. La familia Rivero en pleno acompañó a Marion al aeropuerto, para ofrecerle una despedida como Dios manda. El ajetreo era enorme, a Marion le había costado Dios y ayuda obtener plaza, a pesar de que el billete de ida y vuelta estaba a punto de caducar. Las azafatas no daban abasto a la aglomeración de viajeros que solicitaban informaciones de toda índole.

(Manolo: *M.*, Azafata: *A.*, Jaime: *J.*)

M.:   ¿A qué hora exacta despega el avión para Munich?

A.:   A las 11,40, pero es posible que haya algún retraso, porque la huelga del personal de tierra en París nos ha revuelto el horario.

J.: Es lo mismo, tenemos tiempo de sobra; por si acaso, vamos a desprendernos cuanto antes del equipaje. ¿Cuánto pesa esta maleta?

A.: A ver ... Algo más de la cuenta, pero, en fin, pase.

J.: Y este bolso ..., ¿es posible mandarlo también ...?

A.: Si usted paga el sobrepeso, naturalmente; ¿y el equipaje de mano?

J.: No soy yo el pasajero, sino una señorita alemana.

A.: Ah, bueno.

De pronto, se oye anunciar por los altavoces: "El avión con destino a Munich está preparado en la pista cuatro; se ruega a los señores pasajeros que se dirijan a la salida."

M.: ¡¿Pero no habían dicho que se esperaba retraso?!

J.: Sólo lo dijo como posibilidad; se ve que los huelguistas franceses no se portan tan mal.

Mientras los dos trataban de salir de su asombro, Adela les hizo una seña, porque Marion tenía que despedirse ya. A doña Julia se le deslizaron unas lágrimas, don Antonio luchaba a fin de aparentar serenidad, Adela logró disimular a duras penas su emoción, y Marion no encontraba las palabras adecuadas para despedirse de cada uno. Todo fue tan precipitado que Manolo no tuvo tiempo de comprar una caja de bombones para Marion, y Jaime perdió la ocasión de darle un beso de despedida, de lo cual no ha logrado reponerse hasta el día de hoy.

II. Übersetzung

Schließlich kam der Tag des Abschieds. Die vollzählige Familie Rivero begleitete Marion zum Flughafen, um ihr einen Abschied zu bereiten, wie er sich gehört. Die Plackerei war enorm – Marion hatte nur mehr mit großer Mühe einen Platz (im Flugzeug) ergattern können, obschon ihr Hin- und Rückflugticket schon beinahe verfallen war. Die Stewardessen wurden mit dem Andrang der Reisenden nicht fertig, die Auskünfte jeder Art verlangten.

Manolo: Wann genau startet die Maschine nach München? – *Stewardeß:* Um 11.40 (Uhr), aber möglicherweise gibt es etwas Verspätung, denn der Streik des Bodenpersonals in Paris hat uns den

19 Flugplan durcheinandergebracht. – *Jaime:* Das ist egal, wir haben genügend Zeit. Für alle Fälle wollen wir möglichst bald das Gepäck loswerden. Wieviel wiegt dieser Koffer? – *St.:* Mal sehen ... Etwas darüber zwar, aber er kann mit. – *J.:* Und diese Tasche ... Kann sie auch mit? – *St.:* Wenn Sie Übergewicht bezahlen, dann natürlich. Und das Handgepäck? – *J.:* Ich bin nicht der Fluggast, sondern ein deutsches Fräulein. – *St.:* Ach so.

Plötzlich hört man eine Lautsprecherdurchsage: „Die Maschine nach München steht auf Piste vier (zum Abflug) bereit. Die Fluggäste werden gebeten, sich zum Ausgang zu begeben."

M.: Aber man hat nicht durchgegeben, daß Verspätung zu erwarten ist? – *J.:* Sie deutete es nur als Möglichkeit an. Man sieht, daß die französischen Streikenden sich nicht so schlecht benehmen.

Während die beiden versuchten, aus dem Staunen herauszukommen, gab ihnen Adela ein Zeichen, denn Marion mußte sich bereits verabschieden. Doña Julia kamen ein paar Tränen, Antonio hatte sehr zu tun, seine Fassung zu bewahren, Adela gelang es mit großer Mühe, ihre Rührung zu verbergen, und Marion fand nicht die richtigen Worte, um sich von jedem zu verabschieden. Alles war so überstürzt, daß Manolo keine Zeit fand, um eine Schachtel Pralinen für Marion zu kaufen, und Jaime versäumte die Gelegenheit, ihr einen Abschiedskuß zu geben, womit er bis zum heutigen Tage nicht fertig werden konnte.

III. Grammatik

Nebensätze (frases subordinadas)

Im Spanischen gibt es Nebensätze, die

1 durch eine **unterordnende Konjunktion** eingeleitet werden:

Creo **que** los estudiantes han trabajado mucho.	*Ich glaube, **daß** die Studenten viel gearbeitet haben. (Ich glaube, die Studenten haben ...)*

Beachten Sie: que darf nicht entfallen, Komma wird nicht gesetzt.

2 mit einem **Relativpronomen** beginnen (s. Lektion 1 u. 2):

Me gustan las flores que me has regalado.	*Mir gefallen die Blumen, **die** du mir geschenkt hast.*

Zu 1: Es gibt verschiedene Konjunktionen, die einen Nebensatz einleiten. Die häufigste ist **que** *(= daß).*

Zu unterscheiden sind:

a) Konjunktionen, die **immer** den **Indikativ** nach sich haben:

pues *denn*
No contestará, pues ya lo *Er wird nicht antworten, **denn** er*
sabe. *weiß es bereits.*

porque *weil*
Tienes que reparar la máqui- *Du mußt die Maschine reparie-*
na porque no funciona bien. *ren, **weil** sie nicht gut funktio-*
niert.

puesto que oder **ya que** *da*
Puesto que no tenía dinero, *Da er kein Geld hatte, lieh ich*
le presté un verde. *ihm 1000 Peseten.*

dado que *weil*
Los precios bajan dado que *Die Preise fallen, **weil** das Geld*
el dinero ha escaseado. *knapp geworden ist.*

desde que *seitdem*
Desde que tiene permiso de *Seitdem er den Führerschein hat,*
conducir, Jaime nos acom- *begleitet uns Jaime überall hin.*
paña a todas partes.

por si *für den Fall, daß*
Te lo digo por si no lo sabes. *Ich sage es dir **für den Fall, daß***
du es nicht weißt.

si *ob*
¿No sabes si tiene tiempo? *Du weißt nicht, **ob** er Zeit hat?*

en vista de que *in Anbetracht dessen*
Le estimamos mucho en *Wir schätzen ihn sehr **in Anbe-***
vista de que nos prestó su *tracht dessen, daß** er uns vor drei*
ayuda hace tres años. *Jahren Hilfe leistete.*

b) Konjunktionen, die **immer** den **Konjunktiv** nach sich haben
(wobei es unerheblich ist, ob im deutschen Nebensatz Indikativ
oder Konjunktiv steht!):

para que oder **a fin (de) que** *damit*
Os lo decimos para que lo *Wir sagen es euch, **damit** ihr es*
hagáis bien. *gut macht.*

19 **con tal que** *wenn nur; insofern*

No me importa lo que haces con tal que cumplas tu deber.

*Es ist mir egal, was du tust, **wenn** du **nur** (= **insofern**) deine Pflicht erfüllst.*

en el caso (de) que *falls*

En el caso de que no llueva, tendremos que regar los campos.

Falls es nicht regnet, müssen wir die Felder bewässern.

a condición de que *unter der Bedingung*

Podéis quedaros aquí a condición de que os calléis.

*Ihr könnt hier bleiben **unter der Bedingung, daß** ihr schweigt.*

a no ser que oder **a menos que** *es sei denn; außer*

Tiene que llegar ahora a no ser que se haya extraviado.

*Er muß jetzt kommen, **es sei denn** er hat sich verlaufen (**außer** er hat sich . . .).*

sin que *ohne daß*

Pasa el día sin que aparezca el sol.

*Der Tag vergeht, **ohne daß** die Sonne hervorkommt.*

antes (de) que *ehe*

Antes que te cases, mira lo que haces (refrán).

Ehe du heiratest, schau, was du tust!

por miedo a que *aus Furcht, daß*

No se mueve por miedo a que le descubran.

*Er bewegt sich nicht, **aus Furcht, daß** man ihn entdecke.*

como si* oder **cual si** *als ob*

Hace como si escrib**iera**.
Habla tan bien cual si **hubiese** estado muchos años en España.

*Er tut so, **als ob** er schriebe.*
Er spricht so gut, als ob er viele Jahre in Spanien gewesen wäre.

(Fortsetzung in Lektion 20)

---

* immer mit Konjunktiv Imperfekt!

IV. Übungen

1. Completar las frases con conjunciones:
Te lo digo, ... lo has olvidado / No sé ... viene o ... prefiere
quedarse en casa / ... no vienes, nos marchamos / Te aviso ...
estés preparado / Nos prestaron el libro ... se lo cuidemos / Es ya
tarde, ... nos vamos a ir / ... vienes, te espero / Haces la traducción ... te parezca mejor / No os prestamos el dinero, ... nos
hace falta a nosotros.

2. ¿ser/estar/hay?
A la vuelta de la esquina ... una librería; los libros ... interesantes, pero ... muy mal ordenados y ... difícil hallar los que intere-
san; además, ... muy caros y no ... manera de examinarlos con
calma. – ¿Dónde ... un estanco? Ya no me queda tabaco; siempre ... cigarrillos a disposición, pero hoy no ... el encargado
(Beauftragter), y por eso no ... quien se encargue de traerlos.

3. Establecer la concordancia verbal y colocar las preposiciones:
El año pasado *(tener)* lugar ... Barcelona una exposición; yo
(querer) visitarla, pero ... llegar ... Barcelona *(haber)* una
huelga ... empleados públicos y los museos *(estar)* cerrados. – Si
vosotros *(decidirse)* ... acompañarnos, *(poder)* avisarnos todavía
... tiempo; ... tres días *(cerrarse)* el plazo *(Frist)* ... inscripción
... los socios; después, ya no *(admitirse)* inscripciones.

4. Traducir al alemán:
Las cosas son así desde que existe el mundo. Os lo dijimos para
que estuvieseis informados. Tuvo que ingresar en el hospital porque había sufrido un infarto cardíaco *(Herzinfarkt)*. Antes de que
te marches, tendrás que arreglar el asunto. Les daremos el cheque
con tal que nos entreguen las mercancías *(Waren)*. No sabía yo
que ella está enferma. Puedes tomar el avión a menos que tu
billete ya haya caducado. Ya que el impuesto sobre el valor aña-
dido *(MWSt)* es cada vez mayor, también los precios suben cons-
tantemente. Este grupo de personas puede salir del territorio
nacional a condición de que presente un pasaporte válido. Por si
no la conoces, tienes que leer la novela. Pasaron los siglos sin que
se produjese cambio alguno. Se jacta *(prahlen mit)* de sus conocimientos como si hubiera estudiado con los eruditos *(Gelehrte)*
más célebres. No se atreve a hablar por miedo a pronunciar mal
las palabras. No sabemos si Luisa ha aprobado su examen de
Medicina y Cirugía *(Chirurgie)*.

5. Übersetzen Sie ins Spanische:

Der Hubschrauber *(helicóptero)* nach New York *(Nueva York)* stand auf Piste zwei bereit. Der Streik der Piloten und Stewardessen hat den Flugplan völlig durcheinandergebracht. Ich werde euch helfen, weil ihr meine Freunde seid. Wir mußten schnellstmöglich das Gepäck loswerden. Zwei Koffer hatten Übergewicht. In Anbetracht dessen, daß er erst zwei Monate hier ist, spricht er schon ziemlich gut Deutsch. Falls die Maschine nicht starten kann, sehen wir uns gezwungen, ein anderes Verkehrsmittel zu benutzen. Die Schüler müssen die Wörter lernen, es sei denn, sie können sie bereits. Sie tut so, als sei sie die Schönste und Klügste im ganzen Land. Marion reist ab, ohne daß Manolo Zeit findet, ihr die Pralinenschachtel zu geben. José hat vor zwei Monaten eine starke Grippe *(la gripe)* gehabt, von der er sich bis heute nicht hat erholen können.

V. Wortschatz

precipitado, -a	überstürzt
los adioses	Abschied(sworte)
adiós	auf Wiedersehen
en pleno	vollzählig
el aeropuerto	Flughafen
como Dios manda	wie es sich gehört
el ajetreo	Mühe, Plackerei
costar Dios y ayuda	sehr schwer sein
el billete	(Flug-, Fahr-)Schein, Ticket
de ida y vuelta	hin und zurück
a punto de	beinahe, fast
caducar	ungültig werden, verfallen
la azafata	Stewardeß
dar abasto	fertig werden, es schaffen
la aglomeración	Gedränge, Andrang
solicitar	verlangen
de toda índole	jeder Art
exacto, -a	genau
despegar	starten, abheben
el avión	Flugzeug
el retraso	Verspätung
la huelga	Streik
el personal	Personal
de tierra	Boden . . .
revolver	durcheinanderbringen
el horario	Flug-, Stundenplan

por si acaso	für alle Fälle
cuanto antes	so schnell wie möglich, möglichst bald
pesar	(ab)wiegen
a ver	mal sehen
más de la cuenta	etwas darüber
el bolso	(Hand)tasche
el sobrepeso	Übergewicht
el equipaje de mano	Handgepäck
el pasajero	Fluggast
ah, bueno	ach so!
de pronto	plötzlich
el altavoz	Lautsprecher
el destino	Schicksal; *hier:* Bestimmungsort, Ziel
la pista	Bahn, Piste
rogar (-ue-)	bitten
el huelguista	Streikender
portarse	sich verhalten, sich benehmen
el asombro	Staunen
la seña(l)	Zeichen
deslizarse	rutschen, gleiten; *hier:* herunterrinnen
la lágrima	Träne
luchar	kämpfen; *hier:* sehr zu tun haben
a fin de	um (zu)
aparentar	vorspiegeln, vorgeben
la serenidad	Ruhe, Fassung, Gelassenheit
disimular	verbergen, verheimlichen
a duras penas	mit Mühe (und Not)
la emoción	Rührung
el bombón	Praline
perder	verlieren, verpassen
el beso	Kuß
reponerse	sich erholen
de lo cual no ha logrado reponerse	*wörtlich:* wovon es ihm nicht gelang sich zu erholen

Lección 20 – Lektion 20

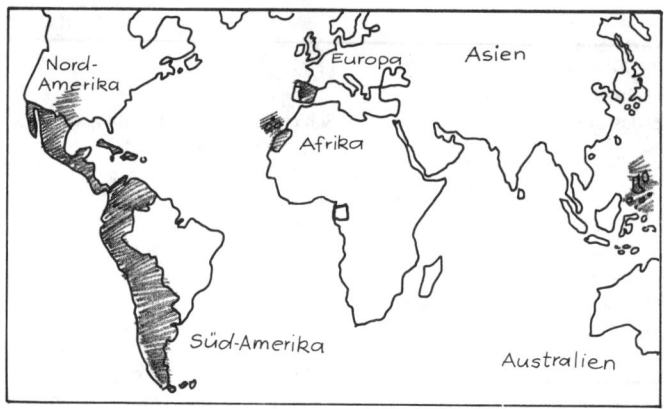

I. Text

El idioma que usted estudia, ¿es español, o castellano? La pregunta tiene su miga, lo que explica que aparezca con cierta regularidad, tanto en publicaciones especializadas como hasta en la prensa callejera. Y hay respuestas para todos los gustos; aquí como en todo, dependen del color del cristal con que se mire; generalmente, el cristal suele adaptarse a la opinión preestablecida, por lo que el resultado de las discusiones, más que juicios serenos, viene a ser la repetición de apasionados prejuicios.

Dado que en España se hablan varias lenguas aparte del castellano, a saber, el vasco, el catalán y el gallego, todas son lenguas españolas. Ahora bien, el idioma que aprendemos aquí no es el castellano a secas, y la lengua generalmente hablada hoy en España y en otra veintena de naciones como idioma oficial, cuenta con tal copia de elementos extraños asimilados, que su equiparación con el castellano de Castilla resulta más que ilusoria. El español entendido como lengua universal y hablado por unos 300 millones des seres humanos en todos los continentes, la ter-

146

cera lengua en cuanto a universalidad, no es la que llevaron conquistadores y misioneros a América en el siglo XVI, así como los judíos expulsados a finales del XV. Estos, los sefardíes, siguen hablando un castellano arcaico llamado judeoespañol, plagado de voces extranjeras, según el entorno europeo oriental o israelí. El castellano, pues, no es el español, si bien, claro, históricamente desempeñó un papel distinto y único, y constituye el fundamento de la lengua española actualmente hablada. Propiamente hablado, el castellano es una lengua tan española como el vasco, el catalán y el gallego.

II. Übersetzung

Ist die Sprache, die Sie lernen, das Spanische oder das Kastilische? Die Frage hat es in sich, und das erklärt, daß sie mit gewisser Regelmäßigkeit sowohl in Fachpublikationen und sogar auch in der Boulevardpresse auftaucht. Und für jeden Geschmack gibt es Antworten. Hier wie bei allem hängen sie davon ab, wie man die Sache betrachtet. Im allgemeinen paßt sich die Betrachtungsweise einer bereits festgelegten Meinung an, weshalb das Ergebnis der Diskussionen – mehr als vernünftige Beurteilungen – schließlich eine Wiederholung von leidenschaftlichen Vorurteilen darstellt.

Da in Spanien neben dem Kastilischen noch mehrere Sprachen gesprochen werden, nämlich das Baskische, das Katalanische und das Galicische, sind alle spanische Sprachen. Die Sprache, die wir hier lernen, ist nun aber nicht das Kastilische schlechtweg, und die heute allgemein in Spanien und in etwa 20 anderen Nationen als offizielles Idiom gesprochene Sprache enthält eine derartige Menge von assimilierten fremden Elementen, daß ihre Gleichsetzung mit dem in Kastilien gesprochenen Spanisch mehr als illusorisch ist. Das Spanische, als Weltsprache gesehen und von ungefähr 300 Millionen Menschen auf allen Kontinenten gesprochen, hinsichtlich seiner Universalität die dritte Stelle einnehmend, ist nicht (mehr) die Sprache, welche die Eroberer und Missionare im 16. Jahrhundert sowie die Ende des 15. Jahrhunderts vertriebenen Juden mitbrachten. Diese, die Sepharditen, sprechen heute noch ein archaisches Spanisch, die sogenannte jüdisch-spanische Sprache, durchsetzt mit fremdländischen Ausdrücken, je nach osteuropäischer oder israelischer Umgebung. Das Kastilische ist also nicht das Spanische, auch wenn es natürlich historisch eine verschieden- und einzigartige Rolle spielte und die Grundlage für die heute gesprochene spanische Sprache bildet. Zutreffender gesagt ist das Kastilische eine ebenso spanische Sprache wie das Baskische, das Katalanische und das Galicische.

III. Grammatik

Nebensätze (Fortsetzung)

c) Konjunktionen, die den Konjunktiv nach sich führen, wenn die betreffende Handlung nur **beabsichtigt** oder **noch nicht eingetreten** ist (andernfalls steht Indikativ):

hasta que *bis*

¡Quédate aquí hasta que lle-gu**e** el tren!	*Bleib hier, **bis** der Zug kommt!*
Se quedó aquí hasta que lle-g**ó** el tren.	*Er blieb hier, bis der Zug kam.*

después que *nachdem*

Después que **haya** termina-do la conferencia, iré a ex-presar mi agradecimiento.	***Nachdem** der Vortrag zu Ende ist, werde ich meinen Dank zum Ausdruck bringen.*
Después que **hubo** termina-do la conferencia, fui a ex-presar mi agradecimiento.	*Nachdem der Vortrag zu Ende war, brachte ich meinen Dank zum Ausdruck.*

en tanto que oder **en cuanto** *während* oder *solange*

Ha venido vuestro amigo en tanto que **estuvisteis** fuera.	*Euer Freund ist gekommen, **während** ihr draußen wart.*
No conteste Vd. en cuanto (*oder* en tanto que) no co-nozca las razones.	*Antworten Sie nicht, **solange** Sie die Gründe nicht kennen.*

mientras *während; solange*

Nos encargamos del asunto mientras **estuvisteis** ausentes.	*Wir nahmen uns der Sache an, **während** ihr abwesend wart.*
Mientras est**és** ausente, yo me encargaré del asunto.	***Solange** du abwesend bist, werde ich mich der Sache annehmen.*

tan pronto como *sobald*

Tan pronto como me **habían** informado, te lo dije.	***Sobald** man mich informiert hat-te, sagte ich es dir.*
Tan pronto como me infor-m**en**, te lo diré.	*Sobald man mich informiert, werde ich es dir sagen.*

siempre que *immer wenn*

Siempre que **vienen** mis amigos, me traen un disco.

Immer wenn meine Freunde kommen, bringen sie mir eine Platte mit.

Procurad estudiar siempre que **tengáis** tiempo.

Bemüht euch zu studieren, immer wenn ihr Zeit habt.

aunque oder **si bien** *obwohl* oder *auch wenn*

Aunque no **he** tenido mucho tiempo, he leído la novela.

Obwohl ich nicht viel Zeit hatte, habe ich den Roman gelesen.

Tenéis que leer la novela aunque (*oder* **aun cuando**) no os guste.

*Ihr müßt den Roman lesen, **auch wenn (selbst wenn)** er euch nicht gefällt.*

por mucho que oder **por más que** *so sehr auch*

Por mucho que **gritaste**, no te oyeron.

So sehr du auch geschrien hast, man hat dich nicht gehört.

Por mucho que grit**es**, no te oirán.

So sehr du auch schreist (schreien magst), man wird dich nicht hören.

según oder **a medida que** *wie (je nach Gelegenheit)*

Vendimos nuestros productos según **eran** las ocasiones.

*Wir verkauften unsere Produkte **wie** die Gelegenheiten waren (**je nach** Gelegenheit).*

Venderemos los productos según **sean** las ocasiones.

Wir werden die Produkte verkaufen, wie die Gelegenheiten sind.

Te pagarán a medida que avanc**es** con el trabajo.

*Man wird dich bezahlen **gemäß** deines Arbeitsfortschritts.*

de modo que, de manera que, de suerte que oder
de forma que *so daß*

Estudió muchos años, de modo que **alcanzó** los títulos más elevados.

*Er studierte viele Jahre, **so daß** er die höchsten Titel errang.*

Escribe claramente, de modo que pued**an** leerlo todos.

Schreib deutlich, so daß es alle lesen können!

luego que oder **así que** *sobald*

Lo haremos luego que **vengan.**

*Wir machen es, **sobald** sie kommen.*

Lo hicimos luego que **hubieron** venido.

Wir machten es, sobald sie gekommen waren.

cuando *wenn (sobald)*

Se marcharon cuando **hubie-ron** pagado la comida.	*Sie gingen,* **als** *sie das Essen bezahlt hatten.*
Cuando **hayas** leido el libro, me lo devolverás.	**Wenn (sobald)** *du das Buch gelesen hast, wirst du es mir zurück-geben.*
Mi novia se alegrará cuando lo **lea.**	*Meine Freundin wird sich freuen, wenn sie es liest.*
Cuando quier**as,** nos mar-chamos.	*Wenn du willst, gehen wir.*
Dejadlo para cuando teng**áis** más tiempo.	*Laßt es, bis ihr mehr Zeit habt.*
Cuando recib**ían** una inye-cción, los pacientes (siem-pre) sentían un dolor muy fuerte.	**(Jedesmal) wenn** *sie eine Injek-tion erhielten, empfanden die Patienten einen sehr heftigen Schmerz.*

como *wie; da; wenn*

Como pod**éis** ver, no es nada de particular.	**Wie** *ihr sehen könnt, ist es nichts Besonderes.*
Comono recib**imos** tarde tu telegrama, no pudimos llegar a tiempo.	**Da** *wir dein Telegramm zu spät erhielten, konnten wir nicht rechtzeitig kommen.*
Lo haremos todo como Uds. quier**an.**	*Wir werden alles machen,* **wie** *Sie es wünschen (Das wissen wir aber noch nicht).*
Lo haremos todo como Uds. quier**en.**	*Wir werden alles machen, wie Sie es wünschen (Ihr Wunsch ist uns genau bekannt).*
Como no contest**es** en segui-da, tomaré otra decisión.	**Wenn** *du nicht sofort antwortest, werde ich anders entscheiden.*

si *wenn; ob*

Si vuelv**es,** te esperamos. (= realer Bedingungssatz)	**Wenn** *du zurückkommst, warten wir auf dich.*
Si **tuviera** tiempo, te ayu-daría. (= irrealer Bedingungssatz)	*Wenn ich Zeit hätte, würde ich dir helfen.*
No sé si **vendrán.**	*Ich weiß nicht,* **ob** *sie kommen werden.*

Merke: si in der Bedeutung *ob*: immer mit Indikativ (s. Lektion 19, 1.)

sí = *doch* (Betonung):

¡Sí no lo **sé**!	**Wenn** *ich es* **doch** *nicht weiß!*

1. Expresar las frases siguientes mediante pronombres (Ejemplo:
acompaña a Julio = acompáñalo):
Dad los libros al bibliotecario – regala bombones a las muchachas
– comprad el billete – prepara las maletas a tus padres – leed las
noticias – no pongas los libros en la silla – no entregues las llaves
al portero – reserva plaza para tus amigos.

2. Colocar el verbo en su forma adecuada:
Es posible que nuestro profesor *(olvidarse)* de la traducción. Os
aconsejamos que *(poner, vosotros)* más atención al traducir el
texto. ¿Desean Vds. que *(repetir, yo/nosotros)* otra vez la lección
del subjuntivo? Resulta difícil que los señores *(ponerse)* de
acuerdo. ¿Preferís que *((traer, yo)* fruta o dulces?

3. Responder según la lectura:
¿Qué lenguas se hablan en España? / ¿Son todas igualmente
importantes? / ¿Por qué suele confundirse el castellano con el
español? / ¿Quiénes llevaron el castellano a América? / ¿Es el
español actual idéntico al castellano?; ¿Qué diferencias hay entre
ambos? / ¿Qué entiende por sefardíes? / ¿Sabe dónde se estable-
cieron especialmente?

4. Traducir al alemán:
Hay personas dispuestas a pagar sumas enormes con tal que puedan aumentar su influjo político. Venga Ud. a verme cuando pase
por Munich. ¡Ojalá nos escriban pronto! Mi amigo soñó que
jugaba al ajedrez. Por mucho que trabajes, no ganarás más. Infór-
menme tan pronto como llamen desde Madrid. Si me da el
dinero, le entregaré los documentos. Aunque llueva, saldremos
de paseo. No salimos de paseo porque era tarde. Nos marchare-
mos así que hayas terminado. Cuando hubieron atravesado el río,
los bandidos penetraron en la hacienda. Aunque supieras algo, no
me lo dirías. Mientras Dios me dé vida, estaré con vosotros.
Después que hubo leido el telegrama, no pudo contener el llanto
(Tränen zurückhalten). El nos ha explicado toda la problemática,
de modo que no hay nada que añadir.

5. Übersetzen Sie ins Spanische:
Übersetze ruhig weiter, solange der Professor dich nicht unter-
bricht. Immer wenn du rauchst, muß ich husten *(toser)*. Sobald
wir es genau wissen, werden wir die entsprechenden Maßnahmen
treffen *(tomar medidas)*. So sehr sie mich bat, ich konnte ihr nicht
helfen. Die Familie nahm den jungen Spanier auf, als ob er ihr
eigener Sohn gewesen wäre. Ich werde das Grundstück *(solar)*

kaufen, insofern es nicht zu teuer ist. Hat niemand angerufen, während ich in der Stadt beim Einkaufen war? Da die Handwerker *(artesanos)* nicht gekommen sind, muß ich die Reparatur selbst ausführen. Rufen Sie bitte sofort einen Arzt, wenn das Kind erkranken sollte. Er arbeitete, bis er die Augen schloß. Schieben Sie die Übersetzung auf *(dejar)*, bis Sie mehr Zeit haben. Das Öl *(aceite)* wird härter in dem Maße, wie die Temperatur sinkt. Immer wenn die Sonne wärmt *(calentar)*, gehen wir zum Strand.

V. Wortschatz

la miga	Brotkrume
tener miga	es in sich haben
aparecer	erscheinen, auftauchen
callejero, -a	Straßen…, Boulevard…
para todos los gustos	für jeden Geschmack
depender (de)	(davon) abhängen
el color del cristal	*hier:* Betrachtungs-, Darstellungsweise
preestablecido, -a	(vorher) festgesetzt, festgelegt
el resultado	Ergebnis
el juicio	Urteil
sereno, -a	gefaßt, gelassen, vernünftig
la repetición	Wiederholung
apasionado, -a	leidenschaftlich
dado que	weil, da
a saber	und zwar, nämlich
el vasco	baskische Sprache
el catalán	katalanische Sprache
el gallego	galicische Sprache
ahora bien	nun aber, jedoch
a secas	schlechtweg
la veintena	(etwa) 20 (Stück)
la nación	Nation, Land
el idioma oficial	Amtssprache
la copia (de)	*hier:* Anzahl, Fülle, Menge; *sonst:* Kopie
el elemento	Element
asimilar	assimilieren
la equiparación	Vergleich; Gleichsetzung
ilusorio, -a	illusorisch
unos	etwa
el ser humano	Mensch, menschliches Wesen
el continente	Erdteil, Kontinent

la universalidad	Universalität, Weltbedeutung
el conquistador	Eroberer
el misionero	Missionar
el judío	Jude
expulsar	verbannen, vertreiben
a finales (de)	Ende . . .; am Ende des/von
el sefardí (*o:* sefardita)	Sephardit (Jude spanischer Abstammung), Spharde
arcaico, -a	archaisch, veraltet
judeoespañol	jüdisch-spanisch(e Sprache)
plagado, -a (de)	voll (von), durchsetzt (mit)
la voz	*hier:* Wort, Ausdruck
el entorno	Umwelt, Umgebung, Milieu
oriental	Ost . . .; orientalisch
israelí	israelisch
si bien	obwohl
desempeñar un papel	eine Rolle spielen
el fundamento	Fundament, Grundlage
propiamente hablado	zutreffend gesagt, eigentlich

Lección 21 – Lektion 21

I. Text

(Manolo: *M.*, Paco: *P.*)

M.: ¿Qué tal te ha ido?

P.: ¡Fenomenal! Hasta espero que me den buena nota; creo que he hecho un buen examen.

M.: Desde luego, te lo mereces; has pasado unas semanas como un eremita; a juzgar por lo que has empollado, no creo que vuelvas a suspender.

P.: Espero que así será.

Paco acaba de pasar el último examen oral. Después de una temporadita de "eclipse total", como una vez dijo su padre, Paco hizo su aparición en la vida familiar. Le habían quedado dos asignaturas pendientes en junio, y había tenido que prepararse para la convo-

154

catoria de septiembre. A Paco, que no es mal estudiante, los conti-
nuos cambios de planes y sistemas de enseñanza le tienen desorien-
tado.

M.: Lo que importa es que pases el curso; la nota es lo de menos.

P.: No lo creas; si empiezas el nuevo curso con notas bajas, por mucho que te esfuerces, tienes suspenso seguro a fin de año.

M.: Bueno, yo ya estoy un poco al margen; antes, lo principal era pasar, como fuera! sacaras las notas que sacaras.

P.: ¡Antes! Tú no puedes imaginar cómo se ha puesto la ense-ñanza. Dicen que se debe a que hoy todo el mundo quiere estudiar una carrera en la universidad, y, claro, los profe-sores sólo piensan en suspender; para lo esencial, para enseñar, no tienen tiempo ...

M.: ¡Mientras no cambien los profesores, ya pueden inventar nuevos planes de educación!

P.: Sí, aunque la mona se vista de seda ...

M.: ... mona se queda!

II. Übersetzung

Manolo: Wie ist es dir ergangen? – *Paco:* Ganz toll! Ich rechne sogar damit, daß ich eine gute Note bekomme. Ich glaube, ich habe ein gutes Examen gemacht. – *M.:* Natürlich, du verdienst es; du hast einige Wochen wie ein Einsiedler gelebt. Nach dem zu urteilen, was du gebüffelt hast, glaube ich nicht, daß du wieder durchfällst. – *P.:* Ich hoffe, daß es so sein wird.

Paco hat soeben sein letztes mündliches Examen gemacht. Nach einer kurzen Weile „totalen Verschwindens", wie einmal sein Vater sagte, trat Paco wieder im Familienleben in Erscheinung. Er hatte zwei Fächer im Juni nicht bestanden und (er hatte) sich für die Prüfung im September vorbereiten müssen. Paco, der kein schlech-ter Student ist, haben die ständigen Änderungen von Plänen und Unterrichtssystemen verwirrt.

M.: Jetzt ist es wichtig, daß du das Studienjahr bestehst. Die Note ist das allerwenigste. – *P.:* Glaub das nicht. Wenn du das neue Studienjahr mit schlechten Noten beginnst, wirst du, so sehr du dich auch anstrengst, am Ende des Jahres durchrasseln. – *M.:*

21 Nun, ich bin schon nicht mehr so drin. Früher war das Wichtigste durchzukommen, wie auch immer. Die Noten waren dabei nicht so wichtig. – *P.:* Früher! Du kannst dir nicht vorstellen, wie jetzt der Unterricht ist. Es heißt, das sei darauf zurückzuführen, daß heute jedermann an der Universität eine Ausbildung machen will, und selbstverständlich denken die Professoren nur ans Durchfallenlassen. Für das Wesentliche, für das Lehren, haben sie keine Zeit . . . – *M.:* Solange die Professoren sich nicht ändern, können sie schon neue Unterrichtspläne ersinnen! – *P.:* Ja, auch wenn die Äffin sich in Seide kleidet . . . – *M.:* . . . so bleibt sie doch eine Äffin!

III. Grammatik

Konjunktiv (Modo Subjuntivo)*

Anwendung:

1 **Im Hauptsatz:**

als **Imperativ** (s. „Spanisch in 30 Tagen", Lektion 23)

– nach **quizá(s), acaso, tal vez** *(vielleicht)*

Quizá se **haya** dormido.　　　*Vielleicht ist er eingeschlafen.*

– nach **ojalá** (diese Form ist rein arabischen Ursprungs:
Allah wird angerufen: *möge Gott, daß . . .*)

¡Ojalá **venga** pronto!　　　*Wenn er nur bald käme!*
　　　　　　　　　　　　　Hoffentlich kommt er bald!

als **Wunsch:**

¡**Viva** España!　　　*Es lebe Spanien!*
auch: ¡que viva España!

2 **Im Nebensatz:**

– eingeleitet durch bestimmte Konjunktionen (s. Lektion 19 und 20).

– eingeleitet durch die Konjunktion **que** *(daß)*; im Hauptsatz stehen dann ganz bestimmte Verben beziehungsweise Ausdrücke.

a) nach Verben und Ausdrücken des Wünschens, Wollens, Forderns, Verlangens, Befehlens:

Les ruego** (que) contest**en**　*Ich bitte Sie, daß Sie post-*
a vuelta de correo.　　　　　*wendend antworten.*

---

* **Beachten Sie:** Möglichst keine Parallelen zum Deutschen ziehen (Ausnahme: Wunsch- und Bedingungssätze)!
** nach „rogar" kann „que" entfallen

156

Quiero que trabaj**es** más.	*Ich will, daß du mehr arbeitest.*
Te voy a decir que lo **hagas.**	*Ich sage dir, daß du es tun sollst.*
Insistimos en que no se lo **digáis** a nadie.	*Wir bestehen darauf, daß ihr es niemandem sagt.*
Tengo el deseo de que continú**es** como antes.	*Ich habe den Wunsch, daß du so weitermachst wie vorher.*
Se empeña en que lo repi**tamos.**	*Er besteht darauf, daß wir es wiederholen.*

ferner nach:

desear que	*wünschen, daß*	exigir que	*verlangen, daß*
pedir que	*fordern, daß*	mandar que	*befehlen, daß*
ordenar que	*anordnen, daß*	dar la orden de que	*den Auftrag geben, daß*

(Bei gleichem Subjekt in Haupt- und Nebensatz wird die Infinitivkonstruktion verwendet: insiste en escribirnos, quiere marcharse, etc.)

b) nach Verben und Ausdrücken des Erlaubens, Duldens, Zulassens:

No te permito que **toques** el piano a medianoche.	*Ich erlaube dir nicht, daß du um Mitternacht Klavier spielst.*
No tengo inconveniente en que fum**es.**	*Ich habe nichts dagegen (einzuwenden), daß du rauchst.*

ferner nach:

consentir que	*einwilligen*
dejar que	*lassen*
tolerar que	*tolerieren, daß*
Déjennos Uds. que se lo describ**amos.**	*Lassen Sie es uns Ihnen beschreiben.*

c) nach Verben und Ausdrücken der Empfehlung, des Rates etc.:

Te advierto que no habl**es** en la biblioteca.	*Ich weise dich darauf hin, daß du in der Bibliothek nicht sprechen sollst.*
Os aconsejo que la dej**éis** en paz.	*Ich rate euch, sie in Ruhe zu lassen.*
Le voy a proponer que **venga** conmigo.	*Ich werde ihm vorschlagen, mit mir zu kommen.*

d) nach Verben, die eine Absicht erkennen lassen:

No sabemos cómo consigue que todos le escuch**en**.   *Wir wissen nicht, wie er es erreicht, daß alle ihm zuhören.*

Hay que evitar que esto se rep**ita**.   *Man muß verhindern, daß sich dies wiederholt.*

No se puede impedir que el paciente se nos mue**ra**.   *Man kann nicht verhindern, daß (uns) der Patient stirbt.*

e) nach Verben der Gefühlsbetonung, Anteilnahme etc.:

– Freude und Anerkennung:

Me alegro (de) que Uds. **hayan** venido todos.   *Ich freue mich, daß Sie alle gekommen sind.*

Me parece bien que le **haya** escrito una carta.   *Es scheint mir richtig, daß sie ihm einen Brief geschrieben hat.*

Estamos muy orgullosos de que nuestra nación **haya** ganado el campeonato mundial.   *Wir sind sehr stolz (darauf), daß unser Land die Weltmeisterschaft gewonnen hat.*

– Erstaunen und Ärger:

Le extraña que Uds. no **hayan** oído sus palabras.   *Es wundert ihn, daß Sie seine Worte nicht gehört haben.*

Nos molesta mucho que ciertos alumnos siempre m**astiquen** chicle.   *Es stört uns sehr, daß gewisse Schüler immer Kaugummi kauen.*

¿Te sorpende mucho que cant**emos?**   *Überrascht es dich sehr, daß wir singen?*

– Furcht, Angst, Hoffnung:

Temo que me mat**en**.   *Ich fürchte, daß man mich tötet.*

Tengo la esperanza de que no me ech**en** a la calle.   *Ich habe die Hoffnung, daß man mich nicht auf die Straße setzt.*

Espera que el examen no **sea** muy difícil.   *Er hofft, daß die Prüfung nicht sehr schwer ist.*

– Bedauern:

Siento mucho que **tengáis** que trabajar tanto.   *Ich bedaure es sehr, daß ihr soviel arbeiten müßt.*

Perdonen Uds. que yo pregunt**e** siempre cosas de gramática.   *Entschuldigen Sie, daß ich immer Grammatikdinge frage.*

– Mitempfinden:

Comprendo muy bien que no queráis empollar durante las vacaciones.	*Ich verstehe sehr gut, daß ihr während der Ferien nicht büffeln wollt.*

f) im Nebensatz, wenn der Hauptsatz ein verneinendes Verb hat:

No digo que Uds. **sean** cobardes.	*Ich sage nicht, daß Sie Feiglinge sind* (= Nichtwirklichkeit!).

jedoch:

No (le) digo a nadie que tú lo **has** hecho.	*Ich sage niemandem, daß du es getan hast* (Wirklichkeit!).

g) nach Verben und Ausdrücken des Nichtglaubens, Zweifelns:

Dudo que Ud. **tenga** razón.	*Ich zweifle (daran), daß Sie recht haben.*
Yo no creo que él **haya** matado al policía.	*Ich glaube nicht, daß er den Polizisten getötet hat.*

(Fortsetzung in Lektion 22)

IV. Übungen

1. Colocar el verbo en su forma adecuada:
Es difícil que tú *(darse)* cuenta de la realidad / Me extraña que vosotros *(llegar)* tan tarde / Insistiré en que todos *(hacer)* el ejercicio / No hay quien *(saber)* exactamente la dirección / ¿Temes que no *(escucharte)* el director? / Acaso *(ser)* lo mejor no decir absolutamente nada / Confiamos en que *(darnos)* tiempo para hacer ese trabajo / Nos propusieron que *(venir)* dentro de una semana / ¿Crees que Paco *(tener)* razón? Yo no creo que *(tener)* razón (él).

2. Colocar la preposición "a" en caso necesario:
No conozco ... Sevilla / Aquí se sirve ... los clientes por riguroso turno *(streng der Reihe nach)* / ¿Has visto ... mi secretaria? / Busco ... una secretaria que sepa ruso / Teme ... los enemigos disfrazados *(getarnt, verkleidet)* de amigos / Ha comprado ... un perro de raza / ¿Has visto ... mi gato? / No conoce ... nadie en esta ciudad / Encontramos ... mucha gente en la fiesta / ¿Es necesario llamar ... médico?

3. Construir frases (Ejemplo: da el libro a Luis = dáselo):
traed el periódico al jefe / pon el abrigo, que hace frío / notifica mi llegada al portero / regalad los libros a los niños / escucha lo que te

21 dice Luis / mostrad a los visitantes las diapositivas / describe las señas a la policía / guarda el secreto para ti / agradeced los consejos que os he dado.

4. Traducir al alemán:

Tus padres quieren que estudies idiomas. Dudamos que estéis contentos con vuestros conocimientos. No hay mal que cien años dure (refrán). Ojalá tengáis más suerte que nosotros. Temen que no lleguen a tiempo. Nos aconsejaron que tomáramos el avión. Acaso esto sea lo mejor. Los padres se oponían a que su única hija continuase sus relaciones con aquel muchacho. Está bien que el médico la haya operado sin vacilar. Os prohibimos que fuméis durante el trabajo. El mariscal ordenó que los soldados atacasen la ciudad. Les encargó que destruyeran sólo los edificios militares. No me ha consentido que yo vaya solo al teatro. Les rogamos encarecidamente que no nos llamen a medianoche. No permitirás que él hable mal de su novia. Pase lo que pase, no dejaremos de ayudarle. Haréis lo que el profesor os mande. No hay mal que por bien no venga (refrán). El conquistador mandó que se destruyesen todas las carabelas a fin de que nadie pudiera regresar al Viejo Continente. ¿Está en Bolivia? No que yo sepa *(nicht daß ich wüßte)*.

5. Übersetzen Sie ins Spanische:

Sag ihm, er soll mich morgen aufsuchen. Heute morgen hat er mir gesagt, daß er noch mehr arbeiten werde. Ich habe ihm geantwortet, daß er das nicht mehr tun soll. Ich will nicht, daß Sie mich ständig belästigen *(molestar)*. Wir werden deinem Vormund *(tutor)* schreiben, daß er dir in Zukunft mehr Geld schicken möge. Sein Freund möchte, daß wir ihm einen guten Anwalt nennen. Mir gefällt es nicht, daß Sie mich sonntags immer besuchen. Wir zweifeln nicht, daß Sie die Schlußprüfungen bestehen (werden). Ich kenne keinen, der so ausgezeichnet wie du spricht. Er wird sich darum kümmern, daß niemand sich in unsere Angelegenheiten einmischt *(inmiscuirse)*. Ich empfehle Ihnen, daß Sie niemandem etwas sagen. Der Professor wunderte sich, daß die Studenten so merkwürdige Dinge fragten. Wir hätten gern, daß du unsere neue Mitarbeiterin kennenlernst. Sie ersuchten uns, daß wir ihnen sagten, wo unser Chef gewesen ist. Es tut uns leid, daß er die Schachpartie nicht gewonnen hat.

V. Wortschatz

el lustro	Jahrfünft
fenomenal	großartig, ganz toll
la nota	*hier:* Zensur
el eremita	Einsiedler
juzgar	urteilen
a juzgar por	nach dem zu urteilen . . .
empollar	pauken, büffeln
suspender	*hier:* nicht bestehen (Prüfung), durchfallen
pasar	*hier:* ablegen, machen
oral	mündlich
el eclipse	Finsternis; *hier:* Verschwinden
hacer su aparición	erscheinen, in Erscheinung treten
la asignatura	(Schul-)Fach
pendiente	nicht bestanden; noch offen
la convocatoria	Einberufung; *hier:* Prüfung
continuo, -a	ständig
el sistema	System
la enseñanza	Schul-, Unterrichts-, Erziehungswesen
desorientar	verwirren
importar	wichtig sein; importieren
lo de menos	das allerwenigste
esforzarse	sich Mühe machen
el suspenso	Mißerfolg im Examen
al margen	am Rande
estar al margen	nicht mehr im Bild sein, nicht mehr drin sein
principal	wichtig
imaginar	ausdenken, sich vorstellen
todo el mundo	alle, jeder(mann)
la carrera	Studium; Laufbahn; Ausbildung
la universidad	Universität
esencial	wesentlich
inventar	erfinden
el mono	Affe
vestir(se) (-i-)	(sich) kleiden
la seda	Seide
aunque la mona se vista de seda, mona se queda	*sinngemäß auch:* alter Wein in neuen Schläuchen

Lección 22 – Lektion 22

Una y múltiple: Latinoamérica

Eins und (doch) vielfältig: Lateinamerika

I. Text

Desde la revolución cubana, Latinoamérica se halla en el centro de la atención mundial. Para unos, constituye una amenaza; para otros, significa una esperanza: depende de lo que se tema perder o lo que se desearía lograr.

¿Qué es América Latina?

Se suele hablar de ella como de un todo homogéneo; sin embargo, examinada de cerca, tal homogeneidad no existe, o sólo en parte. Cierto que, desde lejos, sobre el mapa, presenta rasgos comunes, pero sin que exista unidad geográfica. Posee todos los climas del mundo, desde el subpolar del Cabo de Hornos al tropical de la Amazonia. Y, por ende, cuenta con todos los tipos de vegetación, toda clase de paisajes: cumbres nevadas, inmensas llanuras, valles de exuberante vegetación, desiertos y selvas vírgenes.

Las veintidós Repúblicas son otras tantas entidades sociales, económicas y políticas, surgidas de un proceso común de historia a veces similar, pero a veces también antagónica, aunque existan muchos puntos de contacto. Sin duda, el elemento de unidad se basa en raíces culturales y sociológicas en sí externas, en la lengua y en la religión, en un pasado semejante y en un futuro que se intenta dominar conjuntamente. No obstante, tampoco ayuda gran cosa esta simplificación a la hora de ir examinando pieza por pieza este inmenso mosaico geográfico y humano: los campesinos de Nicaragua, Perú, Bolivia, tienen otros problemas que las masas urbanas, cosmopolitas de Caracas, Buenos Aires o São Paulo; y no es probable que las recetas revolucionarias puedan exportarse como el azúcar o el tabaco: las estructuras socioeconómicas de las Pampas, el Altiplano, el Caribe o la Patagonia, por ejemplo, son diametralmente distintas. Y, no obstante, hay tantísimos términos intercambiables: monocultivo, analfabetismo, endeudamiento, oligarquía, militarismo, explotación, dictadura ... tienen en todos los países latinoamericanos la misma significación, y no sólo en el aspecto lingüístico.

II. Übersetzung

Seit der kubanischen Revolution steht Lateinamerika im Mittelpunkt der Weltöffentlichkeit. Für die einen bildet es eine Bedrohung, für andere stellt es eine Hoffnung dar: Es hängt davon ab, was man zu verlieren befürchtet oder was man gern erreichen möchte.

Was ist Lateinamerika?

Man spricht im allgemeinen davon wie von einem homogenen Ganzen. Jedoch besteht – aus der Nähe betrachtet – eine derartige Homogenität nicht oder nur zum Teil. Zwar weist es – aus der Distanz, auf der Landkarte betrachtet – gemeinsame Züge auf, aber ohne daß eine geographische Einheit vorhanden ist. Es hat alle Klimata der Erde, vom subpolaren Kap Hoorns bis zum tropischen Amazoniens. Und deshalb weist es (auch) alle Arten von Vegetation, alle Arten von Landschaften auf: schneebedeckte Gipfel, unermeßliche Ebenen, Täler mit üppiger Vegetation, Wüsten und Urwälder.

Die zweiundzwanzig Republiken stellen ebenso viele gesellschaftliche, wirtschaftliche und politische Wesen(sein)heiten dar, die entstanden sind aus einem gemeinsamen Prozeß manchmal ähnlicher, aber manchmal auch gegensätzlicher Geschichte, obwohl (möglicherweise) viele Berührungspunkte vorhanden sind. Zweifellos basiert das Element der Einheit auf an sich äußeren kulturellen und soziologischen Wurzeln, auf der Sprache und auf der Religion, auf einer ähnlichen Vergangenheit sowie auf einer Zukunft, die man gemeinsam zu meistern versucht. Jedoch hilft diese Vereinfachung auch nicht wesentlich in dem Augenblick, in dem wir Steinchen für Steinchen dieses gewaltigen geographischen und menschlichen Mosaiks unter die Lupe nehmen: Die Kleinbauern Nicaraguas, Perus, Boliviens haben andere Probleme als die kosmopolitischen Menschenmassen in Städten wie Caracas, Buenos Aires oder São Paulo. Und es ist unwahrscheinlich, daß revolutionäre Rezepte wie Zucker oder Tabak exportiert werden können: Die sozioökonomischen Strukturen der Pampas, des „Altiplano", der Karibik oder Patagoniens zum Beispiel, sind diametral unterschiedlich. Und dennoch gibt es unendlich viele austauschbare Begriff: Monokultur, Analphabetentum, Verschuldung, Oligarchie, Militarismus, Ausbeutung, Diktatur ... Sie (alle) haben in allen lateinamerikanischen Ländern die gleiche Bedeutung, und dies nicht nur in sprachlicher Hinsicht.

III. Grammatik

Konjunktiv im Nebensatz (Fortsetzung)

h) nach unpersönlichen Ausdrücken im Hauptsatz (falls kein Subjekt im Nebensatz, dann Infinitiv!):

Es posible que se **haya** ido.	*Es ist möglich, daß er weggegangen ist.*
es probable que . . .	*es ist wahrscheinlich, daß . . .*
puede ser que . . .	*es kann sein, daß . . .*
es extraño que . . .	*es ist merkwürdig, daß . . .*
es lástima que . . .	*es ist schade, daß . . .*
es lógico que . . .	*es ist selbstverständlich, daß . . .*
es natural que . . .	*es ist natürlich, daß . . .*
es necesario que . . .	*es ist erforderlich, daß . . .*
es fácil que . . .	*es ist leicht möglich, daß . . .*
es difícil que . . .	*es ist kaum möglich, daß . . .*

jedoch:

Es seguro que **ha** robado el dinero.	*Es ist sicher, daß er das Geld gestohlen hat.*
Es cierto que él **es** el autor del libro.	*Es ist gewiß, daß er der Autor des Buches ist.*
Es indudable que aprobar**éis** el examen.	*Es steht außer Zweifel, daß ihr die Prüfung bestehen werdet.*
es claro que . . . *(+ Ind.)*	*es ist klar, daß . . .*
es evidente que . . . *(+ Ind.)*	*es ist offensichtlich, daß . . .*

Konjunktiv im relativen Nebensatz:

a) Geforderte Eigenschaft:

Busco una traductora que domin**e** la lengua española.	*Ich suche eine Übersetzerin, die das Spanische beherrscht.*

jedoch:

Tengo una traductora que domina la lengua.	*Ich habe eine Übersetzerin, die die Sprache beherrscht.*

b) Wenn **Subjekt oder Objekt** der Handlung **des Relativsatzes** nicht oder noch **nicht bekannt** ist:

Cada uno puede comprar lo que más le gusté.	*Jeder kann kaufen, was ihm am besten gefällt.*
Esto depende de lo que **diga** el director.	*Das hängt davon ab, was der Direktor sagen wird.*

jedoch:

No sé lo que **dirán** los médicos.	*Ich weiß nicht, was die Ärzte (dazu) sagen werden.*

c) Wenn **Bezugnahme auf eine unbekannte Zahl oder große Menge** erfolgt (mit Aufforderung im Hauptsatz):

Los que no **hayan** estudiado la gramática deben hacerlo antes de comenzar los exámenes.	*Diejenigen, welche die Grammatik nicht gelernt haben, sollen es vor Beginn der Prüfungen tun.*

d) Wenn **im Hauptsatz ein verneinendes Verb** oder Ausdruck steht (das heißt Handlung des Relativsatzes kann nicht Realität sein):

No hay mal que cien años dure.	*Es gibt kein Übel, das 100 Jahre dauert.*
No hay nadie que lo **sepa**.	*Es gibt niemanden, der es weiß.*

Beachten Sie: Der Konjunktiv wird im allgemeinen erst nach einer längeren sprachlichen Erfahrung korrekt angewandt. Es gibt Konstruktionen, bei denen die entsprechende subjektive Betrachtungsweise entscheidendes Kriterium dafür ist, ob Indikativ oder Konjunktiv verwendet werden soll. (Z. B.: *espero que apruebes* [reiner Wunsch] – *espero que aprobarás* [Überzeugung, Gewißheit]; *quizás venga mañana – quizás viene mañana*, etc.)

IV. Übungen

1. Expresar en sus formas posibles:

Estoy seguro de que Adela *(aprobar)* / Harás lo que *(decírsete)* / Temo que *(llover)* mañana / Espero que *(hacer)* buen tiempo / No creo que Paco *(llegar)* a tiempo / Si vosotros *(ir)* a España, ¿*(visitar)* a unos amigos nuestros? / El doctor nos recomendó que *(evitar ponerse)* al sol / Mientras nadie *(decir)* nada, tú *(seguir)* las normas que yo *(indicarte)* / Nos prometió *(ayudarnos)* lo mejor que *(poder)*.

2. Completar con preposiciones:

Por favor, pasa ... máquina estas cuartillas *(Papierblatt)* – Leía
... público su nueva novela, pero pasó *(übergehen)* ... alto algunos capítulos – Nos lo dijo ... que no volviéramos ... equivocar-
nos – Si vas ... centro, pasa ... una librería y cómpreme un
diccionario – Lo que dices no pasa ... ser un rumor *(Gerücht)* ...
pies ni cabeza *(weder Hand noch Fuß)* – ¿ ... qué hora pasasteis
... Ginebra? – Llegaron ... última hora ... la noche.

3. Responder según el texto:

¿Cree que Latinoamérica forma un continente homogéneo? ¿Qué
diferencias existen entre algunos países? ¿Tienen todos los
mismos problemas (p. ej. en cuanto a la población indígena)?
¿Qué entiende por monocultivo? ¿Qué tipos de monocultivo
conoce en América Latina? ¿Por qué la revolución resulta difícil
de exportar? ¿Qué países considera más estables políticamente?
¿Cuáles son especialmente explotados por compañías extranjeras? ¿Dónde hay dictaduras? ¿Qué países están especialmente
endeudados?

4. Traducir al alemán:

Es inútil que vosotros intentéis conseguirlo. No hay muchos
expertos que sepan los matices *(Nuancen)*. Es fundamental que
los países africanos se defiendan contra cualquier agresión. No
está bien que el reactor nuclear emita radiaciones peligrosas. No
fue necesario que él nos escribiese. Será menester *(notwendig)*
que os acompañemos. Hace falta que tomes cada dos horas una
gragea *(Dragee)*. Podría ocurrir que nos viéramos pronto. No es
lógico que los hombres se comporten así *(verhalten)*. Fue impres-
cindible que viniesen los bomberos *(Feuerwehrleute)*. Es muy raro
que los americanos no liberen a los rehenes *(Geiseln)*. Buscamos
un mecánico que sepa reparar motores y engranajes *(Getriebe)*.
Es natural que los indígenas *(Eingeborene)* canten sin notas de
música. Es bueno que el mundo sea así. No conoce a nadie que
toque tan bien al piano como Conchita. Es de temer que las
naciones no sean capaces de conservar la paz. Es de esperar que
las cosas mejoren. Es de suponer que las tropas se retiren del país
vecino. No dudo de que volvamos a vernos una vez en tierra
española.

5. Übersetzen Sie ins Spanische:

Es ist zweckmäßig, daß wir den Entwicklungsländern *(países en
vías de desarrollo)* helfen. Es war unmöglich, aus den Schwierigkeiten wieder herauszukommen *(salir de apuros)*. Es dürfte für
ihn nicht leicht sein, die deutsche Sprache in einem Vierteljahr

(trimestre) zu erlernen. Lateinamerika ist für manche eine Gefahr, für andere dagegen eine Hoffnung. Die kubanische Revolution hat nicht exportiert werden können, denn sie stellt kein allgemeingültiges Rezept dar. Viele Menschen in den Andenregionen *(regiones andinas)* leiden nach wie vor unter Hunger und bitterer Armut. Typische Tiere sind Lama *(llama)*, Vicuña und Alpaca, und sie stellen oft den einzigen Reichtum einer Familie dar. Unter „Altiplano" versteht man eine Hochfläche in den südamerikanischen Kordilleren *(cordilleras)*. Um Monokultur, Militarismus, Analphabetentum, Ausbeutung, Oligarchie, Diktatur und andere Übel zu beseitigen, müssen gewaltige Anstrengungen unternommen werden *(esfuerzos)*.

V. Wortschatz

una	*hier:* eins, einig
múltiple	vielfach, vielfältig
Latinoamérica, América Latina	Lateinamerika *(abzugrenzen von:* Hispanoamerika; Iberoamerika)
la revolución	Revolution
cubano, -a	kubanisch, aus Kuba
mundial	Welt . . .
la amenaza	Drohung, Bedrohung; Gefahr
la esperanza	Hoffnung
temer	fürchten, befürchten
un todo	ein Ganzes
homogéneo, -a	homogen, einheitlich
de cerca	aus der Nähe
la homogeneidad	Homogenität
cierto que	zwar, natürlich
el mapa	Landkarte
subpolar	subpolar, unterhalb des Poles gelegen
el cabo	Kap
Cabo de Hornos	Kap Hoorn
tropical	Tropen . . .; tropisch
por ende	deshalb, also
la vegetación	Vegetation
la cumbre	Gipfel
inmenso, -a	unermeßlich
exuberante	üppig, wuchernd
el desierto	Wüste
la selva	Wald
virgen	jungfräulich; unberührt
la selva virgen	Urwald

la república	Republik
la entidad	Wesen(heit)
económico, -a	wirtschaftlich
similar	ähnlich
el contacto	Kontakt, Berührung
la raíz	Wurzel
sociológico, -a	Gesellschafts . . .; soziologisch
en sí	an sich
externo, -a	äußerlich
la religión	Religion; Konfession
el pasado	Vergangenheit
semejante	ähnlich
el futuro	Zukunft
intentar	versuchen
dominar	beherrschen, meistern
conjuntamente	gemeinsam
no obstante	jedoch
gran cosa	viel
no es gran cosa	das ist nicht schwerwiegend
la simplificación	Vereinfachung
a la hora	in dem Moment
la pieza	Stück, Teil; *hier:* Stein(chen)
humano, -a	menschlich
el campesino	(Klein-)Bauer
Bolivia	Bolivien
la masa	Masse
probable	wahrscheinlich
el tabaco	Tabak
el altiplano	Hochebene
el Altiplano	Hochland, besonders in den bolivianischen Anden
el Caribe	Karibik
la Patagonia	Patagonien
diametral	diametral
diametralmente opuesto, -a	völlig entgegengesetzt
tantísimo, -a	so viel(e), unendlich viele
intercambiable	austauschbar
el monocultivo	Monokultur
el analfabetismo	Analphabetentum
el endeudamiento	Verschuldung
la oligarquía	Oligarchie
el militarismo	Militarismus
la explotación	Ausbeutung
la dictadura	Diktatur
latinoamericano, -a	lateinamerikanisch
la significación	Bedeutung
en el aspecto	hinsichtlich
lingüístico, -a	sprachlich

Lección 23 – Lektion 23

I. Text

Doña Julia: *D. J.*, Adela: *A.*)

D. J.: ¡Adela! Este vestido, ¿no es de Marion?

A.: ¡Pues claro! Mío no es, por lo que tendrá que ser suyo; como guardaba sus cosas en mi armario . . .

D. J.: ¿Y qué hacemos ahora? Tendremos que mandárselo a Alemania; ¿tú crees que vale la pena?

A.: Naturalmente; a mí, en su caso, me gustaría que me lo mandaran. Puede ser que le tenga un cariño especial a este vestido, por lo que sea; quién sabe.

D. J.: Tienes razón, Adela; las mujeres somos muy sentimentales, y a veces nos pegamos a las cosas más menudas sin que nosotras mismas sepamos por qué: porque hizo ilusión al comprarlo, porque el color o el estampado nos resulta especialmente favorable, por mil razones imposibles de entender.

A.: ¿Sabes qué se me ocurre? Vamos a hacer un paquete, y, para que valga la pena, le incluimos una sorpresa, a fin de que vuelva a acordarse de las vacaciones pasadas con nosotros. ¿Te parece bien?

D. J.: Me parece excelente. ¿Y qué piensas que le haría ilusión? Espero que la Aduana no ponga pegas . . .

A.: Creo que no pondrá ninguna dificultad. Me acuerdo que una vez dijo que le gustaría comprar una mantilla, pero no de ésas que hoy se fabrican, sino una auténtica, de artesanía, tan difíciles de hallar hoy. Estoy segura de que le alegrará.

D. J.: ¿Y por qué no la compraste cuando te lo dijo?

A.: Pues muy sencillo: por más que buscamos, no dimos con lo que ella quería. Había una mantilla negra que le hubiera gustado en cuanto a la calidad, pero Marion prefiere una blanca, para usarla como estola; dijo que, en Alemania, se lleva mucho . . .

D. J.: ¡Pues manos a la obra! Junto al Mercado acaban de abrir una tienda de artesanía muy surtida; a lo mejor, tenemos suerte.

A.: Primero, vamos a recorrer tiendas y comparar precios; los objetos de artesanía se han puesto por las nubes; y si no es una mantilla, pues otra cosa será: a Marion le hará ilusión cualquier cosa que le mandemos.

II. Übersetzung

Doña Julia: Adela! Gehört dieses Kleid nicht Marion? – *Adela:* Aber natürlich! Meines ist es nicht, also muß es ihr gehören; da sie ihre Sachen in meinem Schrank aufbewahrte . . . – *D. J.:* Und was machen wir jetzt? Wir werden es ihr nach Deutschland schicken müssen. Glaubst du, daß es sich lohnt? – *A.:* Natürlich. Mir wäre es in seinem solchen Fall schon recht, wenn man es mir schickte. Möglicherweise hängt sie besonders an diesem Kleid, aus welchem Grund auch immer. Wer weiß. – *D. J.:* Du hast recht, Adela. Wir Frauen sind sehr sentimental, und manchmal hängen wir an den kleinsten Dingen, ohne daß wir selbst wissen warum. Weil man sich freute, als es gekauft wurde, weil die Farbe oder das Muster uns besonders zusagte, aus tausend unmöglich zu begreifenden Gründen. – *A.:* Weißt du, was mir einfällt? Wir wollen ein Paket machen, und damit es sich lohnt, legen wir ihr eine Überraschung bei, damit sie sich (wieder) an die mit uns verbrachten Ferien erinnert. Findest du das nicht gut? – *D. J.:* Ich finde das ausgezeichnet. Und was, meinst du, wird ihr wohl Freude machen? Ich hoffe, daß der Zoll keine Schwierigkeiten machen wird ... – *A.:* Ich glaube (hoffe), daß er nichts in den Weg legen wird. Ich erinnere mich, daß sie einmal sagte, daß sie sich gern eine Mantilla kaufen würde, aber nicht eine von denen, die heute hergestellt werden, sondern eine echte, handwerklich gefertigte, die man heute so schwer findet. Ich bin sicher, daß sie sich freuen wird. – *D. J.:* Und warum hast du sie nicht gekauft, als sie es dir sagte? – *A.:* Aus einem sehr einfachen Grund: So sehr wir auch suchten, wir fanden die nicht, welche sie wollte. Da war eine schwarze Mantilla, die ihr in bezug auf Qualität zugesagt hätte, aber Marion möchte lieber eine weiße, um sie als Stola zu verwenden. Sie sagte, in Deutschland werde sie viel getragen ... – *D. J.:* Also, ans Werk! Neben dem Markt ist soeben ein Geschäft mit einem sehr reichhaltigen Angebot an Handwerkskunst eröffnet worden. Vielleicht haben wir Glück. – *A.:* Zuerst wollen wir die Geschäfte abklappern und Preise vergleichen. Die handwerklich gefertigten Artikel sind irrsinnig teuer geworden. Und wenn es keine Mantilla ist, dann wird es sicher etwas anderes sein: Marion wird sich über jede (beliebige) Sache freuen, die wir ihr schicken.

III. Grammatik

Zeitenfolge

Im **Deutschen** kann praktisch – unabhängig von der im Hauptsatz verwendeten Zeit – jede Zeit im Nebensatz stehen, zum Beispiel:

Ich weiß, daß er kommt.	Ich weiß, daß er kommen wird.
Ich weiß, daß er kam.	Ich wußte, daß er kommt.
Ich weiß, daß er gekommen ist.	Ich habe/hatte gewußt, daß er
Ich weiß, daß er gekommen war.	kommen wird/würde, etc.

Im **Spanischen** gibt es dagegen ziemlich enggefaßte Regeln, die zu beachten sind. Die Fragestellung lautet:
Welche Zeit darf im Nebensatz (Indikativ/Konjunktiv) verwendet werden, wenn im Hauptsatz eine bestimmte Zeit steht?

Man halte sich an das folgende Orientierungsschema:

	Nebensatz	
I Hauptsatz	**II Indikativ**	**III Konjunktiv**
A Präsens	**B** Präsens	**C** Präsens
Perfecto com-	Perfecto com-	Perfecto compuesto
puesto	puesto	
Futur	Imperfecto	
	Indefinido	
	Futur	
	Pluscuamperfecto	
	Konditional	
D Imperfecto	**E** Imperfecto	**F** Imperfecto
Indefinido	Pluscuamperfecto	Pluscuamperfecto
Konditional	Konditional	
Pluscuamperfecto	Indefinido	

Erklärung: Steht zum Beispiel im Hauptsatz ein Präsens oder Perfecto compuesto oder Futur, dann kann im Nebensatz – falls Indikativ erforderlich – eine der unter II B genannten Zeiten stehen.

Verlangt der Nebensatz jedoch Konjunktiv, dann darf nur eine der unter III C genannten Zeiten stehen.

Steht der Hauptsatz im Imperfecto oder Indefinido oder Pluscuamperfecto oder Konditional, so sind im Nebensatz mit Indikativ die unter II E genannten Zeiten zulässig.

Verlangt dieser Nebensatz jedoch den Konjunktiv, dann kommen nur die unter III F genannten Zeiten in Frage.

Beispiele: I + II (A + B)

Sé que viene.	*Ich weiß, daß er kommt.*
Sé que vendrá.	*Ich weiß, daß er kommen wird.*
Sé que ha venido.	*Ich weiß, daß er gekommen ist.*
Sé que ya estaba allí.	*Ich weiß, daß er schon dort war.*

I + III (A + C)

Es necesario que venga.	*Es ist notwendig, daß er kommt.*
Ha sido necesario que venga.	*Es ist notwendig gewesen, daß er kommt.*
Espero que haya venido.	*Ich hoffe, daß er gekommen ist.*
Será necesario que venga.	*Es wird notwendig sein, daß er kommt.*

I + II (D + E)	
Sabía/supe que venía.	*Ich wußte/erfuhr, daß er kommt.*
Sabía/supe que vendría.	*Ich wußte/erfuhr, daß er kommen würde.*
Sabía/supe que había venido.	*Ich wußte/erfuhr, daß er gekommen war.*
Sabía/supe que estuvo aquí.	*Ich wußte/erfuhr, daß er hier war.*

I + III (D + F)	
Era necesario que escribiera/escribiese.	*Es war notwendig, daß er schrieb.*
Fue necesario que escribiera/escribiese.	(idem)
Había sido necesario que escribiera/escribiese.	*Es war notwendig gewesen, daß er schrieb.*
Había sido necesario que hubiera/hubiese escrito.	*Es war notwendig gewesen, daß er geschrieben hatte.*
Habría sido necesario que escribiese (*oder:* hubiese escrito).	*Es wäre notwendig gewesen, daß er schriebe (geschrieben hätte).*
Sería necesario que escribiese/escribiera.	*Es wäre notwendig, daß er schriebe.*

Beachten Sie: Die Regeln der Zeitenfolge werden durchbrochen, wenn im Nebensatz noch bestehende oder allgemeingültige Aussagen enthalten sind:

Los egipcios no sabían que la Tierra gira alrededor del sol.	*Die Ägypter wußten nicht, daß sich die Erde um die Sonne bewegt.*
Me informaron ayer (de) que Gabriel no es el asesino.	*Man informierte mich gestern, daß Gabriel nicht der Mörder ist.*
El Papa dijo varias veces que la Iglesia no es un partido político.	*Der Papst sagte mehrmals, daß die Kirche keine politische Partei ist.*

Beachten Sie: Die Regeln der Zeitenfolge sind unbedingt bei der „Indirekten Rede" zu beachten (s. Lektion 25).

IV. Übungen

1. Completar los verbos:
Dice que tú *(venir)* mañana / Dijo que los amigos *(llegar)* hoy / No queremos que vosotros *(tener)* que trabajar tanto / Nos dijeron

23 que las mercancías *(no llegar)* hasta la próxima semana / Cuando hace buen tiempo, todos *(alegrarse)* / En esta playa no hay peligro de que nadie *(aburrirse)* / Posiblemente nadie puede ayudarnos, a menos que tú *(harcerlo)* / Esperamos que la fiesta *(gustaros)* / Colón no sabía que (él) *(descubrir)* América.

2. Completar con la preposición:

"El señor Ramón anda ... los cincuenta o cincuenta y dos años y es un hombre sano ... fuera y ... dentro, que lleva una vida honesta ... viejo menestral *(Handwerker)*, levantándose ... (el) alba *(Tagesanbruch)*, bebiendo vino tinto y tirando pellizcos *(kneifen, zwicken)* ... el lomo *(Rücken)* ... las criadas ... servir. Cuando llegó ... Madrid, ... principios ... siglo, traía las botas ... (el) hombro ... no estropearlas *(kaputtmachen)*."

(C. J. Cela, "La colmena")

3. ¿ser/estar?

Luis ... más alto que Paco, aunque éste ... muy crecido para su edad. – ... un señor muy tranquilo, pero ... nervioso sin saber por qué. – ¡Qué tonto ... hoy el jefe!; cree que ... el dueño de nuestro destino. – Te advierto que ... todos cansados de esperar, pues ... ya casi las once. – ¿Qué hora ...? ¿A cuántos ... hoy? – La salud del niño no ... muy buena; ... muy débil.

4. Traducir al alemán:

El Sr. López quiere que le acompañemos. Pero tú no querías que te acompañáramos. ¿Cree Ud. que todo eso sea verdad? Yo no quería que todo eso fuera verdad. Van a cantar hasta que caiga el telón. Iban a cantar hasta que cayera el telón. Os he dado el dinero para que paguéis vuestras deudas *(Schulden)*. Os di el dinero para que pagarais/pagaseis vuestras deudas. Cada uno puede hacer lo que más le guste. Cada uno podía hacer lo que más le gustara. Sentimos mucho que sus amigos no pudieran venir. Siento mucho que no hayas podido contestarle. Estabas escribiendo cuando entramos. Era de suponer que su madre sabía dónde estaba. Me parece que sólo fingió haber dormido. No pocos creían lo que promulgaba *(verkünden)*. Quisiera que venga. El había salido de casa hacía un mes.

5. Übersetzen Sie ins Spanische:

Es wäre mir recht *(gustar)*, wenn sie sofort mit ihm sprechen könnten. Ich fürchtete, daß wir nicht pünktlich ins Theater kommen würden. Hätte er gewußt, daß es regnete, so hätte er sicher einen Regenmantel *(impermeable)* mitgenommen. Wir konnten den Text nicht übersetzen, so sehr wir uns auch anstrengten. Jedes Geschenk, das ihr mir schickt, wird mir Freude machen. Ich meine, daß es früher, als die Menschen noch ohne Streß lebten, leichter war, sich im Alltag zurechtzufinden. In manchen Ländern, die zwar einen nicht so hohen Lebensstandard *(nivel de vida)* haben, ist das Dasein wesentlich geruhsamer. Er schrieb den Roman in einer derart einfachen Form, daß ihn auch Kinder lesen konnten. Er wünschte, daß wir jedes Jahr eine Reise nach Spanien und Portugal machen. Viele Leute taten so, als hätten sie weder etwas gesehen noch etwas gehört.

V. Wortschatz

el hallazgo	Entdeckung, Fund
imprevisto, -a	unvermutet, unvorhergesehen
ser de	gehören
guardar	aufbewahren
el armario	Schrank
valer la pena *(Konj.: valga)*	sich lohnen, die Mühe wert sein
pegarse(a)	hängen (an)
menudo, -a	klein(st)
hacer ilusión (a alguien)	*hier:* sich freuen, Freude haben; jemandem Freude bereiten
el estampado	Druck, Muster
favorable	vorteilhaft
entender	verstehen
incluir	beifügen, beilegen
poner pegas	schikanieren, Schwierigkeiten machen
la mantilla	*wörtlich:* Windel; *hier:* textiler Kopfschmuck der spanischen Frauen
la artesanía	Handwerk; Handwerkskunst
alegrar(se) de	(sich) freuen über
por más que (por mucho que)	so sehr auch
negro, -a	schwarz
la calidad	Qualität
blanco, -a	weiß
la estola	Stola
llevarse	tragen, getragen werden
manos a la obra	ans Werk!, los geht's!
surtido, -a	reichhaltig, gut sortiert
recorrer tiendas	einen Ladenbummel machen, die Geschäfte abklappern
comparar	vergleichen
el objeto	Objekt, Stück, Arbeit
la nube	Wolke
ponerse por las nubes	unerschwinglich sein, irrsinnig teuer werden
mandar	*hier:* schicken

Lección 24 – Lektion 24

Tierras mágicas
Zauberlande

I. Text

"En la América Latina se reúnen las magias de tres mundos: la que llevó España, la que cultivaban los indios, la que aportaron los negros. Y eso no es más que empezar. Luego, vienen los chinos, que en Panamá, en Cuba y en el Perú introducen algo de opio, y mucha lotería de sueños y charadas. Los italianos llevan a Buenos Aires magia de Sicilia y Nápoles, etc." (Germán Arciniegas, "El continente de siete colores")

En las mágicas tierras de América, se dan cita, pues, las magias de todo el mundo; no es de extrañar que en un terreno abonado de magias aborígenes hayan echado raíces profundas, y continúen prosperando en miles de formas. Para los europeos, que han perdido el paraíso de la fantasía, el Carnaval de Rio, las variadas manifestaciones espiritistas, el culto a la Virgen de Guadalupe, el tango porteño y el vodú haitiano ..., tan sólo significan exóticas manifestaciones, que – superficiales como son las personas "civilizadas" – encuadran en las categorías del folklore turístico, que es lo único que en la actualidad parece entusiasmar aún a los que han perdido la capacidad de asombrarse. Sin embargo, entre California y el estrecho de Magallanes, la magia es mucho más transcendental de lo que somos capaces de suponer; y lo que a los ojos europeos es un mero baile carnavalesco, una canción cabalística, una práctica supersticiosa, para los que danzan, o cantan, o rezan tiene todo una transcendencia vital, ritual, y en ello ponen todo su cuerpo y toda su alma. ¿Quién es capaz de traducir el fantástico sentido de una danza como ésta?:

> "Calabó y Bambú.
> Bambú y calabó.
> El Gran Cocoroco dice tu-cu-tú.
> La Gran Cocoroca dice tu-co-tó.
> Es el sol de hierro que arde en Tombuctú.
> Es la Danza Negra de Fernando Poo.
> El cerdo en el fango gruñe: pru-pru-prú.
> El sapo en la charca sueña: cro-cro-cró.
> Calabó y Bambú.
> Bambú y calabó."

II. Übersetzung

„In Lateinamerika vereinigen sich die Magien dreier Welten: diejenige, welche Spanien brachte; diejenige, welche die Indios kultivierten, und (schließlich) diejenige, die mit den Schwarzen (Afrikas) kam. Und dies ist nur der Anfang. Dann kamen die Chinesen, die in Panamá, auf Kuba und in Peru etwas Opium und ein Sammelsurium an Träumen und Scharaden einführten. Die Italiener brachten nach Buenos Aires sizilianische und neapolitanische Magie etc." (Germán Arciniegas, „Der Kontinent der sieben Farben")

In den Zauberlanden Amerikas treffen sich also die Magien der ganzen Welt. Kein Wunder, daß in einem mit bodenständigem Zauber durchsetzten Land diese tiefe Wurzeln geschlagen haben und nach wie vor in Tausenden von Arten üppig gedeihen. Für die Europäer, die das Paradies der Phantasie verloren haben, stellen der Karneval von Rio, die verschiedenen spiritistischen Phänomene, die Verehrung der Jungfrau von Guadalupe, der Tango aus Buenos Aires und der Wudu-Kult Haitis einzig und allein exotische Erscheinungen dar, welche – oberflächlich wie die

„zivilisierten" Menschen nun mal sind – in die Kategorien der touristischen Folklore eingeordnet werden, die das einzige ist, was heute noch diejenigen zu begeistern scheint, welche die Fähigkeit, in Erstaunen zu geraten, verloren haben. Jedoch ist zwischen Kalifornien und der Magalhães-Straße die Magie viel bedeutender, als wir zu vermuten in der Lage sind. Und was in den Augen der Europäer als reiner Karnevalstanz, als mysteriöses Lied, als abergläubisches Zeremoniell erscheint, all dies hat für diejenigen, die tanzen, singen oder beten, eine vitale und rituelle Bedeutung, und sie sind mit Leib und Seele dabei. Wer ist in der Lage, den gespenstischen Sinn eines Tanzliedes wie dieses zu interpretieren?:

> „Calabó und Bambú.
> Bambú und Calabó.
> Der Große Cocoroco sagt tu-cu-tú.
> Die Große Cocoroca sagt to-co-tó.
> Es ist die Sonne aus Eisen, die in Tombuctú glüht.
> Es ist der Schwarze Tanz von Fernando Poo.
> Das Schwein im Schlamm grunzt: pru-pru-prú.
> Die Kröte im Tümpel träumt: cro-cro-cró.
> Calabó und Bambú.
> Bambú und Calabó."

III. Grammatik

Gleichordnende Konjunktionen

Wie der Name bereits sagt, verbinden sie Sätze oder Satzteile gleicher Ordnung. Die gebräuchlichsten sind:

y = *und* (vor Wörtern, die mit **i** oder **hi** beginnen, wird **y** zu **e:** alemán **e** ingles, Juan **e** Isabel, padre **e** hijo, etc.)

o = *oder* (vor Wörtern, die mit **o** oder **ho** beginnen, wird **o** zu **u:** siete **u** ocho, ayer **u** hoy, vertical **u** horizontal, etc.).

mas, pero	*aber, doch*
pues	*denn, also*
bien . . . bien **o . . . o** }	*entweder . . . oder*
ya . . . ya **ora . . . ora** }	*entweder . . . oder; bald . . . bald; sei es* *. . ., oder . . .*
ni . . . ni	*weder . . . noch:* No trabajan ni los padres ni los niños.
no sólo **. . . sino también**	*nicht nur . . . sondern auch*

en cambio	*dagegen*
sin embargo	*dagegen, jedoch*
por una parte	*einerseits . . . andrerseits*
. . . por otra	
sino	*sondern*
así como	*sowie*
cual . . . tal	*wie . . ., so . . .: cual el rey, tal la grey (Herde)*
entonces	*also, dann*
es decir	*das heißt*
no obstante	*jedoch, dessenungeachtet*
sea que . . .	*sei es, daß . . . sei es, daß . . .*
sea que . . .	
o sea	*und zwar, nämlich*

Interjektionen

Bei der Konversation hört man häufig Interjektionen, die sozu-
sagen das „Salz in der Suppe" sind, jedoch vom Lernenden erst
nach längerer „passiver" Erfahrung selbst gebraucht werden sollen. Hier einige Beispiele:

ay	*ach; au*
caramba	*Donnerwetter*
caracoles	
carajo	*verflucht noch mal,*
	verdammt (nur mit äußerster Vorsicht
	zu verwenden!)
hola	*hallo (= grüß dich)*
chao	*tschüß; servus*
hala	*auf geht's; auf, los*
chist	*pst, still*
uf; puf; pu	*pfui*
anda	*geh, geh*
andá	*nanu*
mierda	*Scheiße*
cállate	*sei ruhig; halt's Maul*
diablo	*zum Teufel zum Kuckuck*
diantre	
lástima	*schade*
qué lástima	
oiga	*hallo (Telefon)*
pamplinas	*Quatsch*
olé	*hei; bravo*
toma	*da (nimm)*
vaya	*so etwas*

vaya un señor	*ein sauberer Herr*
vaya (un) tío	*ein toller Bursche*
vaya, vaya	*na, warte nur*
venga	*los*
dale	*gib's ihm; gib ihm Saures*
¡Jesús! ¡Por Dios!	*Um Gottes willen! Mein Gott!*
¡Virgen Santí-sima!	*Heilige Mutter Gottes!*

... und viele andere mehr, die zum Teil so vulgär sind, daß man sie am besten gar nicht in seinen Wortschatz aufnimmt.

IV. Übungen

1. Exprese las frases mediante conjunción:
Por no saber la lección, tuve que quedar en casa – Al salir, me encontré con tu hermana – De ser tu hermano, le ayudaré – Con *(obwohl)* tener tanto dinero, no logra curarse – De haber llegado antes, hubierais tenido mejor asiento – Por hablar con el vecino, fui suspendido.

2. Colocar el verbo en su forma adecuada y la preposición:
... Barcelona *(hallarse)* ruinas romanas ... el curso ... unas excavaciones ... estudiantes ... arquitectura / El Cardenal Cisneros *(descender)* ... una familia muy humilde[1] y *(llegar)* ... ocupar la regencia ... Castilla ... la muerte ... Isabel la Católica / ¿Qué *(decir)* los periódicos ... el accidente ... ayer? / No *(empeñaros)*[2] ... dar tantas explicaciones ... la necesidad ... ahorrar energía; los precios *(encargarse)* ... hacer ahorrar ... la fuerza / ... 1085, Alfonso VI *(conquistar)* ... Toledo.

---

[1] einfach   [2] sich versteifen auf

3. Conversación (según el texto):
¿Qué piensa Vd. del folklore latinoamericano? ¿Tiene semejanzas con el europeo? ¿En qué se parece y en qué no? ¿Qué razas se han ido fundiendo en el continente? ¿Tiene mucha importancia la tradición africana? ¿Qué elementos europeos le parecen decisivos? ¿Cree que los europeos podemos aprender algo y qué de los pueblos latinoamericanos? ¿Le gusta la música sudamericana?

4. Traducir al alemán:
Los médicos-magos bailaban y cantaban al compás de los tambores. Juan e Inés están casados desde hace tres años y medio. Lo hace él o uno de sus colegas. Yo no puedo ir, sino mi colaborador. A pesar de que no sabe portugués, ha entendido el sentido de las palabras. Su mujer, sin embargo, hacía como si no supiera nada. Por una parte nos gustaría mucho hacer un viaje al archipiélago

canario, por otra nos falta el dinero necesario para ello; nuestros **24** parientes, en cambio, son bastante adinerados y pueden permitirse ese lujo. Ni los americanos ni los soviéticos tienen interés en desencadenar *(entfesseln)* una nueva guerra mundial. No sólo los alemanes, sino también los ingleses son amantes de las tierras españolas. Todos los espectadores, así como los actores y actrices, se reunieron delante del teatro. Las Matemáticas, especialmente el cálculo infinitesimal, son para muchos alumnos un rompecabezas *(Kopfzerbrechen)*. "Olé guapa" es el título de una canción de moda. ¡Ojo! ¡Peligro de muerte!

5. *Übersetzen Sie ins Spanische:*
Wie der Herr *(amo)*, so der Hund. Wir machen entweder das eine oder das andere, aber beide Dinge lassen sich nicht gleichzeitig tun. Das Wetter in diesem Frühjahr war sehr merkwürdig: Bald regnete oder schneite es, bald schien die Sonne. Trotz der vorhandenen Schwierigkeiten ist es sehr wahrscheinlich, daß man zu einer Einigung *(acuerdo)* kommt. Er hat die Prüfung nicht bestanden, entweder weil er nicht vorbereitet war oder weil er sich in einem so kleinen Raum, angefüllt mit vielen Menschen, nicht wohl fühlte. Da er weder einen Vater noch eine Mutter hat, ist er eine Vollwaise *(huérfano de padre y de madre)*. Au! Du hast mich gezwickt! Ach, wie hübsch! *(¡ay que lindo!)* Donnerwetter! Jetzt hat man mir sogar die Brieftasche und den Autoschlüssel geklaut *(birlar)*. Sein Freund kann Kröten verschlingen *(devorar)*. Pfui, wie ekelig! *(¡Uf, qué asco!)*

V. Wortschatz

la magia	Magie, Zauber(ei)
cultivar	*hier:* pflegen, kultivieren
el indio	Indio, Indianer
aportar	(mit)bringen; beitragen
el chino	Chinese
introducir	einführen
el opio	Opium
la lotería	Lotterie
mucha lotería	*etwa:* ein Sammelsurium
la charada	Scharade, Rätsel
Sicilia	Sizilien
Nápoles	Neapel
darse cita	sich treffen, sich verabreden
no es de extrañar	kein Wunder
el terreno	Boden, Land
abonar	düngen; *hier:* durchsetzen, -tränken
aborigen	bodenständig; Eingeborenen ...

181

echar raíces	Wurzeln schlagen
prosperar	gedeihen
la fantasía	Phantasie
el carnaval	Karneval
la manifestación	Erscheinung, Phänomen
espiritista	spiritistisch
el culto	Kult, Verehrung
el tango	Tango(tanz)
porteño, -a	aus Buenos Aires (*von:* puerto)
el vodú	Wodu, Wudu, Voodoo, Vaodou
haitiano, -a	aus Haiti
civilizado, -a	zivilisiert
encuadrar	*hier:* einordnen
la categoría	Kategorie
el folklore	Folklore, Brauchtum
la actualidad	Gegenwart
entusiasmar	begeistern
la capacidad (de)	Fähigkeit (zu)
asombrarse	sich wundern, in Erstaunen geraten
el estrecho	Meerenge, Straße
transcendental	transzendental, bedeutend
mero, -a	rein, bloß
el baile	Tanz, Ball
carnavalesco, -a	Karneval . . .
la canción	Lied; Chanson
cabalístico, -a	kabbalistisch, geheimnisvoll, dunkel, mysteriös
supersticioso, -a	abergläubisch
danzar	tanzen
rezar	beten
la transcendencia	Transzendenz; weitreichende Bedeutung
ritual	rituell
el alma (*f.; Pl.:* las almas)	Seele
traducir	übersetzen, übertragen; *hier:* interpretieren
fantástico, -a	phantastisch, gespenstisch
la danza	Tanz; *hier:* Tanzlied
el bambú	Bambus
el hierro	Eisen
arder	brennen, glühen
el cerdo	Schwein
el fango	Schlamm
gruñir	grunzen
el sapo	Kröte
la charca	Tümpel, Sumpf
pru-pru-pru; eu-eu-eu	(Grunzlaute)
cro-cro-cro; quak-quak-quak	(Quaklaute)

Lección 25 – Lektion 25

Perspectivas difíciles

Schwierige Aussichten

I. Text

El domingo anunciado para celebrar el éxito de Paco, a media mañana llegaron inesperadamente tía Concha y tío Pepe. Habían comprado churros, y al llegar de misa doña Julia, la sorpresa fue completa: desde la cocina llegaba un tentador olorcillo a chocolate, y sólo faltaba ponerse a desayunar.

(Tía Concha: *T. C.*, Doña Julia: *D. J.*, Tío Pepe: *T. P.*)

T. C.: ¿Y el festejado?

D. J.: Ha quedado con su padre a medio camino, para tomar juntos un aperitivo; no sabes cómo están padre e hijo: ¡y qué planes hacen!

T. P.: Es que está como quien dice en la universidad; y a la hora de decidirse, hay que andarse con tiento ...

D. J.: Lo malo es que hoy, si no tienes buenas agarraderas, de nada vale el título universitario. No sabéis cómo se presenta el futuro de los chicos: es para desesperarse.

T. P.: Yo siempre he dicho que lo mejor es hacerse político; con mucha labia y bastante cara dura, se hace carrera.

T. C.: Chicos como Paco tienen todas las puertas abiertas, créeme; lo importante es elegir una buena carrera; luego, el que vale se abre camino. Además, Antonio tiene buenas relaciones desde el periódico ...

D. J.: ¡Uf!, no me hables de eso, que es meterse en un avispero. Antonio no quiere saber nada de periodismo.

T. P.: Pues a mí me parece que se equivoca; el futuro lo tienen hoy en sus manos los políticos y los periodistas; los unos haciendo trampas y los otros destapándolas: a eso se reduce la cultura y la política de nuestros días.

D. J.: Si fuera por Antonio, Paco mandaría los libros a paseo para dedicarse a cultivar coles en una granja ... ¡No sabéis lo ecologista que se está poniendo!

T. C.: Tampoco hay que exagerar, mujer. Una carrera es una carrera, y, al fin y al cabo, la cultura tiene su valor; a la larga, no cuenta sólo el dinero.

T. P.: ¡Y por qué no se hace futbolista o torero? Como futbolista, puede que le perjudique no ser extranjero; pero los toros, por mal que ande la fiesta nacional ...

D. J.: ¿Veis? Hasta en son eso las perspectivas pero que muy malas ...

II. Übersetzung

Am Vormittag des Sonntags, der vorgesehen war, um Pacos Erfolg zu feiern, kamen unerwartet Onkel Pepe und Tante Concha. Sie hatten „Churros" gekauft, und als Doña Julia von der Messe kam, war die Überraschung vollständig: Aus der Küche drang ein verführerischer köstlicher Duft nach Schokolade, und man brauchte nur noch mit dem Frühstück zu beginnen.

Tante Concha: Und wo ist die Hauptperson? – *Doña Julia:* Er ist mit seinem Vater auf halbem Weg hängengeblieben, um (mit ihm) zusammen einen Aperitif zu trinken; du weißt nicht, wie gut sich Vater und Sohn verstehen und was für Pläne sie schmieden! – *Onkel Pepe:* Er ist nämlich, wie man so sagt, an der Universität; und in dem Augenblick der Entscheidung muß man sehr umsichtig sein ... – *D. J.:* Das Schlimme ist, daß (dir) heute, wenn du keine guten Beziehungen hast, der akademische Grad nichts nützt. Ihr wißt nicht, wie sich für die Kinder die Zukunft erweisen wird: Es ist zum Verzweifeln. – *O. P.:* Ich habe immer gesagt, das Beste ist, Politiker zu werden; mit einem guten Mundwerk und einer Portion Unverschämtheit macht man Karriere. – *T. C.:* Jungen wie Paco stehen alle Türen offen, glaub mir; das Wichtigste ist, einen guten Beruf zu wählen; der Tüchtige kommt dann schon voran. Außerdem hat Antonio von der Zeitung aus gute Beziehungen ... – *D. J.:* Pah! Hör mir auf damit! Das ist doch, als ob man in ein Wespennest hineinstechen würde. Antonio will nichts von Journalistik wissen. – *O. P.:* Also ich glaube, daß er sich irrt. Die Zukunft liegt in Händen der Politiker und der Journalisten. Die einen gehen auf Schwindel aus, und die anderen decken ihn auf: Darauf (auf das) ist die Kultur und die Politik unserer Tage beschränkt. – *D. J.:* Wenn es wegen Antonio wäre, würde Paco die Bücher zum Teufel schicken, um sich dem Anbau von Kohl auf einer Farm zu widmen ... Ihr wißt nicht, wie umweltfreundlich-naturverbunden er im Begriffe ist zu werden! – *T. C.:* Man darf auch nicht übertreiben, liebe Frau. Ein Beruf ist ein Beruf, und letzten Endes hat die Kultur ihren Wert. Auf lange Sicht zählt nicht nur Geld. – *O. P.:* Und warum wird er nicht Fußballer oder Torero? Als Fußballer ist es für ihn möglicherweise von Nachteil, kein Ausländer zu sein. Aber als Torero, so schlecht es auch um den Stierkampf stehen mag ... – *D. J.:* Seht ihr? Sogar in diesem Zusammenhang sind die Aussichten alles andere als gut ... (... einfach schlecht).

III. Grammatik

Indirekte Rede (oración indirecta)

Definition: Weitergabe der Aussage einer Person **A** durch eine Person **B** an eine dritte Person **C.**

Die Regeln für indirekte Rede im Deutschen und im Spanischen unterscheiden sich wesentlich:

Im Deutschen ist die Eingangszeit (im Hauptsatz) nicht entscheidend, im Nebensatz steht jedoch **Konjunktiv!** Konstruktion mit und ohne „daß":

Er sagt(e)/hat(te) gesagt, wir **seien** nicht informiert.
o d e r : Er sagt(e)/hat(te) gesagt, daß wir nicht informiert **seien.**

25 **Im Spanischen** ist die Eingangszeit (im Hauptsatz) entscheidend; im Nebensatz steht gewöhnlich **Indikativ!** („que" darf **nicht** entfallen).

Es gelten die Regeln der **Zeitenfolge** (s. Lektion 23):

Dice que no estamos informados.	*Er sagt, wir* **seien** *nicht informiert.*
aber: Decía (dijo) que no **estábamos** informados.	*Er sagte, wir* **seien** *nicht informiert.*

Beachten Sie: Es wird allgemein empfohlen, sich zunächst anhand einer brauchbaren deutschen Grammatik (Duden etc.) Klarheit über die Grundregeln der indirekten Rede im Deutschen zu verschaffen.

Beispiele im Spanischen:

Direkte Rede:	**Indirekte Rede:**	
Juan dice/dijo/ha dicho (etc.):	Dice/ha dicho ...	dijo/decía/había dicho ...
Soy chileno.	que **es** chileno.	que **era** chileno. *(sei)*
Yo estoy cansado.	que **está** cansado.	que **estaba** cansado. *(sei)*
Yo estaba cansado.	que **estaba** cansado.	que **había estado** cansado.
He llegado antes.	que **ha** llegado antes.	que **había llegado** antes.
Llegué antes.	que **llegó** antes.	que **había** llegado antes.
		que **llegó** antes.
		que **hubo** llegado antes.
Yo había llegado antes.	que **había** llegado antes.	que **había** llegado antes.
Voy a escribir.	que **va** a escribir.	que **iba** a escribir =
		que **quería** escribir. *(wolle)*
Lo haré.	que lo **hará.**	que lo **haría.** *(werde)*
Trabajaré.	que (él) **trabajará.**	que (él) trabaja**ría.**
¡Trabaja!	que (él) trabaj**e.** *(solle)*	que (él) trabaj**ara** oder: que (él) trabaj**ase.**
¡Llévala a la clínica	que la llev**e** a la clínica.	que la **llevara** a la clínica
Cuando esto se repita!	Cuando esto se repit**a.**	Cuando esto se **repitiera.**
Si (yo) tuviera tiempo te visitaría.	Que si (él) tuviera tempo, (idem) (él) te/me visitaría.	Fürwörter beachten!

Ferner im **indirekten Fragesatz** und nach „**ob**":

Le preguntó cuántos herma-nos **tenía,** y él respondió que **eran** tres.	*Er fragte ihn, wie viele Brüder er* ***habe,*** *und er antwortete, daß es drei* ***seien.***
Le pregunté si **vendría** a verle.	*Ich fragte ihn, ob er ihn besuchen* ***werde.***

etc.

IV. Übungen

1. A) Tratar de convertir el diálogo en estilo indirecto (ejercicio en clase).

B) Expresar en estilo directo:

Juan dice que está enfermo y no puede venir. Los asistentes *(Teilnehmer/Anwesende)* afirmaban que las discusiones eran poco espontáneas. La señora afirmará que ella no ha tenido la culpa. El médico ordenó que llevaran al niño al hospital. Nos dijeron que nos ayudarían si tuvieran tiempo. Nos dicen que salgamos cuanto antes.

2. Completar con el verbo en su forma adecuada:

La niña *(nacer)* en una aldea de la montaña; *(frecuentar)* un par de años la escuela y luego *(trasladarse)*[1] con sus padres a la ciudad, donde *(empezar)* a conocer una vida distinta. A veces, *(desear)* que la vida *(volver)* hacia atrás sus pasos, que la ciudad *(ser)* tan transparente como la aldea donde *(ver)* la luz del mundo. Pero sus sueños jamás *(realizarse)*; al medio año de su destierro[2] en la ciudad, *(morir)* su madre, y la existencia *(tornarse)* aún más dura para la pobre criatura.

---

[1] umziehen   [2] Verbannung

3. Completar con la preposición:

"Los cuadrilleros[1] pasaban uno ... otro o ... grupos ... cinco, ... diez, ... toda clase ... herramientas, guiados ... el caporal[2] ... las hondonadas[3] ... que el silencio se los tragaba, el silencio y el hervor[4] perceptible[5] ... las especies animales ínfimas[6], ... medida que el sol llegaba ... hogueras[7] ... vegetación inmóvil y vaho[8] ... marismas[9]".

Miguel Angel Asturias „Viento fuerte" (Nicaragua. Premio Nobel de Literatura en 1967)

---

[1]Mitglieder einer Arbeiterkolonne [2]Aufseher [3]Schlucht/Hohlweg [4]Sieden/Brausen
[5]wahrnehmbar [6]niedrigst [7]Feuerstelle [8]Dunst [9]Sumpfgebiet

4. Traducir al alemán:

Dijo que tú hablabas tan bien como si hubieras estado largo tiempo en B. A. Dudábamos si ella podía hacerlo. Escribe que el curso de verano le gusta mucho. José dijo que no escribió porque estaba enfermo. Nos han preguntado si fuimos a la corrida de toros anteayer. Supone que si nosotros tuviéramos tiempo, lo haríamos. Hace media hora me han informado de que a primeros del mes emprenderán viaje al Nuevo Mundo. Pedro declaró que estaba cansado, que había bregado *(sich abrackern)* mucho, pero que no trabajaría más. María había dicho que no fuéramos a la playa. Nos comunicaron que cada uno podía hacer lo que más le gustara. Conchita me llamó por teléfono, diciéndome que no podría asistir a la conferencia inaugural *(Eröffnungs-, Antritts-vorlesung)*.

5. Übersetzen Sie ins Spanische:

Er schrieb seinen Eltern, daß er jetzt schon zwei Wochen in der spanischen Hauptstadt sei. Er wohne mit seinem Kollegen Miguel bei Familie Fernández im Zentrum in der Nähe der „Castellana". Morgens könne er entweder mit dem Bus oder der U-Bahn und bei schönem Wetter auch mit dem Rad ins Büro fahren. Der Weg führe durch den Retiro, einen bekannten Park, und sei sehr schön. Das Mittagessen, das sehr schmackhaft und abwechslungs-reich sei, nehme er in der Kantine der Firma ein. Nachmittags mache er immer eine Kaffeepause, und man könne sehr schmack-hafte „Churros" bekommen. Gestern abend sei er zum ersten Mal in die Oper gegangen. Man habe das Ballett „Der Dreispitz" *(sombrero de tres picos)* des bedeutenden spanischen Komponi-sten Manuel de Falla aufgeführt *(representar)*. Es habe ihm sehr gut gefallen, und er werde bald wieder ein Theater besuchen. Auch sie (die Eltern) sollten manchmal ausgehen, denn an einen solchen Abend könne man sich sehr lange erinnern.

V. Wortschatz

la perspectiva	Aussicht, Perspektive
el éxito	Erfolg
a media mañana	am Vormittag
inesperado, -a	unerwartet
el churro	Teigkringel, in Öl gebacken
la misa	Messe, Gottesdienst
la cocina	Küche
tentador, -ra	verführerisch

el olorcillo	feiner/zarter Duft
el chocolate	Schokalade
ponerse a	beginnen zu
desayunar	frühstücken
festejado, -a	gefeiert(e); Hauptperson einer Feier
el aperitivo	Aperitif
como quien dice	wie man so sagt
andar con tiento	behutsam vorgehen
las agarraderas	Beziehungen
el título universitario	Universitätsdiplom, akademischer Grad
desesperarse	verzweifeln
hacerse	*hier:* werden
el político	Politiker
la labia	Mundwerk; „Lippe"
la cara	Gesicht
la cara dura	Unverschämtheit
el cara dura	unverschämter Kerl
hacer carrera	Karriere machen
valer	wert sein, tüchtig sein
abrirse camino	vorankommen; sich durchsetzen
el avispero	Wespennest
la avispa	Wespe
equivocarse	sich irren
la trampa	Schwindel, faule Tricks
destapar	enthüllen, aufdecken
mandar a paseo	vor die Tür setzen; zum Teufel schicken
la col	Kohl
la granja	Farm
ecologista (m/f)	ökologisch; Ökologe; umweltbewußt; Umweltschützer
a la larga	auf die Dauer, auf lange Sicht; letzten Endes
el futbolista	Fußballspieler
puede que . . .	vielleicht, möglicherweise
perjudicar	schaden, von Nachteil sein
la fiesta nacional	*hier:* der Stierkampf
pero que . . .	einfach . . .; alles andere als . . . (gut)

Lección 26 – Lektion 26

I. Text

"Condenada por papas, desdeñada por reyes, vilipendiada por sociedades protectoras de animales y declarada muerta año tras año por una afición imperturbablemente pesimista, la fiesta de los toros sigue vivita y coleando." (Cambio 16, nº 441)

¡Los toros! Una realidad más, pero no cualquiera, de España; un tópico típico, del que hay que hablar, guste o no guste; como se habla del tiempo, sea bueno o sea malo.

De Altamira al "Guernica" de Picasso, el toro está presente, como verdadero animal totémico, en cada momento de la historia de España, dando tema de conversación a las generaciones españolas, ofreciendo metáforas para todas las situaciones de su vida y de su muerte: la guerra, la política, el amor. "Para torear y casarse, hay que arrimarse", dice un refrán castizo.

Una cosa hay que dejar clara: pese a todos los detractores y entusiastas de dentro y de fuera, los toros se escapan a toda

190

definición e interpretación, y más, si es superficial, como suele serlo; no es un deporte, no es un arte, ni es un rito, ni un espectáculo más, aunque sea todo eso a la vez. Y otra: aunque a lo largo de la historia haya ido adoptando formas y reglamentaciones diversas, la fiesta es y será siempre la misma; lucha, lidia, entre el animal y el hombre: el toro bravo y el matador. Sirviendo de coro, el público, dando solemnidad y marco social al rito. Porque el espectáculo tiene un ritual fijo que se observa con toda minuciosidad: no hay en España tradición que se respete más que la ceremonia taurina, y la clásica falta de puntualidad sólo conoce una excepción en España: la hora en que comienza la corrida; "en punto", anuncian los carteles.

No es, pues, de extrañar que las figuras máximas del toreo gocen en España de una popularidad que ya quisieran para sí excelsas personalidades de la vida nacional. Lagartijo, Manolete, El Cordobés o Espartaco, por citar unos nombres al azar, han apasionado y siguen apasionando a los aficionados en peñas y tertulias como ningún político, escritor u hombre de ciencia. Quiérase o no, así es. Y por los siglos de los siglos, seguirán arrancando olés frenéticos de la afición y provocando furibundas protestas de los funcionarios de sociedades protectoras de animales. Los toros. Ni el fútbol ha acabado con ellos, que ya es decir ...

II. Übersetzung

„Von Päpsten verurteilt, von Königen verachtet, von Tierschutzvereinen negativ beurteilt und Jahr für Jahr von einer unerschütterlich pessimistischen Anhängerschaft für tot erklärt, erfreut sich der Stierkampf nach wie vor einer großen Beliebtheit." (Cambio 16, Nr. 441)

Der Stierkampf! Eine weitere Realität Spaniens – aber nicht eine x-beliebige. Ein typischer Gemeinplatz, über den man sprechen muß, ob man daran Gefallen findet oder nicht; so wie man über das Wetter spricht, ob es nun schön oder schlecht ist.

Von Altamira bis Picassos „Guernica" – der Stier ist allgegenwärtig, gleich einem wirklichen Totemtier, in jedem Augenblick der spanischen Geschichte, den Generationen Spaniens als Konversationsthema dienend, Metaphern für alle Situationen ihres Lebens und ihres Todes bietend: im Krieg, in der Politik, in der Liebe. „Will man mit dem Stier kämpfen oder freien, dann heißt es in die Hände spucken", lautet ein echt spanisches Sprichwort.

Eine Sache muß klargestellt werden: Trotz aller Miesmacher und Enthusiasten, inner- und außerhalb Spaniens, entzieht sich der

Stierkampf jeder Definition und Interpretation, und noch mehr, wenn dies – wie es gewöhnlich der Fall ist – oberflächlich geschieht. Er ist kein Sport, keine Kunst und weder ein Ritus noch ein weiteres Schauspiel, auch wenn er vielleicht all dies gleichzeitig ist. Und noch etwas: Auch wenn sie im Laufe der Geschichte verschiedene Formen und Reglementierungen angenommen haben mag – die Corrida ist und bleibt immer ein und dasselbe: Kampf, Gefecht zwischen Tier und Mensch, zwischen dem wilden Stier und dem Matador. Das Publikum dient als Chor und verleiht als „soziale Kulisse" dem Ritus Feierlichkeit. Denn dieses Schauspiel hat ein festes Ritual, das mit peinlicher Genauigkeit befolgt wird: Es gibt in Spanien keine traditionelle Handlung, die mehr respektiert wird als das Geschehen in der Arena, und der typische Mangel an Pünktlichkeit kennt in Spanien nur eine Ausnahme: den Zeitpunkt, zu dem die Corrida beginnt. „Pünktlich um . . ." heißt es auf den Plakaten.

Es ist also nicht verwunderlich, daß die größten Gestalten des Stierkampfes in Spanien eine Popularität genießen, die die berühmtesten Persönlichkeiten des öffentlichen Lebens gern für sich beanspruchen. Lagartijo, Manolete, El Cordobés oder Espartaco, um nur einige Namen aufs Geratewohl zu nennen, haben die Anhänger in Klubs und Stammtischrunden wie kein Politiker, Schriftsteller oder Wissenschaftler begeistert und tun dies immer noch. Ob man will oder nicht, das ist einfach so. Und in alle Ewigkeit werden sie (weiterhin) ihren Anhängern begeisterte Olé-Rufe entlocken und wütende Proteste der Funktionäre der Tierschutzvereine hervorrufen. Ja, der Stierkampf! Auch der Fußball hat ihm nicht den Garaus bereiten können. Und das will schon etwas heißen . . .

III. Grammatik

Das hispanoamerikanische Spanisch

Bekanntlich wird Spanisch in mehr als 20 Ländern von circa 300 Millionen Menschen gesprochen. Daß es dabei Abweichungen vom traditionellen Kontinentalspanischen gibt, ist durchaus verständlich. (Diese Abweichungen sind jedoch wesentlich geringfügiger als z. B. zwischen dem in Großbritannien und in den USA gesprochenen Englisch.) Da die Thematik aber doch sehr umfangreich ist, soll nur kurz auf einige wichtige Merkmale und Besonderheiten hingewiesen werden:

1 Lautliche Abweichungen:

Manche Besonderheiten finden sich bereits in Spanien, vor allem in Andalusien. – In allen Staaten Hispanoamerikas wird **z** und **c** (vor e und i) wie „**s**" ausgesprochen (was zu Verwechslungen führen kann): caza – casa, coser – cocer, serrar – cerrar, zumo – sumo, etc.

Im Rio-de-la-Plata-Gebiet (Buenos Aires, Montevideo etc.) wird **ll** und **y** wie „**sch**" (frz. jour) gesprochen: calle, yo, ya, raya, mayo, etc.

j (jota) wird meist nur als „**h**" gesprochen: mujer = muher;

s vor Konsonanten wird zu „**h**": las mujeres = lah muhere(s), mismo = mihmo.

Auslautendes s und **z** werden oft nicht gesprochen: la luz = lu(h), las estaciones = la etasione; ¿Es Ud. de España? = ¿eh uhté de Ehpaña?

2 Orthographische Abweichungen:

Maßgebend sind für ganz Hispanoamerika die Regeln der RAE (Real Academia Española, Madrid).

Akzente werden nur spärlich oder oft gar nicht gesetzt.

Manchmal findet man noch **j**, wo im Spanischen **g** (vor e und i) stehen müßte: jeneral, arjentino. Oder **s** statt **x**: estraordinario, espreso, esclamar, etc.

3 Grammatische Abweichungen:

Statt **tú** wird in Argentinien und Uruguay **vos** gebraucht:

vos comprás* = tú compras	vos sos = tú eres
vos vendés = tú vendes	vos decís = tú dices
vos, ¿qué querés? *(was willst du?)*	

Das Personalpronomen **vosotros** ist in Amerika fast ungebräuchlich. Dafür wird **ustedes** verwendet.

Typisch ist die Betonungsverschiebung beim Imperativ:

marcha**te** = márchate *(Spanien) oder* marchaos.

Recién: in der Bedeutung von **sólo** *(erst)* oder **luego** *(dann)*.

Llegaron recién el año pasado.	*Sie sind erst letztes Jahr gekommen.*
Cuando llueva, recién vamos a sembrar.	*Wenn es regnet, dann werden wir säen.*

---

* entstanden aus einer früher gebräuchlichen sehr höflichen Formulierung: vosotros compráis = *ihr kauft*

4 Abweichungen im Wortschatz:
Durch die starken Einwanderungsströme (vor allem aus Italien) und den Einfluß der nach wie vor von Millionen gesprochenen Indio-Sprachen (Guarani, Quechua, Nahuatl etc.) hat sich der Wortschatz in den diversen Nationen sehr individuell entwickelt. Einige typische Beispiele (daneben die in Spanien gebräuchliche Form):

carro = coche *(Pkw)*	typische **Argentinismen** sind:
apurarse = darse prisa	boliche = taberna, tasca
botar = tirar *(wegwerfen)*	*(Kneipe)*
boleto = billete	bochinche = jaleo
saco = chaqueta/americana	*(Durcheinander)*
plata/tela = dinero	chaucito = adiós *(tschüßchen)*
lindo = bonito, guapo	china = mujer (del gaucho)
	agarrar = coger („coger" in Argentinien und Mexiko unbedingt vermeiden!)
	laucha = ratón *(Maus)*
	mucama = criada
	pollera = falda
	mercadito = carnicería *(Metzgerei)*

IV. Übungen

1. Completar las frases:

Ayer, Quique y Julio *(salir)* juntos de casa y *(dar)* un paseo por la plaza; *(andar)* horas y horas, y al fin *(dirigirse)* a una taberna, donde *(pedir)* algo de beber; *(discutir)* hasta que el dueño *(decirles)* que ya *(ser)* hora de cerrar el local; entonces, *(ir)* ambos a casa de Quique, donde *(dormir)*. Para la madre de Quique, estas aventuras *(resultarle)* poco a poco sospechosas, y un día *(decidirse)* a ponerlas en conocimiento de su marido, quien *(ponerse)* en camino de casa dispuesto a lo que *(ser)*.

2. ¿ser/estar?

Si (ella) no . . . en casa, . . . de compras; . . . la hora en que sale a la plaza. – El muchacho . . . de buena familia, pero . . . muy mal educado; . . . lástima que . . . así, pues . . . un buen partido *(Partie)* para la chica; y lo peor . . . que su falta de educación . . . algo crónico. – ¿ . . . (vosotros) seguros de que . . . verdad lo que . . . diciendo? Yo . . . muy desconfiado *(mißtrauisch)* y . . . algo perplejo *(verdutzt)*.

3. Responder / Conversación:

¿Qué opina Vd. sobre los toros? ¿Le gustaría asistir a una corrida? ¿Ha asistido ya alguna vez? ¿Qué es lo que (no) le gusta especialmente: la música, el ambiente, la lidia en sí? ¿Conoce el nombre de algún torero famoso? ¿Opina que los toros son más/ menos crueles que el boxeo? ¿Qué le sugiere la corrida?

4. Traducir al alemán:

El silencio profundo de las grandes emociones cayó de pronto sobre la muchedumbre, cual si[1] la plaza hubiese quedado vacía[2]. Nadie parecía respirar. El matador avanzó hacia el toro lentamente, llevando la muleta[3] apoyada en el vientre[4] como una bandera[5] y agitando en la otra mano la espada[6] con un movimiento de péndulo que acompañaba su paso. Llegó completamente solo junto a la fiera[7]. Calmosamente deshizo[8] su muleta, la extendió, avanzando así algunos pasos, hasta pegarse casi al hocico[9] del toro, aturdido[10] y asombrado por la audacia[11] del hombre. – El público no se atrevía[12] a hablar ni a respirar siquiera, pero en sus ojos brillaba la admiración. ¡Que mozo! ¡Se iba a los mismísimos[13] cuernos!... Golpeó impacientemente la arena[14] con un pie, incitando a la fiera para que acometiese[15], y la masa enorme de carne, con sus agudas defensas[16], cayó mugiente[17] sobre él. La muleta pasó sobre los cuernos, y éstos rozaron[18] las borlas[19] del traje del matador, que siguió firme en su sitio, sin otro movimiento que echar atrás el busto[20]. Un rugido[21] de la muchedumbre contestó a este pase[22] de muleta. ¡Olé!...

(Fragmento de "Sangre y arena" de Vicente Blasco Ibáñez, 1867–1928)

---

[1]als ob [2]leer [3]rotes Tuch [4]Bauch [5]Fahne [6]Degen [7]Bestie [8]entfalten, öffnen [9]Schnauze, Maul [10]betäubt, bestürzt [11]Kühnheit [12]wagen [13]direkt auf [14]Sand [15]angreifen [16]Hörner [17]brüllend [18]streifen [19]Quasten [20]Oberkörper [21]Brüllen, Tosen [22]Figur, Bewegung

5. Übersetzen Sie ins Spanische:

Schon immer haben die Tierschutzvereine aller Länder den Stierkampf in Bausch und Bogen verdammt, vor allem mit dem Argument, der Stier werde bei diesem traurigen Schauspiel auf bestialische Weise zu Tode gequält *(torturar)*. In Portugal und Frankreich werden ebenfalls Corridas veranstaltet, jedoch mit dem Unterschied, daß der Stier nicht getötet wird. Hauptattraktion in Spanien ist heute natürlich, wie in vielen Ländern der Alten und Neuen Welt, König Fußball. In Spanien gibt es noch eine weitere, sehr beliebte Sportart: das baskische Ballspiel *(pelota vasca)*. Der kleine, aber ziemlich harte Ball wird vom Spieler gegen eine

Wand geschlagen; der zurückprallende Ball darf einmal aufspringen *(rebotar)* und muß dann vom Gegenspieler gegen dieselbe Wand *(frontón)* geschlagen *(lanzar)* werden. Von Frauen und Mädchen wird dieser Sport mit einem Schläger *(raqueta)* betrieben *(practicar un deporte)*. Bei vielen Sportveranstaltungen dient das Publikum als „soziale Kulisse", und die Handlung in der Arena wird oft zum Ritual. Picassos Kolossalgemälde „Guernica" symbolisiert die Grausamkeit *(crueldad)* des Menschengeschlechts *(raza humana)*.

V. Wortschatz

el ruedo	Arena
ibérico, -a	iberisch
condenar	verurteilen, verdammen
el papa	Papst
desdeñar	verachten
vilipendiar	geringschätzen
la sociedad	Gesellschaft
protector, -a	schützend
sociedad protectora de animales	Tierschutzverein
declarar	erklären
muerto, -a	tot
la afición	Leidenschaft, Liebhaberei, Gefühlswelle; *hier:* Anhängerschaft
imperturbable	unerschütterlich
seguir vivito y coleando	quicklebendig bleiben; *hier:* sich nach wie vor großer Beliebtheit erfreuen
Altamira	in der Provinz Santander: berühmte prähistorische Höhle
"Guernica"	berühmtes Bild Picassos
Picasso, Pablo Ruiz	spanischer Maler (1881–1973)
totémico, -a	Totem...
el tema	Thema, Stoff
la metáfora	Metapher
la muerte	Tod
el amor	Liebe
torear	(mit Stieren) kämpfen
casarse (con)	heiraten
arrimarse	sich nähern; *hier:* (etwas) anpacken
castizo, -a	echt, unverfälscht, urwüchsig
el detractor	Verleumder
el entusiasta	Anhänger
de dentro y de fuera	inner- und außerhalb Spaniens
escaparse a	entkommen, sich entziehen
la interpretación	Deutung, Auslegung

el rito	Ritus
adoptar	annehmen
la reglamentación	Reglementierung
la lucha, la lidia	Kampf
bravo, -a	wild
el matador	Stierkämpfer (der tötet)
el torero	Stierkämpfer (allgemein)
el coro	Chor
la solemnidad	Feierlichkeit
el marco social	gesellschaftlicher Rahmen, „Kulisse"
el ritual	Ritual
observar	*hier:* beachten, befolgen
la minuciosidad	peinliche Genauigkeit
taurino, -a *(Adj.)*	Stierkampf ...
la puntualidad	Pünktlichkeit
la excepción	Ausnahme
la corrida	Stierkampf
el cartel	Plakat
la figura	Figur
máximo, -a	größte(r)
el toreo	Stierkampf
la popularidad	Popularität, Berühmtheit
excelso, -a	erhaben, berühmt
Lagartijo (Rafael Molina)	berühmter Stierkämpfer (1840–1900)
Manolete (Manuel Rodríguez)	berühmter Stierkämpfer (1917–1947)
El Cordobés (Manuel Benítez)	berühmter zeitgenössischer Stierkämpfer
Espartaco	berühmter zeitgenössischer Stierkämpfer
al azar	zufällig, aufs Geratewohl
la peña	Klubgemeinschaft
la tertulia	Stammtischrunde
el hombre	Mensch, Mann
hombre de ciencia	Gelehrter, Wissenschaftler
quiérase o no	ob man will oder nicht
por los siglos de los siglos	in alle Ewigkeit
arrancar	entreißen, entlocken
¡olé!	Anfeuerungsruf beim Stierkampf
frenético, -a	frenetisch, begeistert
provocar	veranlassen, bewirken, hervorrufen
furibundo, -a	wütend
la protesta	Protest
el funcionario	Beamter; *hier:* Funktionär, Vertreter
el fútbol	Fußball
que ya es decir	und das will schon etwas heißen

197

Lección 27 – Lektion 27

Marion, otra vez

Noch einmal Marion

I. Text

(Adela: *A.*, Manolo: *M.*, Doña Julia: *D. J.*, Don Antonio: *D. A.*)

A.:   ¡Carta! ¡Ha llegado carta de Marion!

M.:   ¡A ver!, ¿qué dice?

A.:   No seas tan impaciente, chico; primero tengo que abrirla.

M.:   Qué ceremoniosa te pones.

A.:   ¿Te pica la curiosidad? *(Abre y extrae el anexo dirigido a Manolo.)* Esto va destinado a ti personalmente . . . ¡Vaya, vaya! *(tarareando)* "Es el amor que pasa . . ."

M.:   Déjate de canciones y respeta el secreto postal.

D. J.:   ¿Por qué te pones tan colorado, hombre? ¿Crees que nos coge de sorpresa?

M.: No es más que un saludo personal; ¿hay algo de extraño? Como apenas tuvimos ocasión de despedirnos . . .

D. A.: ¡A ver, Adela, que se oiga! Lee en alta voz para todos. ¿O también tú andas con secretos? Los únicos que quedamos al margen somos nosotros . . .

D. J.: Papá se siente olvidado . . . ¿estás celoso, cariño?

A.: La carta es para todos, ¡atención!

Marion cuenta con gran lujo de detalles su viaje de vuelta y saluda a todos también en nombre de sus padres, agradeciendo la temporada transcurrida con la familia Rivero. Dedica a cada uno frases alusivas, un tanto en clave para los no iniciados.

D. J.: Qué bien escribe en español. A mí me parece que los extranjeros tienen más talento para aprender idiomas que nosotros, los españoles.

D. A.: Yo no creo que tengan más talento; lo que tienen es más tesón, más interés, y, claro, Marion, como alemana, más método. A los españoles nos falta todo eso, ¿no?

A.: *(riendo)* Lo que no acaba de distinguir es la diferencia entre "por" y "para" . . .

D. A.: . . . y ese pretérito imperfecto de "el verano que *pasaba* en España . . ."

D. J.: Sí, sí, criticar es fácil; lo difícil es hacerlo mejor; y, si no, a ver tú, Adela: ponte a escribir en francés una carta como la de Marion en español . . . ¡Y tú, ilustre periodista! Ayer se te escapó un gerundio que todavía lo tengo atravesado en el oído . . .

D. A.: Se ve que la has tomado con mis gerundios . . . En adelante, huiré de él como el gato del agua . . ., ¿contenta?

II. Übersetzung

Adela: Ein Brief! Ein Brief von Marion ist gekommen! – *Manolo:* Nun, was steht drin? – *A.:* Sei nicht so ungeduldig, Junge. Zuerst muß ich ihn öffnen. – *M.:* Wie feierlich du das machst. – *A.:* Die Neugier plagt dich wohl? *(Sie öffnet das Kuvert und nimmt die an Manolo gerichtete Beilage heraus.)* Dies ist persönlich an dich gerichtet . . . Schau, schau! „Die Liebe ist eine Himmelsmacht

... " *(trällert sie)* – *M.:* Hör mit dem Singen auf und respektiere das Postgeheimnis. – *D. Julia:* Warum wirst du so rot, Mann? Glaubst du, daß wir überrascht sind? – *M.:* Es ist nur ein persönlicher Gruß. Gibt es etwas, worüber man sich wundern muß? Da wir kaum die Gelegenheit hatten, uns zu verabschieden ... – *D. A.:* Nun, Adela, wie wollen mal hören! Lies mit lauter Stimme vor, damit alle es mitbekommen. Oder hast auch du Geheimnisse! Die einzigen, die nichts mitbekommen, sind wir ... – *D. J.:* Papa fühlt sich übergangen ... Bist du eifersüchtig, mein Lieber? – *A.:* Der Brief ist an alle gerichtet. Hört zu!

Marion schildert sehr ausführlich ihre Heimreise und grüßt alle, auch im Namen ihrer Eltern; sie bedankt sich für die Zeit, die sie bei Familie Rivero verbringen durfte. Sie widmet jedem (einige) anspielende Zeilen, für Außenstehende etwas verschlüsselt.

D. J.: Wie gut sie Spanisch schreibt. Ich habe den Eindruck, daß die Ausländer mehr Talent zum Sprachenlernen haben als wir Spanier. – *D. A.:* Ich glaube nicht, daß sie talentierter sind. Was sie haben, ist größere Ausdauer, mehr Interesse und – natürlich Marion als Deutsche – mehr Methode. Uns Spaniern fehlt all dies, nicht wahr? – *A.: (lachend)* Was sie immer noch nicht beherrscht ist der Unterschied zwischen „por" und „para" ... – *D. A.:* ... und dieses Imperfekt wie "el verano que *pasaba* en España" („der Sommer, den ich in Spanien verbrachte"; statt *pasaba* muß *pasé* stehen) – *D. J.:* Ja, ja Kritisieren ist leicht. Das Schwierige ist, es besser zu machen. Mal sehen, wie's bei dir aussieht, Adela: Schreib mal du einen Brief auf Französisch, wie den von Marion auf Spanisch ... Und du, berühmter Journalist! Gestern ist dir ein Gerundium „ausgekommen", das mir immer noch (schmerzlich) in den Ohren klingt ... – *D. A.:* Man sieht, daß du meine Gerundialformen aufs Korn genommen hast ... Von jetzt an werde ich einen großen Bogen darum machen wie die Katze um das Wasser ... Zufrieden?

III. Grammatik

Rektion der Verben (régimen de los verbos)

Fragestellung: Wie wird ein Verb (im Infinitiv) an ein vorausgehendes Verb, einen unpersönlichen Ausdruck, ein Substantiv angeschlossen? Mit oder ohne Präposition? Falls ja, mit welcher Präposition?

A. Rektion OHNE Präposition

Der Infinitiv ohne Präposition steht nach:

1 Unpersönlichen Ausdrücken:

Es aconsejable preguntarle.	*Es ist ratsam, ihn zu fragen.*		
es recomendable	*es ist empfehlenswert*		
basta	*es genügt*	es bueno	*es ist gut*
conviene {	*es ist zweck- mäßig*	es costumbre (de)	*es ist Sitte*
	es ist angebracht		
es difícil	*es ist kaum möglich*	es digno	*es ist leicht möglich*
es dudoso	*es ist zweifelhaft*	es fácil	*es ist würdig*
hace falta	*es ist erforder- lich*	es forzoso	*es ist unumgäng- lich*
es ilícito	*es ist untersagt*	importa	*es ist wichtig*
es imposible	*es ist unmöglich*	es indispensable	*es ist unerläßlich*
es impro- bable	*es ist unwahr- scheinlich*		
es inútil	*es ist zwecklos*	es justo	*es ist gerecht*
es legal	*es ist gesetzlich*	es lícito	*es ist erlaubt*
es malo	*es ist schlecht*	más vale	*es ist besser*
es menester	*es ist notwendig*	es mejor	*es ist besser*
es natural	*es ist selbst- verständlich*	es necesario	*es ist notwendig*
es oportuno	*es ist zweck- mäßig*	es peor	*es ist schlechter*
es posible	*es ist möglich*	es probable	*es ist wahr- scheinlich*
está prohibido	*es ist verboten*		
sobra	*es erübrigt sich*	es suficiente	*es genügt*
es superfluo	*es ist überflüssig*		
es hora de	*es ist Zeit*	es tiempo de	*es ist an der Zeit*
es útil	*es ist zweck- mäßig*	es vulgar	*es ist gemein*
es preciso	*es ist erforder- lich*	me gusta	*es gefällt mir*

Beachten Sie: Falls ein Subjekt im Nebensatz vorhanden ist, muß der Konjunktiv stehen:

Es necesario que vengas.	*Es ist erforderlich, daß du kommst.*

2 Verben des Sagens und Denkens:

Dice haberme visto a las ocho.   *Er sagt, er habe mich um 8 Uhr gesehen.*

afirmar	*behaupten*	declarar	*erklären*
pretender	*vorgeben*	confesar	*gestehen*
saber	*können; wissen*	negar	*leugnen*
prometer	*versprechen*	aconsejar	*raten*
recordar	*(sich) erinnern*	decidir	*beschließen*
creer	*glauben*	figurarse	*sich vorstellen*
imaginarse	*sich vorstellen*	ordenar	*anordnen, befehlen*
pensar	*(ge)denken*	proponer	*vorschlagen*
resolver	*beschließen*		

3 Verben des Wünschens und Wollens:

Quiero traducir el texto.   *Ich will den Text übersetzen.*

desear	*wünschen*	intentar	*beabsichtigen*
preferir	*vorziehen*	proponerse	*wollen, sich vornehmen*
permitir	*erlauben*	prohibir	*verbieten*
esperar	*erwarten, hoffen*	dignarse	*geruhen*
lamentar	*bedauern*	procurar	*beabsichtigen*

4 Verben der Gemütsbewegung:

Siento no haberle encontrado.   *Es tut mir leid, daß ich ihn nicht angetroffen habe.*

temer	*(be)fürchten*
celebrar	*begrüßen, sich freuen* etc.

5 folgenden Verben:

dejar	*lassen, zulassen*	hacer	*veranlassen, machen*
poder	*können, vermögen*	deber	*sollen, müssen*
ofrecer	*anbieten*	merecer	*verdienen*
lograr	*erreichen, gelingen*	conseguir	*gelingen, erreichen*
alcanzar	*erreichen*	fingir(se)	*tun als ob*
mandar	*befehlen, schikken, lassen*	servirse (sírvase informarnos)	*bitte . . .*
ver	*sehen*	soler acostumbrar }	*pflegen, gewohnt sein zu*

permitirse *dürfen, sich gestatten*
(me permito invirtarle)

B. Rektion MIT Präposition

Der Infinitiv mit vorhergehender Präposition **de** steht:

1 meist nach Hauptwörtern, zum Beispiel:

la amabilidad de	*die Liebenswürdigkeit zu*	la capacidad de	*die Fähigkeit zu*
la bondad de	*die Güte zu*	la mala suerte de	*das Pech zu*
el compromiso de	*die Verpflichtung zu*	la obligación de	*die Verpflichtung zu*
el deber de	*die Pflicht zu*	la ocasión de	*die Gelegenheit zu*
el deseo de	*der Wunsch zu*	el placer de	*das Vergnügen zu*
el favor de (haga Ud. el favor de = *bitte ...*)	*die Gunst zu*	la oportunidad de	*die (günstige) Gelegenheit zu*
el gusto de	*die Freude, das Vergnügen zu*	el privilegio de	*der Vorzug zu*
la idea de	*die Absicht zu*	la probabilidad de	*die Wahrscheinlichkeit zu*
la intención de	*die Absicht zu*	la suerte de	*das Glück zu*
la imposibilidad de	*die Unmöglichkeit zu*	el honor de	*die Ehre zu*
la posibilidad de	*die Möglichkeit zu*	la vergüenza de	*die Schande zu*

2 nach vielen reflexiven Verben:

abstenerse de	*sich enthalten*	acordarse de	*sich erinnern*
extrañarse de	*sich wundern*	alegrarse de	*sich freuen*
admirarse de	*sich wundern*	apiadarse de	*Mitleid haben*
maravillarse de	*sich wundern*	aprovecharse de	*Nutzen ziehen aus*
armarse de	*sich rüsten*	arrepentirse de	*bereuen*
burlarse de	*sich lustig machen*	cansarse de	*müde werden*

encargarse de	*übernehmen (etwas)*	cuidarse de	*sich kümmern*
excusarse de	*sich entschuldigen*	jactarse de	*sich rühmen, prahlen*
lamentarse de	*klagen (über)*	ufanarse de	*sich rühmen, prahlen*
preocuparse de	*besorgt sein, sich kümmern um*	vanagloriarse de	*sich rühmen, prahlen*
olvidarse de	*vergessen*	guardarse de	*sich hüten vor*

3 nach anderen Verben wie:

dejar de		desistir de	*Abstand nehmen*
cesar de	*aufhören zu*	prescindir de	*absehen von*
parar de		no dejar de	*nicht aufhören zu (immer wieder…)*
terminar de			
acabar de	*soeben…*	acusar de	*beschuldigen*
cuidar de	*pflegen, be-, versorgen*	haber de	*müssen, haben zu*

4 nach Ausdrücken wie:

dar de comer	*zu essen geben*	echar de comer	*zu fressen geben*
no poder menos de	*nicht umhin können zu*	es de esperar	*es ist zu erwarten*
es de suponer	*es ist zu vermuten*	dar(se) cuenta de	*mitteilen, feststellen*

5 nach Adjektiven:

fácil de (explicar)	*leicht zu (erklären)*
breve de (contar)	*kurz zu (erzählen)*
	etc.

(Fortsetzung in Lektion 28)

IV. Übungen

1. Completar (s. a. Grammatik Lektion 28):
No me atrevo … pedirle que *(ayudarme)* / Has … procurar llegar … tiempo; casi siempre llegas … retraso / Voy … escribir una carta … mis padres para informarles … mis planes … viaje/ Procura no quedar mal … los amigos / ¿Estáis … acuerdo … mi propuesta? De lo contrario, procurad avisarme … tiempo / ¿Viajas … avión o … coche? Yo prefiero ir … pie / Insiste … que nosotros *(esperarla)*.

2. Poner el verbo en su forma adecuada:

Supongo que tú *(tener)* tiempo para venir; mucho *(excusarse)* y *(ser)* difícil que *(tener)* lugar la fiesta como *(proyectarse)*. Si yo *(tener)* tiempo, *(ayudarte)* con sumo gusto; pero no *(creer)* que *(serme)* posible venir a la hora que tú *(desear)*. No *(ir)* nadie a clase el próximo jueves, aunque *(haber)* exámenes, porque los estudiantes *(estar)* de huelga

3. Traducir al alemán:

No sabemos si conseguiréis convencer a vuestro jefe de la necesidad de aumentar los salarios. ¿Qué os proponéis hacer? Es necesario repetir de vez en cuando la gramática. Tú no me impedirás hacer lo que he de hacer. El gabinete acordó reducir los impuestos. Este ingeniero es incapaz de construir un puente. Los ensayos de Ortega y Gasset son a veces difíciles de interpretar. No negamos haber hablado con los responsables. Es muy fácil obtener un permiso de conducir. Ahora se trata de sacar provecho de la situación. Tratábamos de convencerle. Pensábamos zarpar el día primero de junio. Ya era hora de darse cuenta de ello. Se figuran ser los mejores futbolistas del club. Es urgente dirigirse al médico-jefe del Centro Clínico. Se sienten capaces de presentar la querella *(Klage)*. Procura estudiar siempre que tengas tiempo. ¿Podemos prescindir de su ayuda? Me interesaría conocer los detalles de este negocio. Intentaré encontrar una solución de compromiso.

4. Übersetzen Sie ins Spanische:

Niemand kümmert sich darum, eine gute Lösung zu finden. Viele Leute haben die Angewohnheit *(costumbre)*, jede Minute auf die Uhr zu schauen. Habt ihr die Absicht, wieder nach Mallorca zu fliegen? Der Taxifahrer *(taxista)* vergaß, den Motor abzustellen, als er in das Haus ging. Er hat erneut seine Unterlagen eingereicht. Das ist sehr schwierig zu verstehen. Wir waren über das Ergebnis der Wahlen sehr zufrieden. Er wiederholte, was er soeben gesagt hatte. Es ist besser, wenn wir ihr nichts sagen. Meinem Freund gefällt es, schnell Kontakte mit allen Leuten zu suchen. Manche Männer ziehen es vor, das ganze Leben Junggesellen zu bleiben *(soltero)*. Er beklagte sich *(quejarse de)* darüber, nachts durch anonyme Telefonanrufe aufgeweckt worden zu sein. Ich habe es satt *(estar harto de)*, immer ihre Vorwürfe *(reproche)* zu hören. Wenn es nicht aufhört zu regnen, müssen wir unseren Urlaub abbrechen. Gestatten Sie, daß ich diesen Satz vervollständige *(completar)*.

impaciente	ungeduldig
ceremoniso, -a	feierlich, zeremoniell
picar	stechen; *hier:* plagen
la curiosidad	Neugier(de)
extraer	herausnehmen, -ziehen
el anexo	Beilage, Anlage
destinar a	adressieren; widmen; richten an
tararear	trällern
el amor que pasa	*wörtlich:* die Liebe, die vorbeikommt
dejarse de	lassen, aufhören mit
colorado, -a	farbig; rot
ponerse colorado	rot werden, erröten
coger de sorpresa a alguien	jemanden überraschen
andar* con secretos	Geheimnisse haben
al margen	am Rande
quedar al margen	*hier:* uninformiert sein, nichts mitbekommen
celoso, -a	eifersüchtig
con gran lujo de detalles	mit sehr ausführlichen Details
alusivo, -a	anspielend
un tanto	ein wenig, etwas
en clave	verschlüsselt
la clave	Schlüssel (*zu einem Geheimnis; sonst:* la llave)
iniciar	einführen, informieren
iniciado, -a	eingeweiht(e)
el talento	Talent, Fähigkeit
el tesón	Ausdauer
el método	Methode
distinguir	unterscheiden; *hier:* beherrschen
ilustre	berühmt
escaparse una cosa a alguien	jemandem etwas durchrutschen, auskommen
atravesar	durchqueren
lo tengo atravesado en el oído	es klingt mir (negativ) im Ohr, ich habe es im Ohr
tomarla con	sich anlegen mit; *hier:* aufs Korn nehmen
huir de	fliehen vor, einen großen Bogen machen um
el gato	Katze, Kater
contento, -a	zufrieden

* Das Verb „andar" hat im Pretérito indefinido die **unregelmäßigen** Formen

anduve	anduvimos	anduvieron
anduviste	anduvisteis	*sowie:* anduviese, anduviera
anduvo		

Alle anderen Formen sind **regelmäßig.**

Lección 28 – Lektion 28

I. Text

Entre la agricultura tradicional y el turismo en gran escala, España se ha ido desarrollando industrialmente, y hace tiempo que ha dejado de ser una nación predominantemente agraria. El turismo, que en las últimas décadas se intensificó bastante a lo loco, aseguró las divisas con las que pudo mejorarse considerablemente la infraestructura de regiones hasta entonces marginadas; poco a poco se ha ido estabilizando, y es de esperar que todavía haya modo de corregir los excesos de una evolución incontrolada. Desde luego, la "España barata" del turismo masivo, con seguridad ha pasado a la historia, y la verdad es que nadie lo llora. Hoy se trata de estabilizar el número de turistas – 50 millones al año son demasiados – y lograr establecer un equilibrio entre precios y servicios, aumentando la calidad aunque disminuya la cantidad, de manera que ni los visitantes ni los anfitriones se sientan defraudados en sus legítimas esperanzas.

28 El desarrollo industrial de los últimos años parece haber tenido – como el turismo – su época de las vacas gordas. Como hace años la industrialización y el consiguiente éxodo rural contribuyeron a cambiar por completo la estructura socioeconómica de España, incrementando la clase media y la población urbana, actualmente un fenómeno parecido está actuando decisivamente en la configuración del futuro económico y social: la fuga de capitales y de empresas de regiones hasta ahora industriales hace prever corrimientos en la concentración tradicional de la producción, con ventajas para unos y perjuicios para otros.

La crisis energética, la inflación, el paro obrero, constituyen – dentro y fuera de España – factores de inseguridad ante el futuro. El ingreso de España en la Comunidad Europea, sin duda alguna, contribuirá a mejorar un poco la situación, facilitando las exportaciones de los productos agrícolas tradicionales: agrios, vino, aceite, fruta, verduras tempranas . . . ; por otra parte, asegurará el movimiento de la mano de obra. A la inversa, Europa saldrá gananciosa con el ingreso de España, como importante lazo de unión con Hispanoamérica y el mundo árabe. Tras las primeras dificultades de adaptación, ambas partes ven ya las ventajas de la cooperación en el seno de la CE.

II. Übersetzung

Zwischen traditioneller Landwirtschaft und Massentourismus hat sich Spanien allmählich industriell entwickelt, und seit geraumer Zeit ist dieses Land nicht mehr in erster Linie ein Agrarstaat. Der Fremdenverkehr, der in den letzten Jahrzehnten eine ziemlich hektische Entwicklung verzeichnete, brachte die notwendigen Devisen, mit welchen man die Infrastruktur der bis dahin unterentwickelten Randgebiete wesentlich verbessern konnte. Schritt für Schritt ist eine Stabilisierung erfolgt, und es ist zu hoffen, daß man noch eine Methode findet, um die Auswüchse einer außer Kontrolle geratenen Entwicklung zu korrigieren. Natürlich gehört das „billige Spanien" des Massentourismus sicherlich der Vergangenheit an, und, ehrlich gesagt, wird das von niemandem bedauert. Heute geht es darum, die Zahl der Touristen – 50 Millionen pro Jahr sind zuviel – zu stabilisieren und zu versuchen, ein Gleichgewicht zwischen Preisen und Dienstleistungen herzustellen unter Anhebung der Qualität, wenn auch auf Kosten der Quantität, so daß weder die Besucher noch die Gastgeber sich in ihren berechtigten Erwartungen enttäuscht fühlen.

Die industrielle Entwicklung der letzten Jahre scheint – wie beim Fremdenverkehr – ihre fetten Jahre gehabt zu haben. Wie vor Jahren die Industrialisierung und die dadurch bedingte Landflucht dazu beitrugen, die sozioökonomische Struktur Spaniens vollkommen zu verändern, unter Zunahme der Mittelschicht und der Stadtbevölkerung, so wirkt heute ein ähnliches Phänomen entscheidend auf die Gestaltung der wirtschaftlichen und sozialen Zukunft ein: Die Kapitalflucht und die Verlagerung von Unternehmen aus Regionen, die bis heute als industrialisiert galten, lassen Verschiebungen in der traditionellen Konzentration der Produktion voraussehen, mit Vorteilen für die einen und Nachteilen für die anderen.

Die Energiekrise, die Inflation, die Arbeitslosigkeit bilden – inner- und außerhalb Spaniens – Unsicherheitsfaktoren im Hinblick auf die Zukunft. Der Beitritt Spaniens zur Europäischen Gemeinschaft wird ohne Zweifel dazu beitragen, die Situation ein wenig zu verbessern, indem die Ausfuhr der klassischen Agrarprodukte erleichtert wird: Zitrusfrüchte, Wein, Öl, Obst, Frühgemüse . . . ; andererseits wird die Mobilität der Arbeitskräfte gewährleistet. Umgekehrt profitiert aber auch Europa durch den Beitritt Spaniens als wichtiges Bindeglied zu Hisponoamerika und zur arabischen Welt. . . Nach den ersten Anpassungsschwierigkeiten erkennen beide Teile bereits die Vorteile der Zusammenarbeit innerhalb der EG.

III. Grammatik

Rektion der Verben (Fortsetzung)

Der Infinitiv mit vorausgehender Präposition $\boxed{a}$ steht:

1 nach den Verben der Bewegung:

ir a	*werden, wollen*	Iba a hacerlo.	*Er wollte es machen.*
venir a	*kommen, um zu . . .*	llegar a	*kommen, um zu; werden*
volver a	*zurückkehren, um zu; wieder (tun)*	apresurarse a	*sich beeilen zu*
		lanzarse a	*sich entschließen zu*

ponerse a	*sich anschicken*	acercarse a	*sich nähern, um zu*
arrojarse a	*sich erdreisten zu*	subir a	*hinaufsteigen, um zu*
bajar a	*heruntersteigen, um zu*		etc.

◻ nach Verben, die eine Zweckhandlung ausdrücken:

empezar a		meterse a	*sich anschicken*
comenzar a	*beginnen zu*	romper a	*plötzlich an-*
principiar a		echar(se) a	*fangen*
contribuir a	*beitragen zu*	ayudar a	*helfen zu*
aspirar a	*streben nach*	dedicarse a	*sich widmen*
acostum-brarse a	*sich gewöhnen an*	obligar a	*zwingen zu, ver-pflichten*
habituarse a	*sich gewöhnen an*	prestarse a	*sich hergeben zu, sich eignen für*
comprome-terse a	*sich verpflichten*		
prepararse a	*sich vorbereiten*	inducir a	*veranlassen zu*
acceder a	*zustimmen zu*	invitar a	*einladen zu*
enseñar a	*lehren, zeigen*	convidar a	*einladen zu (Essen)*
aprender a	*lernen zu*	atreverse a	*wagen zu, sich trauen*
negarse a	*sich weigern zu*	limitarse a	*sich beschrän-ken auf*
atender a	*Rücksicht nehmen*	abandonarse a	*sich hingeben, sich gehen lassen*
resistirse a	*sich weigern zu*	entregarse a	*sich hingeben*
acertar a	*etwas zufällig tun; mit Glück*		

◻ nach reflexiven Entschlußverben:

decidirse a		determinarse a	*sich entschließen*
resolverse a	*sich entscheiden zu*	oponerse a	*sich weigern zu, dagegen sein*
resignarse a	*sich in etwas fügen*		

Der Infinitiv mit vorausgehender Präposition **en** steht:

28

1 nach den Verben:

acertar en	*recht daran tun, zu*	insistir en	*bestehen auf*
convenir en	*übereinstimmen (Meinung)*	esforzarse en	*sich bemühen*
empeñarse en	*sich versteifen auf*	obstinarse en	*darauf beharren*
ocuparse en (*oder:* de)	*sich beschäftigen*	complacerse en	*Gefallen finden*
afanarse en	*hart arbeiten, sich bemühen*	ejercitarse en	*sich üben*
tardar en	*lange brauchen*	no tardar en	*gleich etwas tun*
vacilar en	*zögern, schwanken*	cansarse en	*bei etwas müde werden*
esmerarse en	*Sorgfalt verwenden auf*	*aber:* cansarse **de**	*von etwas müde werden*
interesarse en (*oder:* por)	*sich interessieren für*		*(= einer Sache überdrüssig werden)*

2 nach Ausdrücken wie:

tener mucho gusto (*oder:* placer) en *aber:* tener el gusto **de** (s. o.)			*großen Gefallen finden an*
tener interés en	*Interesse haben an*	hacer bien en	*gut daran tun*
tener empeño en	*sich auf etwas versteifen*	no tener inconveniente en	*nichts dagegen haben ...*
tener satisfacción en	*zufrieden sein mit/bei*	invertir tiempo en	*Zeit investieren in*

3 nach Adjektiven, zum Beispiel:

meticuloso en	*penibel bei/in*	escrupuloso en	*gewissenhaft bei/in*

211

28 Der Infinitiv mit sonstigen vorausgehenden Präpositionen:

por:

acabar por (hacer algo)	*schließlich (etwas tun)*
agradecido por	*dankbar für*
comenzar por	*anfangen mit (einer Sache)*
terminar por	*aufhören mit (einer Sache)*
estar por	*noch (zu tun sein)*
(La sala está por limpiar)	
estoy por decir	*ich möchte wohl sagen*
estar curioso por (saber)	*gern (wissen) wollen*
No lo digo por alarmarte.	*Ich sage es nicht, um dich zu beunruhigen.*

sin:

Estoy sin lavar.	*Ich bin noch nicht gewaschen.*
Lo hace sin pensarlo.	*Er macht es, ohne (es) zu überlegen.*
un remolque sin enganchar	*ein nicht angekuppelter Anhänger*

con:

Basta con decirlo.	*Man braucht es nur zu sagen; es genügt, wenn man es sagt.*

para:

Vivimos para trabajar.	*Wir leben, um zu arbeiten.*
Está para llover.	*Es wird gleich regnen.*

Gerundium

Ein Teil der Thematik wurde bereits in „Spanisch in 30 Tagen" (Lektion 19) behandelt. Im folgenden geht es um die **Verkürzung von Nebensätzen** durch das Gerundium:

Temporalsatz (cuando):

Estando con tantos alumnos, el profesor suele ponerse nervioso.	*Wenn er vor so vielen Schülern steht, wird der Lehrer gewöhnlich nervös.*
Habiendo terminado el trabajo, me fui a casa.	*Nachdem ich meine Arbeit beendet hatte, ging ich nach Hause.*
Vi a Pablito **saliendo** de la estación.	*Ich sah Paulchen, als er den Bahnhof verließ.*

Kausalsatz (como):

Teniendo que esperar largo tiempo, se puso nerviosa.	*Da sie lange warten mußte, wurde sie nervös.*
Siendo tu amigo, puedo pedirte un favor.	*Da ich dein Freund bin, kann ich dich um einen Gefallen bitten.*

Bedingungssatz (si):

Pasando una temporada en España, un estudiante tiene muchas posibilidades de entrar en contacto con la gente.	*Wenn er eine Saison in Spanien verbringt, hat ein Student viele Möglichkeiten, mit den Leuten in Berührung zu kommen.*
Teniendo tanto dinero como tú, yo no viviría en esa casa tan vieja.	*Wenn ich soviel Geld hätte wie du, würde ich nicht in diesem so alten Haus wohnen.*

Konzessivsatz (aunque, aun cuando):

Aun **disponiendo** de más medios, no adquiriría este solar.	*Selbst wenn ich über mehr Geldmittel verfügte, würde ich diesen Bauplatz nicht erwerben.*
Aun **estando** en el restaurante más lujoso, no tendría apetito.	*Selbst wenn ich im luxuriösesten Restaurant wäre, hätte ich keinen Appetit.*

Relativsatz (nach einem Objekt mit **con**):

Tenía una habitación con un balcón **mirando** hacia el parque.	*Er hatte ein Zimmer mit einem Balkon, der zum Park hin gelegen war.*

IV. Übungen

1. Completar con verbos y preposiciones:

Cuando la madre *(ver)* ... su hijo, *(acercarse)* ... juez[1] y *(rogarle)* que *(ser)* benévolo[2], que el muchacho *(obrar)* ... pensar ... lo que *(hacer)*. – Suponiendo que las cosas no *(salir)* ... acuerdo ... lo que vosotros *(esperar)*, ¿*(seguir)* ... el mismo entusiasmo? – ¡... ver, señorita! ¿*(poder)* decirme ... dónde *(irse)* ... la estación? – Cuando tú *(disponer)* ... tiempo y ocasión, ¿*(venir)* ... vernos?

---

[1] Richter [2] wohlwollend

2. Construir con gerundio las frases siguientes:

Me dijo que no y sacó la lengua / Cuando vieron que no llovía, salieron de excursión / Venía a todo correr[1] y cantaba alegremente / No adelantarás[2] nada si discutes así / Olvidó sus promesas y se negó a contestar / De ser así[3], estoy de acuerdo.

---

[1] so schnell er (laufen) konnte [2] erreichen [3] wenn dem so ist

28

3. En el texto siguiente hay verbos mal empleados; corríjalos:

En 1914 ha estallado la guerra europea; todo el continente se ve envuelto en dificultades y miseria sin cuento; todos desearon que los gobiernos entraban en negociaciones *(Verhandlungen)*, pero las ambiciones de los políticos contaron más que la desesperada voluntad del pueblo.

4. Busque en el texto ejemplos de construcción verbal propia; forme frases con los verbos y/o expresiones:

contribuir – disponer – estar de acuerdo – ponerse de acuerdo – tratar(se) – desprenderse – empezar – estar obsesionado – caerse – terminar – ir.

5. Traducir al alemán:

No te esfuerces en vencer a tu contrario, tú vas a llevar las de perder *(den kürzeren ziehen)*. Estamos acostumbrados a empezar temprano. Se niega a volver a explicar las reglas. El acusado niega haber matado a su novia. El mecánico se fue al taller a buscar otra herramienta. Mi esposa siempre se olvida de apagar la cocina de gas *(Gasherd abschalten)*. El tren tarda mucho en llegar. Los excursionistas *(Wanderer)* estaban cansados de tanto caminar. Se empeñó mucho en persuadirle *(überreden)*. Insistimos en que esta traducción se termine cuanto antes. ¡No te atrevas a decir tales palabras! Hemos quedado en *(so verbleiben)* devolver todo el dinero. ¿Quién cuidará de los minusválidos *(Behinderte)*? Ayudándome Ud., acabaré antes el trabajo. Nuestro amigo iba matando el tiempo paseando por el Retiro y leyendo y escribiendo en su cuarto. Estando así las cosas, no podemos arreglar el asunto.

6. Übersetzen Sie ins Spanische:

Sei so gut und hilf mir, die Skier auf das Dach *(techo)* des Wagens zu heben. Wir standen gewöhnlich *(soler)* um 7 Uhr auf. Gestern abend habe ich vergessen, das Licht in der Garage auszuschalten. Er kam, um eine Tasse Tee mit uns zu trinken. Es würde mich freuen, Sie einmal bei uns zu sehen, damit ich Ihnen unser Haus und unseren Garten zeigen kann. Ich kann nicht umhin, die Studenten des dritten Studienjahres *(curso)* wegen ihrer Grammatikkenntnisse zu loben *(alabar)*. Die Japaner beschäftigen sich nach wie vor damit, Seidenraupen *(gusanos de seda)* zu züchten *(criar)*. Man gewöhnt sich an alles, auch an die Schwierigkeiten, mit den unregelmäßigen Verben zurechtzukommen *(manejar, dominar)*. Hätten Sie etwas dagegen, das Fenster zu öffnen? Darf ich Sie einladen, den Nachmittag in unserem Klub zu verbringen? Vielen Dank, ich bleibe lieber zu Hause. Warum willst du immer der Erste sein? Der Professor lehrt uns seine Muttersprache korrekt

sprechen. Wir lernen auch die spanischen Wörter richtig (zu) **28**
schreiben. Sie versteht sich darauf *(saber)*, allen Männern den
Kopf zu verdrehen *(volver loco)*. Er weigerte sich, das zu akzep-
tieren.
(Mit Gerundium konstruieren:) Ich sah Herrn González im Park
spazierengehen. Da sie meine Frau ist, werde ich ihr immer die
Wahrheit sagen. Als ich 18 Jahre alt war, schenkte mir mein
Vater ein Mikroskop *(microscopio)*. Er verließ das Zimmer, wobei er die Türe schloß, ohne den geringsten Lärm zu machen.

V. Wortschatz

dichoso, -a	*hier:* leidig, verdammt
en gran escala	in großem Ausmaß, Massen . . .
industrial	Industrie . . . , industriell
predominante	überwiegend
agrario, -a	landwirtschaftlich, Agrar . . .
la década	Dekade, Jahrzehnt
intensificar	intensivieren, verstärken
a lo loco	planlos, hektisch, ungezügelt
asegurar	versichern, gewährleisten
las divisas	Devisen
la infraestructura	Infrastruktur
marginado, -a	Rand . . .
estabilizar	stabilisieren
corregir	korrigieren, verbessern
los excesos	Auswüchse
la evolución	Entwicklung
incontrolado, -a	unkontrolliert
masivo, -a	Massen . . .
pasar a la historia	Bestandteil der Geschichte werden
la verdad es que . . .	offen gesagt, tatsächlich ist es so
llorar	beweinen, bedauern
el equilibrio	Gleichgewicht
el servicio; los servicios	Dienst; *Pl.* Dienstleistungen
el visitante	Besucher, Gast
el anfitrión	Gastgeber
defraudar (las esperanzas)	enttäuschen
legítimo, -a	legitim, berechtigt
la vaca	Kuh
(época de) las vacas gordas	die fetten Jahre, Zeit der großen Gewinne
la industrialización	Industrialisierung
consiguiente	entsprechend, folgend
el éxodo	Exodus
el éxodo rural	Landflucht, Abwanderung

28

incrementar	verstärken, fördern, zunehmen
la clase media	Mittelstand, -schicht
el fenómeno	Vorgang, Phänomen, Erscheinung
parecido, -a	ähnlich
actuar en	(ein)wirken auf
decisivo, -a	entscheidend
la configuración	Gestaltung
la fuga	Flucht
prever	voraussehen
el corrimiento	Verschiebung
la concentración	Konzentration
la crisis	Krise
energético, -a	Energie . . .
la inflación	Inflation
el paro (obrero)	Arbeitslosigkeit
el obrero	(Hilfs-)Arbeiter
el factor	Faktor
la inseguridad	Unsicherheit
el ingreso	Eintritt, Aufnahme, Beitritt
la Comunidad Europea (CE)	Europäische Gemeinschaft (EG)
facilitar	erleichtern
la exportación	Ausfuhr, Export
el producto	Produkt, Erzeugnis
agrícola	Landwirtschafts . . . , Agrar . . .
los agrios	Zitrusfrüchte
temprano, -a	Früh . . .
la mano de obra	Arbeitskräfte
a la inversa	umgekehrt
salir ganancioso, -a	gewinnen, profitieren
el lazo de unión	Verbindung, Bindeglied
Hispanoamérica	Hispanoamerika (die Länder Amerikas, in denen Spanisch gesprochen wird)
árabe	arabisch
la adaptación	Anpassung, Angleichung
la cooperación	Zusammenarbeit
en el seno de	in der Mitte von, inmitten, innerhalb von

Lección 29 – Lektion 29

I. Text

Querida Marion:

Acabamos de recibir tu carta, que nos ha alegrado muchísimo a todos, primero, porque en ella leemos que te encuentras de nuevo en casa después de un feliz viaje, y, además, porque con tu carta nos llegó algo de tu persona. Todos te agradecen las amables alusiones que dedicas a cada uno, y creo que vas a recibir muchas contestaciones. Yo soy la encargada de acusar recibo oficialmente, y lo hago con sumo gusto.

No sabes cómo echo de menos tu compañía después de pasar un verano juntas. Cada vez que pienso en las vacaciones, experimento una doble sensación: una inmensa alegría y una tristeza imposible de describir. Alegría al recordar vivencias tan maravillosas durante tu estancia; tristeza, viendo cómo las horas felices pasan tan de prisa. Sin embargo, hemos de ser realistas, y puesto que no nos queda otro remedio, lo mejor es recordar sólo los momentos agradables y esperar que se presente pronto otra ocasión de vernos para charlar con calma y volver a pasar días felices en tu compañía.

Lo que te digo yo, con seguridad te lo van a repetir todos. Mamá y papá me encargan que te diga lo dichosos que se sentirían si el próximo año volvieras a pasar el verano con nosotros. Así, podrías perfeccionar tu español, aunque, a juicio de mamá, es tan perfecto que casi no admite mejoramiento alguno. Manolo anda muy triste, el pobre, y tal vez sepas tú mejor que nadie el por-qué... Paco, muy satisfecho por haber aprobado el curso, aunque con la perspectiva ya del nuevo: le vendrían bien unas vacaciones, pues últimamente ha tenido que bregar lo suyo. Tía Concha y tío Pepe hicieron escala un par de días entre nosotros, en uno de sus continuos viajes; ya sabes que no paran, y, a lo mejor, cualquier día los tienes en Munich ante la puerta, sin previo aviso. Jaime me encarga que te mande un beso así de grande, cosa que hago con placer y sin decirle nada a Manolo. En fin, todos te saludan, todos prometen escribirte, y a todos nos gustaría verte pronto por aquí.

Y nada más por hoy, muchísimos recuerdos a tus papás y herma-nos, y tú recibe un millón de besos de tu inolvidable amiga

Adela.

P. S. Por correo aparte sale un paquetito.

II. Übersetzung

Liebe Marion,

wir haben soeben Deinen Brief erhalten, der uns alle wirklich sehr erfreut hat, einmal, weil wir darin lesen, daß Du nach einer glücklichen Reise wieder zu Hause bist, und zum andern, weil mit Deinem Brief ein Stück von Dir zu uns gekommen ist. Alle sind Dir dankbar für die liebenswürdigen Zeilen, die Du jedem einzel-nen widmest, und ich glaube, daß Du viele Antworten erhalten wirst. Ich bin beauftragt, offiziell den Erhalt zu bestätigen, und ich tue dies mit größtem Vergnügen.

Du weißt nicht, wie (sehr) ich Deine Gegenwart vermisse, nach-dem wir einen Sommer zusammen verbrachten. Jedesmal wenn ich an den Urlaub denke, verspüre ich eine zweifache Empfin-dung: eine unendliche Freude und eine nicht zu beschreibende Traurigkeit. Freude, wenn ich an so wunderbare Erlebnisse wäh-rend Deines Aufenthaltes zurückdenke – Traurigkeit, wenn ich sehe, wie schnell die glücklichen Stunden vergehen. Wir müssen jedoch auf dem Boden der Tatsachen bleiben, und weil uns nichts anderes übrig bleibt, ist es das Beste, sich nur an die angenehmen Augenblicke zu erinnern und zu hoffen, daß sich bald wieder eine Gelegenheit ergibt, uns zu sehen, um in Ruhe zu plaudern und erneut glückliche Tage zusammen mit Dir zu verbringen.

Was ich Dir (hier) sage, werden Dir mit Sicherheit alle wiederholen. Mama und Papa bitten mich, Dir zu sagen, wie glücklich sie sich fühlen würden, wenn Du im nächsten Jahr den Sommer wieder bei uns verbrächtest. So könntest Du Dein Spanisch vervollkommnen, obgleich es nach Mamas Meinung so vollkommen ist, daß es fast keiner Verbesserung mehr bedarf. Manolo, der Ärmste ist sehr traurig, und vielleicht weißt Du besser als jeder andere weshalb ... Paco ist sehr glücklich, weil er das Studienjahr geschafft hat, auch wenn sich das neue bereits ankündigt: Etwas Ferien werden ihm gut tun, denn in der letzten Zeit hat er sich ganz schön abrackern müssen. Tante Concha und Onkel Pepe haben bei uns einige Tage Halt gemacht, auf einer ihrer ständigen Reisen; Du weißt ja, daß sie immer rastlos sind, und vielleicht stehen sie irgendwann einmal, ohne vorherige Ankündigung, vor Deiner Tür in München. Jaime hat mir aufgetragen, Dir einen ganz dicken Kuß zu schicken, was ich mit Vergnügen tue, und ohne Manolo etwas (davon) zu sagen. Kurz und gut – alle grüßen Dich, alle versprechen Dir zu schreiben, und uns alle würde es freuen, Dich bald wieder hier zu sehen.

Und das ist alles für heute; viele, viele Grüße an Deine (lieben) Eltern und Geschwister, und für Dich unendlich viele Küsse von Deiner unvergeßlichen Freundin   Adela.

P. S.: Mit getrennter Post geht ein kleines Paket (an Dich) ab.

III. Grammatik

Unbestimmte Fürwörter (indefinite Pronomina – pronombres indefinidos)

algo	*etwas*
Algo se mueve	*Etwas bewegt sich.*
alguien	*jemand*
Alguien ha dicho ...	*Jemand hat gesagt ...*
alguno	*irgendeiner*
alguno de mis colegas	*einer meiner Kollegen*
algunos/as	*einige*
Algunos creen ...	*Einige (= manche) glauben ...*
ambos/as	*beide*
Ambos (*oder:* los dos) están casados	*Beide sind verheiratet.*
cada	*jeder*
cada dos días	*alle zwei Tage (jeden zweiten Tag)*
cada uno	*jeder (einzelne)*
Cada uno hace lo que le da la gana.	*Jeder macht, was ihm gefällt.*

cada cual/cierto
  Cierto López me llamó el otro día.

ein gewisser
  Ein gewisser López hat mich neulich angerufen.

cualquiera
  cualquier libro
  cualquiera de vosotros

irgendein/e/r, jede(r)
  irgendein Buch
  jeder von euch

lo demás
  Lo demás no nos interesa.

das übrige
  Das übrige interessiert uns nicht.

los/las demás
  Los demás trabajan.

die übrigen
  Die übrigen arbeiten.

el mismo
  el mismo que tú

derselbe
  der gleiche wie du

lo mismo
  A mí me da lo mismo.

dasselbe
  Mir ist das egal.

mucho
  Mucho podría ser diferente.

vieles
  Vieles könnte anders sein.

muchos/as
  Muchos no lo saben.

viele
  Viele wissen es nicht.

otro/a
  Otro señor declaró . . .

ein(e) andere(r)
  Ein anderer Herr erklärte . . .

el otro
  El otro no dijo nada.

der andere
  Der andere sagte nichts.

nada
  No quiere nada.

nichts
  Sie will nichts.

nadie
  No ha visto a nadie.

niemand
  Er hat niemanden gesehen.

ninguno
  ¿No te escribe ningún amigo?

kein; keiner
  Schreibt dir kein Freund?

poco
  Poco ha cambiado.

wenig
  Wenig hat sich geändert.

pocos
  Pocos han aprobado el examen.

wenige
  Wenige haben die Prüfung bestanden.

tal
  Tal vehículo no me gustaría.

solch (ein), ein solcher
  Ein solches Fahrzeug würde mir nicht gefallen.

un tal
  un tal González

ein gewisser
  ein gewisser González

tanto
  Tanto podría ser reformado.

so vieles
  So vieles könnte reformiert werden.

tantos/as
  Tantos amigos vinieron.

so viele
  So viele Freunde kamen.

todo
  Todo está bien.

alles; jeder
  Alles ist o. k.

todo el/toda la	der/die ganze
Todo el mundo se dedica a . . .	Die ganze Welt (= alle Welt) widmet sich . . .
todos/as	alle
Todos llegaron.	Alle kamen.
uno	einer; man
Uno se acostumbra a todo.	Man gewöhnt sich an alles.
Uno de ellos dijo . . .	Einer von ihnen sagte . . .
el uno al otro	einander
Se saludaron los unos a los otros.	Sie grüßten einander.
varios/as	mehrere, einige
Varios se retiraron.	Einige zogen sich zurück.

Zur Beachtung:

1 Verkürzt im Singular maskulin werden vor dem Substantiv:
alguno → algún (algún libro)
cualquiera → cualquier (cualquier día; *auch bei f.:* cualquier mujer)
ninguno → ningún (ningún tono)

2 Cualquiera *hat den Plural* cualesquiera
(*ebenso:* quienquiera → quienesquiera, *nur bei Personen!*)

3 Zu oben genannter Liste gehören noch die Ausdrücke:

la mayor parte de, la mayoría de	die meisten
muy pocos	die wenigsten
Muy pocos saben esto.	Die wenigsten wissen dies.
semejante	derartig
Semejante cosa no habría ocurrido.	Derartiges wäre nicht geschehen.
nel último	der letzte
el único	der einzige
(lo único = *das einzige*)	
demasiado	zuviel

IV. Übungen

1. Completar con la forma verbal:

Me dijo que *(venir)* hoy, pero todavía no *(llegar)* – ¿*(Poder)* Vd. decirme que hora es? – Si mañana *(tener)* (yo) ocasión, *(haceros)* una breve visita – El médico *(recomendar)* a la enferma que *(dormir)* la siesta[1], pero ella *(preferir)* pasear – Es inimaginable que los muchachos *(llegar)* a tiempo aunque el treno no *(traer)* retraso: la distancia *(ser)* muy grande y, además, *(llover)* – Dentro de diez años, todos *(encontrar)* una ocupación interesante que *(garantizarles)* suficientes ingresos.

---

[1] Mittagsschlaf halten

2. Completar con la preposición:

Muy ... mañana salimos ... casa, y ... las dos horas, ya estábamos ... la montaña. Ascendiendo ... la ladera norte, logramos dar ... una senda muy segura ... altas rocas; ... la cumbre, nos esperaba una sorpresa bastante desagradable: ... llegar, el guía empezó ... sentirse mal, y tuvimos que bajarlo ... cuestas ... enormes dificultades. Afortunadamente, no fue nada ... importancia, pero el susto nos dejó ... ganas ... volver ... reemprender la escalada *(Aufstieg)*.

3. Colocar un pronombre o adjetivo adecuados:

Había ... personas en la reunión – Jamás he visto a ... en este lugar – Ese niño no tiene ... – ¿Se ha decidido usted por ... partido? – Bebe ... vino, pero no ... cerveza – ... son dichosos aunque tengan que vivir con ... recursos.

4. Traducir al alemán:

Cada uno obra según las circunstancias. Quienquiera que lo haya escrito, me parece un imbécil *(Dummkopf)*. Alguna que otra tarde *(an einem Nachmittag)* saldremos de viaje. Cada ocho días visitó a sus conocidos. Tal padre, tal hijo. ¿Hay algo de nuevo? No hay nada de nuevo. ¿Ha escrito alguien? No ha escrito nadie. Alguno *(mancher)* pensará que todos los españoles somos toreros. Algunas de sus colegas creen ... Hay pocos que no saben leer. Todo esto no me parece muy claro. Ha estado fuera toda la tarde. Todos los americanos sois así. Todo alemán piensa así. Cada día nos levantábamos a las seis y media. Cada una vino con su novio. Cada vez que voy a Santander, me invitan a una excursión por los alrededores. El tren viene cada 20 minutos. La cosa no es difícil; cualquiera podría hacerla. Dame algún libro *(ein Buch)*. Dame cualquier libro *(irgendeines, ein x-beliebiges Buch)*. Cada uno de vosotros tiene mucho que traducir. El novio de Isabel no es un cualquiera. Me queda un solo billete de 100 florines *(Gulden)*.

5. Übersetzen Sie ins Spanische:

Unter solchen Umständen kann ich die Leitung der Firma nicht übernehmen *(hacerse cargo de)*. Ein gewisser Pedro hat damals die Ausflüge organisiert. Ich würde eine derartige Sache nie allein machen. Derselbe Student wie gestern hat sich erkundigt, ob er nicht Übersetzungen bekommen könne. Es gibt wenig Spanier, die Deutsch einwandfrei lesen und schreiben können. Hast du etwas gesagt? Nein, ich habe überhaupt nichts gesagt. Haben Sie etwas zu verzollen *(declarar)*? Jeder bezahlt das seine. Alles ist geregelt. Ganz Madrid war auf der Straße. Eines Abends bekamen wir unangemeldet Besuch aus Spanien. In diesem Institut hört man alle Sprachen der Welt. Ich kenne keine der beiden

Damen. Jede hat ihre Probleme: Die eine sucht jemanden, mit dem sie Spanisch sprechen könnte; und die andere hat eine Peruanerin zur *(por)* Freundin, die aber nur einmal im Jahr nach Europa kommt, um hier ihren Sommerurlaub zu verbringen.

V. Wortschatz

amable	liebenswürdig, freundlich
la alusión	Anspielung; *hier:* Eingehen auf etwas
la contestación	Antwort
encargar	beauftragen
acusar recibo	den Eingang bestätigen (*oder* Erhalt)
sumo, -a	höchst(e)
con sumo gusto	sehr gern, mit größtem Vergnügen
echar de menos	bemängeln; vermissen
la sensación	Empfindung
la tristeza	Traurigkeit, Wehmut
describir	beschreiben
imposible de . . .	nicht zu . . . , unmöglich zu . . .
la vivencia	Erlebnis
durante	während
la prisa	Eile
de prisa	schnell
realista	realistisch; auf dem Boden der Tatsachen; Realist
puesto que	da
no quedar otro remedio	nicht zu ändern sein, nichts anderes übrig bleiben
dichoso, -a	glücklich (lo . . . que *wie* . . .)
a juicio de	nach Meinung von
admitir	zulassen
el mejoramiento	Verbesserung
el porqué	Grund, Warum
satisfecho, -a	froh, glücklich, zufrieden
la perspectiva	Aussicht
venir bien	gut bekommen
bregar	sich abrackern, schuften
lo suyo	das Seinige, Seine
hacer escala	Station machen
parar	halten
el aviso	Bescheid
sin previo aviso	unangemeldet
así de grande	ganz groß; *hier:* dick
el placer	Freude, Genuß, Vergnügen
en fin	kurz und gut
por correo aparte (*oder* separado)	mit getrennter Post

Lección 30 – Lektion 30

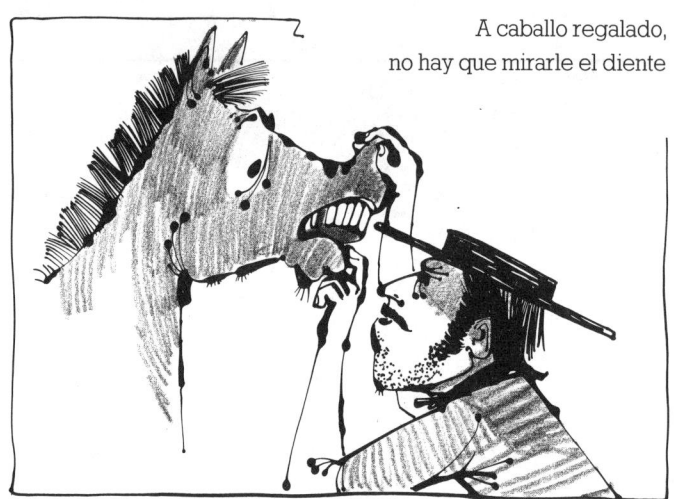

A caballo regalado,
no hay que mirarle el diente

I. Text

Los refranes son como las flores silvestres de la lengua, que encierran todo el aroma de la filosofía y ciencia popular. Todas las lenguas pueden ofrecer innumerables expresiones, unas veces rimadas, otras no, fruto sazonado de siglos, milenios de halagüeñas experiencias o amargos desengaños. Como el hombre siente en todas las latitudes lo mismo, aunque se exprese con distintas palabras, casi todos los refranes tienen correspondencia en las distintas lenguas. Resulta obvio, sin embargo, que cuanto mayor sea el distanciamiento geográfico y cultural, tanto más difícil será establecer relaciones y traducir los refranes de una lengua a otra.

He aquí un ramillete de refranes corrientes de la lengua española, que con un poco de empeño, podrán suscitar paralelismos en la copia de refranes de cualquier país de algún modo vecino de España; hagamos la prueba:

A quien madruga, Dios le ayuda.

No por mucho madrugar amanece más temprano.

A mucho hablar, mucho errar.

Quien siembra vientos, recoge tempestades.

No hay mal que cien años dure.

No hay mal que por bien no venga.

A caballo regalado, no hay que mirarle el diente.

No es tan fiero el león como lo pintan.

Dime con quién andas, y te diré quién eres.

Ayúdate y Dios te ayudará.

Del dicho al hecho va trecho (. . . hay gran trecho).

Palabra y piedra suelta no tienen vuelta.

No se ganó Zamora en una hora.

De tal palo, tal astilla.

No es oro todo lo que reluce.

A buen hambre no hay pan duro.

II. Übersetzung

Die Sprichwörter sind wie die wilden Blumen der Sprache, die in sich den ganzen Duft der Philosophie und Weisheit des Volkes (Volksweisheit) bergen. Alle Sprachen können unzählige – manchmal gereimte und manchmal ungereimte – Ausdrücke bieten, als reife Früchte von Jahrhunderten, Jahrtausenden schmeichelhafter Erfahrungen oder bitterer Enttäuschungen. Da der Mensch überall auf der Welt ein und dasselbe empfindet, auch wenn er sich in unterschiedlichen Worten ausdrückt, haben fast alle Sprichwörter in den verschiedenen Sprachen eine Entsprechung. Es ist aber einleuchtend, daß es – je größer die geographische und kulturelle Distanz ist – um so schwieriger sein dürfte, Bezüge herzustellen und die Sprichwörter aus einer Sprache in die andere zu übertragen.

Hier ist eine Auslese geläufiger Sprichwörter der spanischen Sprache, welche – wenn man ein bißchen Mühe aufwendet – Parallelbeispiele in der Fülle der Sprichwörter eines jeden beliebigen Landes, das auf irgendeine Weise Spaniens Nachbar ist, finden lassen. Machen wir die Probe:

Dem, der früh aufsteht, hilft Gott.

(Morgenstund' hat Gold im Mund.)

Nicht durch noch so zeitiges Frühaufstehen wird es eher Tag.
(Der Tag hat nur 24 Stunden.)

Wer viel spricht, irrt viel.
(Besser ein Wort zu wenig, als ein Wort zu viel.)

Wer Wind sät, wird Sturm ernten.
Es gibt kein Übel, das hundert Jahre dauert.
(Alles geht vorüber. Die Zeit heilt alle Wunden.)

Es gibt kein Übel, das nicht auch zum Guten kommt.
(Auch das Unglück hat sein Gutes.)

Dem geschenkten Pferd soll man nicht den Zahn ansehen.
(Einem geschenkten Gaul schaut man nicht ins Maul.)

Der Löwe ist nicht so wild, wie sie ihn malen.
(Keine Suppe wird so heiß gegessen, wie sie gekocht wird.)

Sag mir, mit wem du gehst, und ich sage dir, wer du bist.

Hilf dir, und Gott wird dir helfen.
(Hilf dir selbst, dann hilft dir Gott.)

Vom Wort bis zur Tat ist eine (große) Strecke.
(Vom Wort zur Tat ist ein langer Pfad. Versprechen und
Halten ist zweierlei.)

Ein Wort und ein loser (= fallender) Stein kommen nicht
mehr zurück.
(Gesagtes Wort und geworfenen Stein sammelt man nicht
wieder ein.)

Zamora wurde nicht in einer Stunde erobert.
(Rom ward nicht an einem Tag erbaut.)

Von einem solchen Stamm, ein solcher Splitter.
(Wie der Vater, so der Sohn.)

Es ist nicht alles Gold, was glänzt.

Für einen guten Hunger gibt es kein hartes Brot.
(Hunger ist der beste Koch.)

III. Grammatik

Unvollständige (defektive) Verben (verbos defectivos)

Es handelt sich um solche Verben, die nur in bestimmten Formen
(Zeiten und Personen) gebraucht werden. In den Zeiten und Personen, in denen sie nicht gebräuchlich sind, müssen sie durch
andere Zeitwörter (sogenannte Ersatzverben) ersetzt werden.

Hier die wichtigsten:

atañer   *betreffen, berühren, angehen:*
por lo que atañe a . . .   *was . . . betrifft*
Formen: **atañe, atañen** (nur 3. Person); Ersatzverben: tocar, referirse

placer   *gefallen;* Komposita: complacer, desplacer, aplacer (selten) kann nach der 3. Klasse (wie „nacer") konjugiert werden, kommt aber praktisch nur in der 3. Person vor.
Unregelmäßig sind speziell die Formen:
plega, plegue oder **plazca** *es möge gefallen;* plugo, plació, pluguieron; **pluguiese, pluguiera** oder **placiese, placiera**; zum Beispiel:
¡Pluguiera a Dios!   *Möge Gott es geben!*
Todo lo nuevo (a)   *Alles, was neu ist, gefällt.*
place.
Ersatzverben: gustar, agradar

balbucir   *stottern, stammeln, lallen;* ist in denjenigen Formen ungebräuchlich, in denen ein **z** vor **c** stehen müßte. Ersatzverben: balbucear, tardamudear

concernir   *betreffen, angehen;* nur in der 3. Person gebräuchlich: **concierne, conciernen, concierna, conciernan, concernía, concernían;** Gerund: concerniendo. Ersatzverb: tocar

soler   *pflegen, gewohnt sein* (Umschreibungen mit *meist, gewöhnlich, im allgemeinen*); gebräuchlich im Indikativ des Präsens und im Imperfecto (meistens 3. Person); **suele, solía;** aber auch: **suelo, sueles,** etc.; **solía, solías,** etc. Vollverb: acostumbrar
Acostumbro levan-   *Gewöhnlich stehe ich um*
tarme a las 7.   *7 Uhr auf.*
Como suele decirse.   *Wie man so zu sagen*
    pflegt.

raer   *(ab)schaben* (traje raido). Nach Möglichkeit vermeide man die 1. Person Indikativ Präsens. Dies gilt auch für:

roer   *nagen, benagen*

reponer   *erwidern, entgegensetzen;* nur im Pretérito indefinido gebräuchlich: **repuse, repuso**

Ersatzverb: contestar, responder, replicar
Beachten Sie: „reponer" in der Bedeutung von *wieder hinstellen, ersetzen* und „reponerse" = *sich erholen* ist praktisch in allen Formen gebräuchlich.

yacer *liegen, ruhen = begraben sein* (bei Grabinschriften). In der 3. Person gebräuchlich:

> **Aquí yace.** *Hier ruht.*
> Quien mala cama *Wie man sich bettet, so*
> hace, en ella yace. *liegt man.*

liegen (allgemein): estar en cama, estar tumbado, estar tendido de espaldas *(auf dem Rücken liegen)*

podrir *(ver)faulen, verwesen.* Formenbildung regelmäßig nach der Infinitivform „pudrir". Im Infinitiv und Partizip werden die Formen mit **o** bevorzugt: **podrir** und **podrido;** aber: el Pudridero *(Gruft im Escorial).* Reflexiv: pudrirse de … *vergehen vor…* *(Scham etc.).*

ladrar *bellen;* in den 1. Personen kaum zu gebrauchen (nur Fabel etc.).

> el ladrido *das Gebell*

Manche Verben der 3. Konjugation (i-Konjugation) haben aus bestimmten Gründen (Phonetik, Doppelbedeutung etc.) nur diejenigen Formen, deren Stamm nicht betont ist und deren Endung mit **i** beginnt:

abolir *abschaffen;* nur: **abolimos, abolís; abolid, abolía,** etc.; **abolí, aboliste,** etc.; **abolido, aboliendo.** Ersatzverben: anular, cancelar, derogar (una ley)

agredir *angreifen, anfallen.* Ersatzverben: acometer, atacar, embestir

arrecirse *erstarren (vor Kälte).* Ersatzverb: entumecerse

aterirse *erstarren; frösteln*
> aterido *starr vor Kälte*

despavorir *sich entsetzen.* Ersatzverben: llenarse de pavor, horrorizarse, espantarse, asustarse

empedernir *verstocken*
> empedernirse *sein Herz verhärten*
Ersatzverben: hacerse insensible, curtirse/el corazón
fumador empedernido, solterón empedernido

transgredir	*übertreten, überschreiten* (Vorschrift). Ersatzverben: violar, no observar
erguir	*erheben, aufrichten.* Kommt in der ersten Person des Indikativ Präsens selten vor. Kann wie „pedir" oder „sentir" abgewandelt werden: **yergo** oder **irgo, irgues, irgue, erguimos,** etc. **irga** oder **yerga; erguí, irguió, irguieron,** etc. Gerund: **irguiendo.** Auch reflexiv:

erguirse *sich aufrichten.*

Ersatzverben: alzar, levantar, erigir

Con la cabeza erguida.   *Erhobenen Hauptes.*

Zur Beachtung: Die **femininen Substantive,** die mit betontem **a** oder **ha** beginnen, haben im Singular den Artikel **el**: el ama de casa (*jedoch:* las amas de casa); ebenfalls wird der unbestimmte Artikel **un** verwendet:

un alma   *eine Seele.*

Analog werden auch vor diesen femininen Substantiven diejenigen Adjektiva im Singular verkürzt, die üblicherweise vor maskulinen Hauptwörtern im Singular verkürzt sind: bueno, malo, alguno, ninguno, primero, tercero, postrero, cualquiera; zum Beispiel:

un buen hambre   *ein mächtiger Hunger*
ningún agua, algún águila, etc.

IV. Übungen

1. Completar:
Los españoles *(soler)* ser poco puntuales – No *(caber)* duda que su comportamiento *(resultar)* bastante descortés – ¿Quién *(garantizarte)* que *(complacerles)* ese regalo? – Por lo que a mí *(atañer)*, no veo inconveniente alguno – No creo que *(caber)* todos en el coche – Cuando *(amanecer)*, salimos de excursión – Deben ser castigados quienes *(violar)* las leyes en tanto no *(abolirse)* – En lo que *(concernirnos)*, estamos de acuerdo.

2. Convertir en estilo indirecto (Ejemplo: ¡Espera! – dice que espere):
Colocad los libros sobre la mesa – Jaime dice: El año que viene iremos de vacaciones a Portugal – Cierra la puerta, porque hace frío – Dijo don Quijote: Lo que veo, creo, y no más, ni nada más – Acercaos a mí, para que pueda veros – Dice un refrán: En martes, ni te cases ni te embarques – Llevad a la niña al médico, porque está grave – A lo que preguntó Pepe: ¿Qué quieres que haga?

3. Conversación:

¿Le gustan a Vd. los refranes, o cree que son ya anticuados? ¿Qué refrán español le parece especialmente interesante? ¿Qué refrán alemán le parece imposible de traducir al español? ¿Conoce algún autor especialmente aficionado a los refranes populares? Cervantes hace hablar a Sancho Panza empleando refranes; ¿puede suponer por qué?

4. Traducir al alemán:

Tanto las manos como los pies del montañista estaban completamente ateridos. Antes de la guerra, mi abuelo solía leer el periódico ya a las siete de la mañana. Pluguiera a Dios que los prisioneros de guerra volviesen pronto a sus respectivas patrias. Algunos estudiantes estaban tan empedernidos en sus ideas de mejorar el mundo, que no había manera de hacerles razonar *(zur Vernunft bringen)*. El boxeador noqueado *(k.o.)* balbucía unas palabras incoherentes *(unzusammenhängend)*. Lo que no nos atañe, no nos interesa. Todo el envío de frutas cítricas llegó en estado podrido. No creemos que este asunto le concierna a Ud. "Te untaré mis versos con tocino *(Speck)* para que no me los roigas" (Quevedo a Góngora). La pequeña se repuso rápidamente de su gripe. Durante nuestro viaje a Andorra tuvimos que reponer un neumático *(Reifen)*. Aquel manuscrito yacía sepultado dos siglos y medio. ¡Estos nuevos ricos, podridos de dinero! Nuestro vecino tiene dos perros pastores que ladran siempre a la luna. El Rey tuvo que abolir el decreto.

5. Übersetzen Sie ins Spanische:

Schon immer griffen Tiger *(tigre)* Elefanten *(elefante)* an. Im Altertum *(Antigüedad)* gab es viele Völker, die an den Krieg gewöhnt waren. Von Angst erfüllt, flüchteten die Mauren *(moros)* *(darse a la fuga)*. Er ließ sich von einem Scharlatan *(charlatán)* betrügen. Ihr Herz verhärtete sich mit dem Schmerz. Das Gesetz darf man nicht übertreten. Die Firma garantiert (für) das einwandfreie Funktionieren *(funcionamiento)* des Gerätes. Manche Sprichwörter und Redensarten *(modismos)* sind sehr leicht ins Spanische zu übersetzen; zum Beispiel: Er hat den Löwenanteil bekommen. Dieses Beispiel macht Schule. Eine Hand wäscht die andere. Dieses Geschäft *(negocio)* ist eine Goldgrube *(mina)*. Er hat das Pulver *(pólvora)* nicht erfunden *(inventar)*. Maria geht gewöhnlich mit den Hühnern zu Bett. Du mußt ihm die Zähne zeigen.

V. Wortschatz

el refranero	Sprichwörtersammlung
breve	kurz (gefaßt)
la flor	Blume
silvestre	wild(wachsend)
encerrar	einschließen; *hier:* bergen
el aroma **m**	Duft
la filosofía	Philosophie
la ciencia	Wissen(schaft); *hier:* Weisheit
rimar	reimen
sazonado, -a	reif
el milenio	Jahrtausend
halagüeño, -a	schmeichelhaft
la experiencia	Erfahrung
amargo, -a	bitter
el desengaño	Enttäuschung
la latitud	(geographische) Breite
en todas las latitudes	überall auf der Welt
la correspondencia	Entsprechung
obvio, -a	einleuchtend, klar
el distanciamiento	Entfernung, Distanz
el ramillete	*hier:* Auslese; Blumenstrauß
suscitar	hervorrufen
el paralelismo	Parallelität, Parallelbeispiel
la prueba	Probe
madrugar	früh aufstehen
amanecer	tagen, Tag werden
errar (yerro)	irren
sembrar (-ie-)	säen
el viento	Wind
recoger	ernten, einheimsen
la tempestad	Sturm, Unwetter
el caballo	Pferd
regalar	schenken
el diente	Zahn
fiero, -a	wild (Tier)
el león	Löwe
el dicho	das Sagen *oder* Reden
el hecho	Tat
el trecho	Strecke
la piedra	Stein
soltar (-ue-)	loslassen
el palo	Stock
la astilla	Splitter
el oro	Gold
relucir	glänzen

Schlüssel für die Übungen

L 1

1. hay; está/ es; hay/ hay/ hay; es/ están/ es/ estar/ son; hay/ hay

2. iremos; vendremos; sabrás; tendrá; pondréis; prepararán; seremos; habrá; podrás

3. sí, siente molestar; no, no siente molestar / sí, se queja; no, no se queja / sí, le parece bien; no, no le parece bien / sí, estuvieron … ; no, no estuvieron … / sí, ha sido … ; no, no ha sido …

4. Die jungen Damen, die ihr dort seht, sind Guatemaltekerinnen. Heute (*oder:* diesen) Nachmittag kommt ein Spanier, für den ich eine Urkunde übersetzen muß. Er erhielt ein Telegramm, durch das man ihn eingehend informierte. Der Geburtstag, zu dem man mich einlädt, ist für ihn der wichtigste Tag des Jahres. Kabel sind Elemente, durch die der elektrische Strom fließt. Mein Chef hat einen Computer gekauft, für den er sich schon seit vielen Monaten interessierte. Er will (*oder:* wird) mir die Büros zeigen, für die er Schreibmaschinen benötigt. Die Bedingungen, unter welchen wir das Angebot annehmen mußten, sind wenig günstig. Das Unternehmen hat zwei Sekretärinnen, die die englische, französische und spanische Sprache beherrschen. Proteine und Fette sind Substanzen, ohne die wir nicht leben können. Es herrschen (einige) Tendenzen vor, gegen die man (an)kämpfen muß.

5. La abuela de mi amigo, quien (la cual) vive en España, le venía a visitar cada año. La casa en la que vive la familia es muy espaciosa. Los libros, sin los que no podemos estudiar, son más caros de lo que se piensa. El hermano de mi amiga, el cual estudia en la Universidad Técnica de Munich, quiere ser ingeniero. Aquéllos que son los últimos, serán los primeros. El asunto al que os referís es más complicado de lo que parece. La película, de la que se habla en toda la ciudad, no es apta para menores. La editorial para la que estoy traduciendo un libro paga bastante bien. Las casas, detrás de las que se hallan lindos jardines, son ya bastante viejas (antiguas). Las frases con las que me sorprendieron en el examen no eran (fueron) tan fáciles como hubiera cabido suponer.

L 2

1. con quien/ para quien/ a quienes/ a quienes/ con el que/ que/ al que/ junto al que/ con quienes

2. prefieren; sentimos; miento, refiero; invertido, invertimos; consiente; se divierten; sugieres

3. ha sentido, sintió, sentía; ha hervido, hirvió, hervía; hemos referido, referimos, referíamos; han mentido, mintieron, mentían; ha herido, hirió, hería; ha preferido, prefirió, prefería; he consentido, consentí, consentía; han sugerido, sugirieron, sugerían; habéis divertido, divertisteis, divertíais.

4. Alles, was du sagst, hat wenig Sinn. Herr und Frau López, mit deren Kindern wir in Portugal waren, sind sympathisch (nett). Es gibt viele Lehrbücher, von denen einige wirklich empfehlenswert sind. Das Übersetzungsbüro hat mehrere Schreibmaschinen, von denen jede eine andere (verschiedene) Tastatur hat. Er (sie) hat einen Preis in Höhe von tausend Mark erhalten, worüber er (sie) sich sehr freut. Wer Granada nicht gesehen hat, hat nichts gesehen; wer Sevilla nicht gesehen hat, hat kein Wunder(werk) gesehen. Man tut, was man kann. In dieser Schule lernt man Spanisch am besten. Es ist nicht alles Gold, was glänzt. Sag mir, mit wem du gehst, und ich werde dir sagen, wer du bist.

5. José se ha reconciliado con su amiga, con quien el año pasado estuvo en Galicia. Las "Rías", cuya belleza es conocida en todo el mundo, me han decepcionado un poco. No puedes imaginarte lo hermoso que es el paisaje, con sus lagos, ríos y verdes bosques. El alboroto turístico te pone nervioso. Mis conocidos me han llevado al centro culinario más importante. Al contemplar la lista de platos, puse unos ojos como platos, pues los precios eran muy altos. El rodaballo y la merluza estaban ya a punto cuando entramos en el restaurante. Mi amigo español estaba sorprendido, porque nunca había oído hablar de Baviera como país de la cerveza (país cervecero). España es, sin duda, el país donde la gente no se acuesta antes de medianoche, pero cuyos habitantes también se levantan tarde.

L 3

2. ha sabido, sabía, supo; has podido, podías, pudiste; han dicho, decían, dijeron; habéis tenido, teníais, tuvisteis; he querido, quería, quise; habéis creído, creíais, creísteis; os han contado, contaban, contaron; han llegado, llegaban, llegaron; ha hecho, hacía, hizo

3. sé; podéis; sabrán; podía (pudo); llegaron, estábamos; sé; sabe, puede

4. Geben Sie mir die doppelte Menge (zweimal soviel)! Verkauft mir dreißig Mal soviel (das Dreißigfache)! Das Vierfache von acht ist zweiunddreißig. Sein Bruder ist in der zweiten Klasse. Der millionste Teil (ein Millionstel) eines Millimeters. Es ist die dritte Reise, die wir nach Spanien machen, aber (es ist) das erste Mal, daß wir in Galicien sind. Im ersten Kapitel werden detailliert (im einzelnen) die ersten Schritte erklärt. Meine Schwiegereltern wohnen im dritten Stock, vierte Türe, wir im ersten. König Alfons X., der Weise, war eine der berühmtesten Gestalten des 13. Jahrhunderts. Haben wir (*oder:* ist) heute der erste oder der zweite April? In Deutschland ist ein Fünftel des Bundeshaushalts für die Verteidigung bestimmt. Die Regierung hat die Hälfte der (Geld-)Mittel ausgegeben. Der fünfzehnte Teil von 75 ist fünf. Ihr müßt eine Viertelstunde warten. Fünf Sechstel der Bevölkerung sind Mestizen.

5. Gana el doble (*o:* dos veces más) que tú. El jardín (huerto), que antes pertenecía a un convento, está rodeado de pinos. El rey Juan Carlos I (primero) es nieto del rey Alfonso XIII (trece), quien se dirigió a Italia en 1931. Los dos jóvenes se habían citado en un bar del centro. ¿Cómo es posible que sólo tengas ciento una pesetas? Es imposible hacerse una idea de la belleza del paisaje catalán sin haberlo visto con los propios ojos. En los acantilados se estrelló una flota de piratas en la segunda mitad del siglo dieciséis. ¿Dónde queréis pasar vuestra luna de miel? ¿Quién ha revelado este secreto? El segundo marido de tía Adela, y (desde) no hace mucho.

L 4

1. Comenzó; costó, duró, empezó, ocasionó; fueron, se produjo, estaban, había; tuvo

3. ¿a qué hora viene?; ¿por qué no juegan?; ¿para qué viven?; ¿para qué trabajan?; ¿cómo ha hecho la traducción?; ¿cuáles son tus libros?; ¿dónde vive tu amiga?; ¿quién es esa señora?; ¿qué te dijo?; ¿qué compró?; ¿qué conduce?

4. Wer sind Sie? Was bist du? Welche (Art von) Zigarren bevorzugst du? Wie ist der neue Minister? Welche Art von Fahrrad hast du? Worauf wartet (*oder* hofft) ihr? Wovon habt ihr gesprochen? Was sagen Sie zu meinen Ölbildern (*oder:* was halten Sie von . . .)? Was haltet ihr davon, alle unregelmäßigen Verben zu wiederholen? Gefällt Ihnen das neue Haus? Wie hübsch ist Deine Verlobte/Freundin! Wie früh mußten wir jeden Morgen weggehen! Wie wenig ihr (doch) wißt! Wie viele Kilometer sind es von Valencia nach Madrid (*oder:* liegt V. von M. entfernt)? Wie lange braucht der Zug (*oder:* dauert die Bahnfahrt)? Wofür habt ihr euch entschieden? Wozu arbeiten, wenn wir so viele Steuern zahlen müssen? Was ist der Unterschied zwischen einer Vikunja und einem Alpaka? Wie viele Bücher haben Sie schon in Ihrem Leben gelesen? Wie schnell ihr gelaufen seid! (Wie schnell seid ihr gelaufen!). Wie kann (*oder:* soll) sie es wissen? Aus welchem Buch haben die Studenten abgeschrieben?

5. ¿Quién es el más viejo (el mayor/el de más edad) de ustedes? ¿Cuál es el mejor método para aprender español en 30 días? ¿A qué se debe? Dejad en paz a los padres; quieren hacer solos una escapada a Roma. Han partido a hurtadillas. ¡Cuántos recuerdos de mi niñez guarda esta casa! ¿Cómo es posible recorrer esta ciudad con los ojos cerrados? ¿Qué contemplan los peregrinos en la iglesia? El obispo es uno de los personajes más célebres del siglo catorce. En Galicia entera así como en Castilla se encuentran casas solariegas de mucha tradición (histórica). Un gran escritor del país calificó a la ciudad de "un sueño de granito, inmutable y eterno". ¿Dónde y cuándo acaba este capítulo?

L 5

1. construye/ influyen/ incluyen/ distribuyen/ huye/ disminuyó/ obstruyáis

2. han llegado/ hicieron/ iremos, irán/ estalló / hallabas, preguntó/ puedas

4. Die Flugzeuge hatten alle Brücken und Gebäude zerstört. Es gelingt uns, die Dinge (so) zu sehen, wie sie tatsächlich sind. Für einen Spanier ist es sicher leichter, die Argentinier zu verstehen als die Portugiesen. Marion und Manolo werden nervös: Ihr Wagen ist verschwunden. In den großen Städten ist die Realität des Alltags wenig angenehm. Im vergangenen Jahr besuchten wir deine Bekannten an ihrem Urlaubsort (wir suchten sie ... auf). Antonio erzählte fast täglich von den Schönheiten dieser historischen Stadt. Die wirtschaftliche Entwicklung der Nachkriegszeit hat den Wohlstand der EG-Länder sehr beeinflußt. Gewaltige Schneemassen blockierten die Straßen in Österreich und der Schweiz sowie auch in den Pyrenäen. Peter, ein junger Deutscher, arbeitet als Journalist in (*oder* bei) einem englischen Verlag. Wir haben den großen Wunsch, diesen süßen Honig zu kaufen, der von zahlreichen Bienen bereitet wurde.

5. Apuesto que tú has pasado ya un verano en la Península Ibérica, porque tu pronunciación no deja nada que desear. Se precisa mucho dinero para levantar otro edificio. Roma es una ciudad importante, no sólo debido a la Santa Sede, sino también por las numerosas riquezas artísticas allí existentes. Juan López, un joven chileno, se ha casado con una joven peruana. Sus conocimientos de español contribuirán a entender (comprender) mejor los problemas de los Estados Hispanoamericanos. Concluimos este ejercicio con un refrán: No es oro todo lo que reluce.

L 6

1. (recién hecho / otro traje)
digno de compasión/sin recursos – importante/de gran estatura – algunos/verdaderos – agradable/de calidad – simple/no alegre – sola/poco inteligente – fastidiosa/feliz – de tradición/de muchos años – extraña/preguntona – de abolengo/de importancia – importante/numerosa

2. Luis Catorce, Felipe Cuarto; Juan Veintitrés, Pablo Sexto; Alfonso Trece; mil ochocientos ocho; diecisiete mil quinientos ochenta

3. menor / mayor / interesantísima / muy exacta / poquísimo / antiquísimo / dulcísima / curiosísima

4. Einige russische Romane sind tatsächlich so interessant, wie die Leute sagen. Der (!) Banco Transatlántico ist direkt an der (!) Plaza de Cataluña. Der Rosé(wein) ist ein Mittelding zwischen Weiß- und Rotwein. (Der) Graf (von) V. beabsichtigt, zwei Schimmel für die Hochzeitskutsche seiner einzigen Tochter zu kaufen. José ist das einzige Kind der Familie González. Gewisse Studenten ziehen es vor zu schwänzen. Mutter Teresa, ein großes Vorbild an Nächstenliebe, hat

den Friedensnobelpreis erhalten. Dieser arme Kerl hat den Verstand verloren. Die Armen mancher Länder brauchen schnelle und wirksame Hilfe. Die Bourbonen folgten auf die Habsburger (das Haus Österreich), ein großes (bedeutendes) (Königs-)Haus in der Geschichte Spaniens. Sancho Pansa war der (Schild-)Knappe Don Quichottes; letzterer bekannt unter dem Namen „Ritter von der traurigen Gestalt". Eine simple Person ist wenig intelligent.

5. Al volver (cuando volví) a Munich de mi viaje a España, tuve una sorpresa mayúscula: los ladrones habían robado todos los muebles (todo el mobiliario). Si hubiera vuelto la semana precedente, seguro que no habría pasado eso (tal cosa), pues mi vecino había controlado la casa todas las tardes (noches). En las vacaciones, las muchachas quieren organizar una fiesta con una buena comida y baile. Por eso, tienen que preparar ya hoy todo. También en Francia, Alemania, Austria y Suiza existen numerosas leyendas que a veces incluyen el encanto del paisaje. Tenemos que estudiar más y más de prisa, porque sólo disponemos de unos pocos días. En la Meseta castellana se encuentran todavía muchos antiguos castillos de los que mi antiguo profesor de español hablaba casi en cada lección. Era un hombre bastante alto. Su mujer (esposa) era algo más baja que él y mucho más joven. La religión católica se diferencia considerablemente de la judía y la mahometana.

L 7

1. es construido/ han sido excluidos/son organizados/ fue organizada/ es abierta/han sido muertas / han sido vendidos/ han sido recibidos/ era (estaba) acompañado

2. a / de/ en/de, de/de, en/a, para, en

3. sí, me gusta; no, no me gusta; sí, tengo . . . ; no, no tengo . . ./ sí, conozco . . . ; no, no conozco . . ./ sí, he leído . . . ; no, no he leído . . ./ sí, tengo . . . ; no, no tengo . . ./ sí, sé . . . ; no, no sé . . .

4. Sowohl die Hin- als auch die Rückfahrt wurde(n) im Zug zurückgelegt. Die Wege wurden von Herrn Ruan, einem sehr renommierten Führer, beschrieben. Der Sitz der Tempelherren wurde in Ponferrada errichtet. El Cid, das bekannteste Epos, spielt in Kastilien und Valencia. Obwohl das Buch ein „Schinken" ist, wird es von vielen Lesern bevorzugt. Die Kurzgeschichte und verschiedene Erzählungen wurden von einem klassizistischen Autor geschrieben. Es tut mir sehr leid, aber der Anzug ist bereits verkauft. Wo sind die Opfer des Bürgerkriegs begraben? Meine Freundin Rosario ist in Geschichte sehr beschlagen. Einige literarische Werke wurden nicht für das breite Publikum geschrieben. In dieser Stadt werden Lastwagen und Flugzeuge gebaut. Diese Türen öffnen sich automatisch. Beinahe alle Gebäude wurden durch Luftangriffe zerstört. Das französische Lied wird von

einem ziemlich jungen Mädchen präsentiert. Dort wurde von Geld gesprochen. Die Passagiere wurden schwer verletzt.

5. El texto es traducido por un intérprete. El texto fue traducido por el intérprete. Los textos han sido traducidos por los intérpretes. ¿Había sido traducido el texto por el intérprete? ¿Será traducido el texto por el intérprete? El texto no habrá sido traducido por el intérprete. ¿Puede ser leído el libro por el niño? El libro no pudo ser leído por el analfabeto. La sopa no ha/había podido ser tomada tan caliente. La ruta tendrá que ser recorrida primero por el guía. Todas las tiendas están abiertas por la tarde. La puerta estaba ya cerrada cuando viniste. Este texto puede ser leído dos veces.

L 8

1. Se dice / se alquilan / se venden / se afirma / se espera / se niega / se cuenta

2. Compraría una moto si tuviera dinero / te ayudaría si tuviera tiempo / nos visitaría si tuviera nuestra dirección / llegarían a tiempo si se levantaran temprano / se lo diría si lo supiera / vendríamos en vuestra ayuda si nos lo solicitaráis / creería lo que cuentas si no mintieras con tanta frecuencia / asistiría si no estuviera enfermo.

4. Jeden Sonntag pflegten sie zum Stierkampf oder zum Frontón *(bask. Ballspiel)* zu gehen. Die Ehegatten (das Ehepaar) setzten sich an den Tisch. Sie läuteten an der Tür *(auch:* es läutete). Meine Tochter reicht mir nicht bis zur Schulter. Das Wasser reicht uns bis zum Hals. Er machte die Reise um die Welt in 80 Tagen. Er ist zwei Jahre im Knast gewesen. Eine Stadt am Ufer der Donau. Toledo ist 80 Kilometer von Madrid entfernt. Juan starb im Alter von 45 Jahren. Er hat uns postwendend geantwortet. In der Ferne erblickt man die verschneiten Berge. Auf die verrückte Art lebt sich's besser. Zu welchem Preis wird das Kilo Artischocken verkauft? (Was kostet das Kilo A.?) Sprichwort: Von Schmied zu Schmied geht kein Geld. Die Angst vor dem Tod. In einem Haus (ganz) in der Nähe des Bahnhofs. Pancho López, gebürtig aus Mérida und Einwohner von Guadalajara. Sein Vater ist als Prokurist in einer Brauerei tätig. Das Mädchen hinter der Theke ist sehr nett.

5. Las vacaciones duran (abarcan) del primero de julio al dos de septiembre de este año. El reino de España se formó aproximadamente en la segunda mitad del siglo XV. Los viajeros temblaban de frío. La letra "k" es muy rara en la lengua española, pero muy frecuente en la alemana. Esto es fácil de decir. La familia Sánchez mudó de casa ayer. Esta gente es estimada de todos. ¡Dígalo en alemán! Su colega cayó al agua; luego, se metió en la cama. Cuelgo el cuadro en la pared; ahora cuelga de la pared. Ocurrió un domingo. Para su edad, Luisa está muy alta. Con ser inglés, habla muy bien español. No es apto para esta profesión. Primero se había escapado a la plaza de la feria, después compró un cucurucho de almendras garapiñadas y finalmente ganó una enorme muñeca en una caseta de tiro (al blanco). Su mujer tuvo que comprar en la farmacia un calmante.

1. ha escrito, escribió, había escrito – habéis vuelto, volvisteis, habíais vuelto – se han repuesto, se repusieron, se habían repuesto – han roto, rompieron, habían roto – ha roto, rompió, había roto – se ha visto, se vio, se había visto – ha muerto, murió, había muerto – ha dicho, dijo, había dicho – se han abierto, se abrieron, se habían abierto

2. tráeselo – pásamela – explícanosla – permíteselo – díselo – regálaselas – no se las devuelvas – entrégasela

4. Sie haben weder die Fenster noch die Türen geöffnet. Die Seefahrer dürften bereits alle Inseln entdeckt haben. Die Telefonleitungen des Festlandes dürften durch atmosphärische Bedingungen unterbrochen worden sein. Die Kontrollarbeiten sind beendet. Die Übungen sind gemacht. Die Tiere sind eingeschlafen; jetzt liegen sie im Schlaf (*oder:* schlafen gerade). Die Neugetauften sind Eingeborene aus dem Dorf. Sie wohnen alle in neuerrichteten Häusern. Ihr habt euch getäuscht; eure Freunde unterliegen keinem Irrtum. Pepe ist Stierkampfanhänger. Wir überquer(t)en den Atlantik auf einem der modernsten Motorschiffe, das auf der technisch fortgeschrittensten Werft Spaniens gebaut wurde. Das Fest, das für ihre Silberhochzeit ausgerichtet wurde, war wunderbar. Er heiratete eine junge Dame, die in einer der besten Schulen der Republik Argentinien erzogen worden war. Nachdem er die erforderlichen Daten gesammelt hatte, legte er sie der Versammlung von Fachleuten vor. Kaum waren sie angekommen, mußten die Eltern wieder abreisen. Nachdem sie alle Übungen des Buches gemacht hatten, konnten die Studenten die Reise nach Spanien antreten.

5. Ana está casada con Pedro. Estamos cansados de trabajar, pero no (estamos) desesperados. Estos días son muy agitados. (Una vez) pasados los exámenes, pudimos ir todos muy contentos a España. A mi amiga le gusta mucho la cerveza bávara, sobre todo la de Munich. No he pedido helado de turrón, porque esta mañana ha helado. Los italianos exportan muchos productos agrícolas. Pero los españoles no les van a la zaga. Cuando íbamos por la carretera, nos pasó un camión cargado de naranjas.

1. respondieron, respondían; sabe; ocurrirá / llegaron, se dio, faltaban; avisó, sabía; tuvo / dispones, visitas; lo conoces, llevas

2. para; para; por – por, del, de – por (para) por (para) – por, para – para

3. el fumar . . . el no trabajar . . . el llegar tarde . . . etc.

4. Die Polizisten fragten nach Herrn Gómez. Sie haben es nicht ohne Grund gemacht. Die Madriderinnen gefallen uns wegen ihrer Schön-

heit und ihrer Anmut. Es ist ein Drama, dargestellt von den besten Schauspielern des Landes. Diese Region wurde von den Westgoten erobert. 144 geteilt durch 12 ergibt 12. Er besitzt den Doktortitel der Universität Bogotá (er hat an der Universität B. promoviert). Der Briefträger geht die Treppe hinunter. Kommt er auf dem See- oder auf dem Landweg? Kannst du mir deinen Fernseher für einen Monat borgen? Morgen früh werde ich zum ersten Mal mit dem Kanzler sprechen. Ich bezahle 500 Schweizer Franken für das Zimmer. Gibst du mir deine Krawatte für die meine? Zieh den Tiger nicht am Schwanz! Hier verkauft man den Artikel dutzendweise. Er wiederholte es Wort für Wort. Die Mutter schickte ihre Tochter um Brot. Ich habe Sie für meinen Freund gehalten. Er hat Conchita zur Frau genommen. Hiermit teilen wir Ihnen mit, daß ... Wir erklären die Sitzung für geschlossen (*oder:* beendet). Die Taubstummen sprechen durch (mit Hilfe von) Zeichen. So billig das Haus auch sein mag, ich werde es nicht kaufen. So intelligent ihr auch sein möget, ihr werdet das Examen nie bestehen. Ich sage es dir nicht, um dich zu beunruhigen (*oder:* weil ich dich beunruhigen möchte).

5. Al levantarme esta mañana noté que había nevado durante toda la noche. Por ser mi amigo, le diré toda la verdad. Tras haberme llamado, fui en seguida al aeropuerto para tomar el próximo avión para Caracas. Trabajó hasta terminar el diccionario. Antes de casarte, tienes que pedir informes al R. C. El fumar tanto perjudica a la salud. Las plantas, los animales y las personas son seres que necesitan agua, aire y sustancias nutritivas. Antes pasar hambre que renunciar a la libertad. Vendió el pequeño submarino por 121.000 marcos. En la última gran guerra murieron miles de hombres por su patria. El "Quijote" fue escrito por el inmortal escritor Miguel de Cervantes. Allí se vende todavía el metro cuadrado a 100 pesetas.

L 11

1. de – de, de – por, de, por – por, en – a, en, a – sin; desde – con, al

2. si no estuviera enfermo, saldría/ si no tuviéramos una visita, iríamos al cine / si no hubiera olvidado el libro, estudiaría / si no estuviera estropeada la máquina, escribiría una carta / si no lloviera tanto, mandaría (a) los niños al campo / si hubiera plazas, viajaría en avión.

3. Lola no fue reconocida por Julio – El jardín ha sido cubierto por la nieve – La biblioteca ha sido cerrada por el director – La fiesta fue organizada por los alumnos – Los paseantes fueron salpicados por un coche – Una finca comunal ha sido vendida por el alcalde – Los campeones fueron premiados por el presidente.

4. Unter unseren Freunden gibt es mehrere Fachleute. Alle waren Zeugen des Unfalls, ausgenommen diejenigen, die abwesend waren. Dies ist nach den deutschen Gesetzen verboten. In dieser Welt kann man

ohne Geld nicht leben. Mit mir könnt ihr so (*oder:* auf diese Weise) nicht reden. Die Dame war immer sehr liebenswürdig zu uns. Diese Türe kann man nur mit einem Dietrich öffnen (kann ohne D. nicht geöffnet werden). Als der Wagen eine ziemlich enge Kurve nahm, stieß er gegen einen Baum. Es ereignete sich (es geschah) im (*oder:* während des) vergangenen Jahrhundert(s). Die Miliztruppen rückten gegen Osten vor. Du glaubst, daß sie gegen Mitternacht kommen (werden)? Man muß bis Jahresende warten. Ihr werdet nicht vor ein Uhr kommen. Seit der Einführung dieser Normen gibt es keine(rlei) Schwierigkeiten mehr. Unter diesen Umständen kann man absolut (*oder:* überhaupt) nichts erreichen. Angesichts dieser Situation ist es besser zu schweigen (*oder:* schweigt man besser). Nach dem Regen klarte der Himmel auf (*oder:* klarte es auf). Können Sie uns über die neuesten Notierungen (Kurswerte) an der Börse unterrichten? Wir bieten Ihnen dieses Produkt zu diesem Preis an, abzüglich drei Prozent Skonto. Die Preise verstehen sich netto zuzüglich Versandspesen (*oder:* -kosten).

5. En la vida, no se puede obtener nada sin dinero. Manolo iría con Marion a la zarzuela si obtuvieran aún entradas. El jugador estrelló la pelota contra la pared. Esta música es maravillosa y se pega fácilmente al oído. Según disposición del director, hoy no hay clase debido a la fiesta nacional. Durante sus estudios en la universidad, trabajó continuamente de camarero y de cartero. Hacia el sur, se ensancha el valle en una fértil llanura. En nuestro viaje por España, llegamos ayer a Teruel. Antes del examen final, estudiábamos cada día sin interrupción hasta la medianoche. Así es desde que el mundo es mundo. El puerto de montaña está cerrado desde hace tres meses. Entre ambos ríos se extiende un paisaje romántico. Entre hombres españoles, todavía rige la palabra de honor. Está prohibido bajo multa lavar el coche a orillas del lago. A una temperatura de 30 grados bajo cero, no se puede trabajar ya al aire libre. Frente a tal injusticia, es comprensible la actitud del pueblo. Los indios iban uno tras otro (en fila india). Respondió tras prolongado silencio. Los congresistas no estuvieron inactivos, y hablaron todo el tiempo sobre los problemas más importantes. Todos – excepto yo – participarán en el viaje. Percibe un sueldo de 90.000 pesetas más plus familiar.

L 12

1. iremos, a; pasaremos, por, para, a / haremos, en; ganaremos / pondré, para; cerrarás, sin / celebrará, de, al, en

2. es; está / es; está; es; está; es, está / están, son, son, están / ¿estamos? / está, es; está, es; es, es

3. ordeno que te pongas / deseo que abras / te pido que cubras / te ruego que vengas

4. Trotz der schlechten Wetterbedingungen konnten wir den Pico de Aneto (Pyrenäen, 3404 m) besteigen. Wenn die Freunde kommen, muß alles fertig sein. Es sollte gleich zu regnen anfangen. Die Flüchtlinge erhielten Hilfe durch die UNO. Neben dieser gibt es andere Lösungen. Die Umgebung von München ist sehr hübsch. Dies ereignete sich, ehe Kolumbus die Neue Welt entdeckte. An seiner Seite (bei ihm) war Juan, sein einziger Urenkel. Wir haben eine gewaltige Summe ausgegeben, um die 100 000 Dollar. Ehe du vor dem Richter erscheinst, mußt du dir einen neuen Anzug kaufen. Die Importfirma hat ein unwiderrufliches Dokumentenakkreditiv beim (!) Banco Central eröffnet. Diese Dichter (da) sind weit unter dem Niveau unseres Neruda. Wegen seiner Straftaten wurde er zu sieben Jahren Gefängnis verurteilt. Wegen der Schwere seiner Verletzungen war es notwendig, ihn ins Krankenhaus einzuliefern. Der Mittelstürmer stand vor dem Torhüter. Innerhalb und außerhalb des Landes (diesseits und jenseits der Grenzen) ist es Sitte, das Weihnachtsfest zu begehen (Weihnachten zu feiern). Die Soldaten defilierten am Ministerpräsidenten und seinem Kabinett vorbei. Wir folgten ihnen nach (*oder:* kamen nach ihnen). Nach Beendigung des Krieges kehrten zahlreiche Emigranten in ihre Heimat zurück. Sie traten hintereinander (nacheinander) ein. Manche Ehemänner sind hinter anderen Frauen her. Pablo lernte seine Verlobte im Hause seines besten Freundes kennen. Was die unregelmäßigen Verben betrifft, so befinden wir uns noch nicht auf festem Terrain. Dies ist (*oder:* liegt) außerhalb unserer Möglichkeiten.

5. Debido a circunstancias geográfico-climáticas, en España hay poca agua. Esta escasez de agua es típica también respecto a otros países mediterráneos: Italia, Yugoslavia, Grecia, Turquía, y naturalmente los países desérticos del Norte de Africa (Marruecos, Argelia, Túnez, Libia, Egipto etc.). Sin duda, la Península Ibérica cuenta con muchos ríos, pero éstos – sobre todo en verano – tienen (llevan) poca agua. En la primavera, existe siempre el peligro de inundaciones. Las mesetas de Castilla están separadas de las regiones litorales por montañas relativamente elevadas. Por eso, su clima es predominantemente continental. En los últimos decenios han sido construidas muchas presas y centrales eléctricas. Los lagos artificiales así originados han transformado positivamente el paisaje: se extiende la vegetación, y los habitantes de las grandes ciudades tienen la posibilidad de practicar deportes acuáticos también en el interior del país (vela , remo, natación).

L 13

1. he exigido, exigí – he cruzado, crucé – he vencido, vencí – he averiguado, averigüé – he reñido, reñí – he llegado, llegué – he abierto, abrí – he puesto, puse – he dicho, dije – he reído, reí

2. por; por / para / en, del; a, por / para, en / por; para / a

3. habéis vuelto (volvisteis), estamos, hace / ha recomendado (recomienda), fume, hago / gusta, vengas; te aconsejo, dejes / parece,
   hayáis terminado, podemos (podremos)

4. Es regnete in Strömen, als wir nach Hause zurückkehrten. Auch wenn
   man noch so früh aufsteht, wird es nicht früher Tag (Sprichwort; *oder:*
   Der Tag hat nur 24 Stunden). Es ereignete sich während des Krieges.
   Mir ist kalt und warm, aber ich backe nicht ohne Hitze (Bratpfanne!).
   Es ist notwendig, daß ihr jeden Samstag kommt. Seit vielen Jahren
   haben wir ihn nicht gesehen. Seit langem (*oder:* langer Zeit) erklärt er
   uns (schon) die Schwierigkeiten der Grammatik. Es handelte sich
   immer um die gleiche Problemstellung. Gestern schien die Sonne,
   aber am Morgen gab es ziemlich (viel) Nebel. In Spanien herrscht
   (gewöhnlich) fast immer schönes Wetter. Es ist besser zu schweigen,
   als schlecht (darüber) zu reden. Ich halte es für richtig, daß er sich von
   den Geschäften zurückgezogen hat. Ist dir sehr kalt (friert dich sehr)?
   Es gelang ihm, die Aufnahmeprüfung zu bestehen. Es ist schade, daß
   er sich nicht wieder eingefunden hat. Es tut uns sehr leid, Ihnen nicht
   helfen zu können. Die Katalanen machen aus Steinen Brot. Ihr
   Gesundheitszustand läßt sehr zu wünschen übrig. Es ist wünschens-
   wert, daß alle sich wieder in diesem Konferenzraum versammeln.
   Überquert die Straße nicht zur falschen Zeit!

5. Su amiga ha estudiado inglés y francés en las mejores universidades
   del país y del extranjero. Esta metrópoli es la capital bávara. En
   Baviera, no sólo viven auténticos bávaros, sino también suabos y francos. Las mujeres del pueblo tejieron hace muchos años una gran
   alfombra para su iglesia. No puede (*o:* sabe) distinguir (diferenciar) lo
   rojo de lo azul. ¡Por favor, no indaguéis! ¡Pague usted la cuenta! Exijo
   mucha paciencia, pero también protejo vuestra propiedad. Sentimos
   no haberle invitado. Se arrepintió de no haber participado en el examen. (Sólo) basta tocar una vez el timbre, y al punto aparece alguien.
   Apenas es posible engañarme. Desde el miércoles, primero de diciem-
   bre, nieva sin cesar (parar).

L 14

1. dim. – desp. – dim. – dim. – desp. – dim. – aum. – desp. – desp. – dim.
   – dim. – aum. dim. – dim. – desp. – dim. – desp. – desp. – desp.

2. muy; muy; mucho. – muy; mucho, muy, muy: mucho. – muy; mucho;
   muy. – mucha, muy; mucho, muy

4. Wollen Sie mit mir eine kleine Schachpartie spielen? Das Fest wurde
   mit drei Böllerschüssen eröffnet. Das Gefährlichste ist der Pöbel in
   den Straßen dieses elenden Nestes (Kaffs). Tomás ist ein sehr schnip-
   pisches Kind. Zum Staatsgebiet gehören auch einige Eilande. Willst
   du mir nicht dein kleines süßes Kätzchen schenken? Das Mädel hat
   Pedro, diesen reichen Protz, geheiratet. Die Kurpfuscher, die Schmie-
   renkomödianten und die Dichterlinge sind wenig vertrauenswürdige

Personen. Schmalz darf nicht mit Butter verwechselt werden! Ein (ganz) „klein wenig" ist weniger als ein „wenig". Du bist mein kleiner Liebling! Das Männchen konnte sich nicht gegen diese Prügelmanns-bilder wehren. Unsere Wörterbücher haben in der Schublade keinen Platz. Niemand tanzte mit diesen häßlichen Entlein. Diese Liebelei ist keine ausreichende Grundlage für unsere künftige Ehe. Macht keinen Gebrauch von diesen häßlichen Worten und lest nicht diesen Schund-roman! Jiménez, dieser scheinheilige Bursche, wohnt in einem Gäß-chen des Kaffs (elendes Nest).

5. El topo es un animalito útil. Sobre el poderoso torreón se cernía un nubarrón. No en todas las regiones de España se habla el español (castellano): los catalanes hablan catalán, los vascos el vascuence y los gallegos el gallego, una lengua que tiene semejanza con el portugués. En esta cultura se han formado determinadas tradiciones que siguen cultivándose. Ojalá conserven estos pueblos la paz nacional y sus valo-res culturales, que con tanto esfuerzo crearon a lo largo de su historia. La Casa de Austria reinó en España hasta finales del siglo XVII. Le siguió la Casa francesa de Borbón. Castilla se impuso poco a poco a los demás reinos de la Península Ibérica. El jefe del Estado se identifica con todos los ciudadanos del Estado.

L 15

1. hemos abierto, abriremos – hemos escrito, escribiremos – habéis pues-to, pondréis – no hemos podido, no podremos – no he visto, no veré – ha sido, será – ha dicho, dirá – no lo he creído, no lo creeré – ha hecho, hará – han venido, vendrán – habéis sabido, sabréis

2. pudo. supieron. estuvo. prefirieron. permitieron. tuvimos. debió. debieron. hubimos. necesitaron. pretendieron. envejecieron. volvi-mos. cortó.

3. para, para (en) / de, en, de / de, de / por (a) / sobre (de), en / de / al

4. Wir konnten das Faß nicht heben, denn es war zu schwer. Die Züge brauchten aufgrund der starken Schneefälle lange, um ihre Zielbahn-höfe zu erreichen. Du kannst (darfst) das nicht sagen. Er hat es getan, weil er mußte. Um ein Uhr nachts kannst (*oder:* darfst) du nicht Posaune blasen. Meine Freundin kann nicht gut Gitarre spielen. Es ist nicht notwendig, daß du die gesamte Lektion wiederholst. Welche Schuld hat er? Es bleibt nichts anderes (übrig), als Ja zu sagen. Es gibt keinen (*oder:* niemanden), der (es mit uns) kann (= uns kann keiner!). Wir Deutschen müssen das Grundgesetz respektieren. Kann (darf) ich eintreten? Was er auch sagen mag – er kann (*oder:* es gelingt ihm nicht,) mich nicht überzeugen. Ob er will oder nicht – er muß lernen. Gewährst du mir diesen Tanz, Rosita? Du bist ihm nicht sym-pathisch. Er kann dich nicht sehen. Wundere dich nicht über sein Benehmen. Halbe Sachen mag ich nicht. Weder kannst du noch sollst du es ihm sagen. Sagen Sie ihm, daß er sich nicht wieder einfinden

soll! Wie hat das (wohl) geschehen können? Willst (möchtest) du ein Eis? Woher wißt ihr es (wohl)? Ich würde sagen, daß dies eine Unverschämtheit war.

5. ¡No necesita más que decir que sí, y esta aspiradora le pertenece a usted! Tuvimos que llamar al médico, porque tenía mucha fiebre y no podía comer nada. No somos partidarios de tomar estas cosas a la ligera. Pero no se debe pensar en seguida en lo peor. ¿Le gustan los mejillones en salsa holandesa? No, prefiero una auténtica paella valenciana. ¿Podría pasarme la sal? Los niños no pueden firmar contratos. ¿Podéis (sabéis) traducir correctamente este texto del ruso al español? ¿Pudo oír usted el ruido? Debe de haber sido el coche del vecino. Todos los seres vivos tienen que alimentarse para poder existir.

L 16

1. acompaña, acompañad/no acompañes, no acompañéis – toma, tomad/ no tomes, no toméis – vete, id/no vayas, no vayáis – compra, comprad/ no compres, no compréis – responde, responded/no respondas, no respondáis – ponte, poneos/no te pongas, no os pongáis – detente, deteneos/no te detengas, no os detengáis – espera, esperad/no esperes, no esperéis – vete, id/no vayas, no vayáis – di, decid/no digas, no digáis – cuenta, contad/no cuentes, no contéis – da, dad/no des, no deis

2. diecisiete quince; diecinueve cuarenta y cinco, veintidós veinticinco / ocho treinta, nueve diez, etc.

4. Wir hätten es eher machen sollen. Soll ich es ihm sagen? Falls er anruft, sag ihm, daß er mich um acht Uhr erwarten soll. Wie es heißt, haben sie darauf bestanden. Wie es scheint, sind zehn Soldaten bei dem Vorfall ums Leben gekommen. Was bedeutet das? Was soll ich hier? (Was habe ich hier verloren?) Jaime hat sein Soll erfüllt. Er wollte es mir sagen, als er in Ohnmacht fiel. Wir wollen ein Bier trinken! (Laßt uns ein Bier trinken!) Der Angeklagte behauptete, die Juwelen nicht gestohlen zu haben. Das will mir einfach nicht in den Kopf. Ihr könnt es nicht vergessen (das will euch nicht aus dem Kopf). Er hat es nicht gewollt. Wir wissen nicht, was aus ihm geworden ist. Was ist mit Lola (wie geht es L.)? Luisa wollte Konferenzdolmetscherin werden, aber sie ist es nicht geworden (hat es nicht so weit gebracht). Für uns ist es zur Gewohnheit geworden, die Ferien *(oder:* den Urlaub) in Andalusien zu verbringen. Meine Dame, Ihr Haar kann dichter werden (wird dichter), wenn Sie . . . nehmen.

5. Cada vez que se halla en Panamá, se hace dos trajes. El jefe llamó a la secretaria. Algunas señoras se cortan el pelo cada tres semanas. Su padre le hizo trabajar duro ocho horas diarias en las vacaciones. El padre no deja a la hija conducir el nuevo coche. Dentro y fuera de Alemania predomina la general opinión de que los españoles no hacen otra cosa que cantar y bailar al son de las guitarras y castañuelas. Esta imagen es generalizada sobre todo en los prospectos de la industria

turística. También muchos italianos, yugoslavos y turcos han tenido que abandonar su hermosa tierra y viven ahora en los países centroeuropeos para ganarse la vida y la de su familia. Algunos felices centroeuropeos pueden permitirse el lujo de gozar de la vida durante todo el año en una de las Islas Canarias. Al parecer, allí se encuentra el paraíso (en la tierra).

L 17

1. maniquí(e)s – especímenes – avestruces – camaleones – tragaluces – huéspedes – nepalíes – irlandeses – tesis – mazapanes – veces – alemanes – plurales – tenaces – favores – adioses – marfiles – tés – volcanes – cráteres – rubíes – sofás – pares

2. Gnade, Esprit – Dank; Onkel – Onkel und Tante; Wasser – Gewässer; Linse – Brille; Eifer – Eifersucht; Erinnerung – Grüße; Zeremonie – Förmlichkeit; Herr – Damen und Herren

3. fuimos; pudieron; vimos, duró – desean, estudie, prefiero; es, ponernos; hago, me gusta – sienten, no tienen tiempo; lo sentimos, esperamos, nos veremos

4. In der anorganischen Chemie spielen die Edelgase eine wichtige Rolle. Die Paschas waren die reichsten Männer in besagtem Land. Viel Lärm (Geräusch) und wenig Nüsse (viel Lärm um nichts). Klingende Münze. Die Sänger wurden vom Publikum beklatscht. In den irakischen Dörfern bestehen noch viele Tabus. Die Ortschaften wurden vom Wirbelsturm dem Erdboden gleichgemacht. Die Israelis verteidigten sich mit ihren supermodernen Waffen. Ich habe mir ein Paar Langlaufski(er) gekauft. Die Aussprache der *u* und der *i* ist nicht so leicht, wie man glaubt. Der Charakter des diktatorischen Regimes wird von den Nachbarländern nicht positiv beurteilt. Maria wartete schon auf dem Bahnsteig, als der Zug einfuhr. Die Analysen haben gezeigt, daß der Zustand des Patienten ernst ist. Das Paar tanzte genau nach dem Takt. Die Dosen waren (all)zu hoch. Die Bauern verkauften all ihre Rinder dem Metzger. Nur mit Worten wird es uns nicht gelingen, die Krise zu beherrschen. Die griechischen Götter wurden von den Einwohnern Athens verehrt.

5. El teniente y el cantante, ambos naturales del Levante español, se establecerán en el oriente. Las tribus africanas son la atracción de muchos turistas. Los bueyes del campesino comieron todo el heno. El puré de patatas con puerro es su plato favorito. Algunos relojes adelantan bastante. En las ciudades del Norte de España encontramos hoy numerosos andaluces que han tenido que abandonar su tierra por falta de puestos de trabajo. Los lunes nunca tenía tiempo, pero los sábados y domingos siempre. Tras haber recibido un maravilloso regalo, escribió a los tíos una carta de agradecimiento. No pueden tutear a sus maestros sin más ni más. ¡No lo pienses dos veces! Muchas gracias por las magníficas flores. Son para mi mujer (esposa). Se sen-

tirá muy halagada. No es procedente encabezar una carta al jefe de la empresa con "Querido Director". No está del todo seguro, por lo que decide revisar la traducción con un colega español.

L 18

1. déficits – carteles – cártels – albornoces – andenes – quita manchas – redactores-jefe – ratones chiquitines – abrelatas – granjas modelo – pisos piloto – minusválidos – regímenes políticos – los galanes – los cónsules iraníes – leyes-marco

2. por – en – a, de – a (de), por – de, en, de – a, de, por (hacia) – en, al, con – para

4. Die Polizei verhaftete zwei an mehreren Komplotts beteiligte Individuen. Das britische Parlament setzt sich aus dem Oberhaus und dem Unterhaus zusammen. Der Briefmarkensammler (Philatelist) kaufte zwei Alben. Während der Regenfälle konnten wir den Lastkraftwagen nicht benutzen, da die Scheibenwischer defekt waren. Die Begleitschiffe stachen in See. Zu den Festspielen kamen Leute (Volk) aus Asturien, León und Navarra. Die moderne Frau (Frau von heute) trägt Hosen. Mein Zahnfleisch ist entzündet. Die Flachzange, die Beißzange und die Schere sind Instrumente aus Stahl. Vor kurzem haben seine Eltern (ihre) Silberhochzeit gefeiert. Der Chefarzt ist zum zweiten Mal/verheiratet /(*oder:* in zweiter Ehe). In diesem Klima haben viele Touristen eine ziemlich hartnäckige Angina bekommen.

5. ¡Buenas tardes, señoras! A estas alturas del año todavía no podemos salir de paseo sin abrigo. Mis abuelos paternos ya no viven. Las esposas que habían asesinado a sus maridos fueron conducidas con esposas a la comisaría. Trabajan con celo, pero no tienen celos. Lope de Vega fue desterrado de Castilla en 1588. Al dirigirse al reino de Valencia, tuvo que atravesar una frontera. Tras el Congreso de Viena a comienzos del siglo XIX, Alemania estaba lejos de constituir una unidad nacional. En el curso de la Reconquista, los moros fueron poco a poco empujados hacia el sur por los cristianos, y se originaron los primeros reinos.

L 19

1. porque / si, si / si / para que / a condición de que / así que / si / como / porque

2. hay; son, están, es; son, hay. – hay; hay, está, hay

3. tuvo, en; quería, al, a, había, de, estaban. – os decidís a, podéis, a; en, se cierra, de, para; se admiten

4. Die Dinge sind so, seit(dem) die Welt besteht. Wir sagten es euch, damit ihr informiert seid (*oder:* wart). Er mußte ins Krankenhaus, weil er einen Herzinfarkt erlitten hatte. Ehe du wegfährst, mußt du

die Angelegenheit regeln. Wir werden ihnen den Scheck geben, insofern sie uns die Waren aushändigen. Ich wußte nicht, daß sie krank ist. Du kannst das Flugzeug (die Maschine) nehmen, es sei denn, dein Billet ist schon verfallen (ungültig geworden). Da die Mehrwertsteuer immer höher wird, steigen ebenfalls die Preise ständig. Die Gruppe von Personen kann das Staatsgebiet verlassen unter der Bedingung, daß sie einen gültigen Reisepaß vorlegt. Du mußt den Roman lesen, falls du ihn noch nicht kennst. Die Jahrhunderte vergingen, ohne daß sich irgendeine Änderung ergab. Er prahlt mit seinen Kenntnissen, als ob er bei den berühmtesten Gelehrten studiert hätte. Er (ge)traut sich nicht zu sprechen aus Angst, die Wörter falsch (schlecht) auszusprechen. Wir wissen nicht, ob Luise ihr Medizin- und Chirurgieexamen bestanden hat.

5. El helicóptero para Nueva York estaba listo en la pista dos. La huelga de los pilotos y de las azafatas ha revuelto totalmente el horario. Os ayudaré, porque sois mis amigos. Tuvimos que desprendernos lo antes posible del equipaje. Dos maletas tenían sobrepeso. Teniendo en cuenta que sólo lleva dos meses aquí, ya habla (el) alemán bastante bien. En el caso de que el avión no pueda despegar, nos veremos obligados a utilizar otro vehículo. Los alumnos deben aprender las palabras, a no ser que ya las sepan. Se comporta como si fuera la más guapa y lista de todo el país. Marion parte sin que Manolo encuentre tiempo para darle una caja de bombones. José ha tenido (tuvo) hace dos meses una fuerte gripe, de la que no ha podido recuperarse hasta hoy.

L 20

1. dádselos – regálaselos – compradlo – prepáraselas – leedlas – no los pongas – no se las entregues – resérvasela

2. se haya olvidado. pongáis. repita(mos). se pongan. traiga.

4. Es gibt Leute, die bereit sind, riesige Summen zu bezahlen, wenn (*oder:* insofern) sie nur ihren politischen Einfluß vergrößern können. Kommen Sie doch zu mir, wenn Sie über München fahren. Hoffentlich schreiben sie uns bald! Mein Freund träumte, daß er Schach spielte. So viel du auch arbeitest, du wirst nie mehr verdienen. Informieren Sie mich, sobald aus Madrid angerufen wird. Wenn (falls) er mir das Geld gibt, werde ich ihm die Dokumente aushändigen. Auch wenn es regnen sollte, werden wir einen Spaziergang unternehmen. Wir gingen nicht mehr spazieren, da es spät war. Wir werden weggehen, sobald du fertig bist. Nachdem sie den Fluß überquert hatten, drangen die Banditen in die Hazienda ein. Auch wenn du etwas wüßtest, würdest du es mir nicht sagen. Solange Gott mich leben läßt, werde ich bei euch sein. Nachdem sie das Telegramm gelesen hatte, konnte sie die Tränen nicht zurückhalten. Er hat uns die ganze Problematik erklärt, so daß nichts hinzugefügt werden mußte.

5. Sigue traduciendo tranquilamente, mientras no te interrumpa el profesor. Siempre que fumas, tengo que toser. Tan pronto como lo sepamos con exactitud, tomaremos las medidas adecuadas. Por mucho que me lo pidió, no pude ayudarla. La familia acogió al joven español como si hubiera sido su propio hijo. Compraré el solar siempre que no sea muy caro. ¿Ha llamado alguien mientras he estado de compras en la ciudad? Dado que no han venido los artesanos, tengo que hacer yo mismo la reparación. Llame inmediatamente a un médico si enfermara el niño. Trabajó hasta morir. Deje la traducción hasta que tenga más tiempo. El aceite (se) endurece en la medida en que baja la temperatura. Siempre que calienta el sol, vamos a la playa.

L 21

1. te des / lleguéis / hagan / sepa/ te escuche / sea / nos den / viniéramos / tiene / tenga

2. – / a / a / – / a / – / a / a / – / al

3. traédselo / póntelo / notifícasela / regaládselos / escúchalo / mostrádselas / descríbeselas / guárdatelo / agradecédmelos

4. Deine Eltern wünschen, daß du Sprachen studierst. Wir zweifeln (*oder:* haben Zweifel), daß ihr mit euren Kenntnissen zufrieden seid. Es gibt kein Übel, das hundert Jahre dauert/ alles geht vorüber (Sprichwort). Hoffentlich habt ihr mehr Glück als wir. Sie (be)fürchten, daß sie nicht rechtzeitig ankommen. Sie rieten uns, das Flugzeug zu nehmen. Vielleicht ist dies das Beste. Die Eltern waren dagegen, daß ihre einzige Tochter ihre Beziehungen zu diesem (!) Jungen fortsetzte. Es ist richtig, daß der Arzt sie, ohne zu zögern, operiert hat. Wir verbieten euch, daß ihr während der Arbeit raucht. Der Feldmarschall befahl den Soldaten, die Stadt anzugreifen. Er gab ihnen die Weisung, nur die militärischen Bauwerke zu zerstören. Er/sie hat es nicht zugelassen, daß ich allein ins Theater gehe. Wir bitten Sie inständig, daß Sie uns nicht um Mitternacht anrufen. Du wirst es nicht zulassen, daß er schlecht über seine Verlobte redet. Was auch immer geschehen mag – wir werden nicht aufhören, ihm zu helfen (*oder:* wir werden ihm immer wieder helfen). Ihr werdet das tun, was der Lehrer euch aufträgt. Auch das Unglück hat sein Gutes (Sprichwort). Der Konquistador befahl, daß alle Karavellen zerstört werden sollten, damit niemand zum Alten Kontinent (in die Alte Welt) zurückkehren könne. Ist er in Bolivien? (*oder:* Er ist in Bolivien?) Nicht daß ich wüßte!

5. Dile que me venga a ver mañana. Esta mañana me ha dicho que va a trabajar aún más. Yo lc he respondido que ya no debe hacerlo. No quiero que me moleste continuamente. Vamos a escribir a tu tutor que en adelante le envíe más dinero. Su amigo quiere que le indiquemos un buen abogado. No me gusta que me visite siempre los domingos. No dudamos que aprobará los exámenes finales. No conozco a nadie

que hable tan bien como tú. (El) se ocupará de que nadie se inmiscuya en nuestros asuntos. Le recomiendo que no diga nada a nadie. El profesor se extrañaba de que los estudiantes preguntaran cosas tan raras. Nos gustaría que conocieras a nuestra nueva empleada (colaboradora). Nos requirieron que les dijéramos dónde ha estado nuestro jefe. Sentimos que no haya ganado la partida de ajedrez.

L 22

1. aprobará / se te diga, te digan / llueva / haga, hará / llegue / vais, visitáis / evitemos / diga, sigues, te he indicado / que nos ayudaría lo mejor que pueda

2. a – en, por – para, a – al, por – de, sin – a, por – a, de

4. Es hat keinen Zweck, daß ihr versucht, es zu erreichen. Es gibt nicht viele Experten, die die Nuancen kennen. Es ist von grundlegender Bedeutung, daß die afrikanischen Länder sich gegen jegliche Aggression verteidigen. Es ist nicht gut, daß der Kernreaktor gefährliche Strahlungen emittiert. Es war nicht notwendig, daß er uns schrieb. Es wird notwendig (erforderlich) sein, daß wir euch begleiten. Es ist erforderlich, daß du alle zwei Stunden ein Dragee (ein)nimmst. Es könnte sein, daß wir uns bald sehen. Es ist nicht natürlich (*oder:* verständlich), daß sich die Menschen so verhalten. Es war unerläßlich (unbedingt notwendig), daß die Feuerwehr(leute) kam(en). Es ist sehr merkwürdig, daß die Amerikaner die Geiseln nicht befreien. Wir suchen einen Mechaniker, der Motoren und Getriebe reparieren kann. Es ist natürlich (durchaus verständlich), daß (*oder:* wenn) die Eingeborenen ohne Noten singen. Es ist gut, daß die Welt so ist. Er kennt keinen (*oder:* niemand), der so gut Klavier spielt wie Conchita. Es ist zu befürchten, daß die Nationen nicht in der Lage sind, den Frieden zu bewahren. Es ist anzunehmen (*oder:* voraussehbar), daß die Dinge sich bessern. Vermutlich werden sich die Truppen aus dem Nachbarland zurückziehen. Ich zweifle nicht, daß wir uns einmal in Spanien (auf spanischem Boden) wieder sehen werden.

5. Es conveniente que ayudemos a los países en vías de desarrollo. Resultaba imposible salir de apuros. No le será fácil aprender el alemán en un trimestre. Latinoamérica es para unos un peligro y, en cambio, para otros una esperanza. La revolución cubana no ha podido ser exportada, porque no constituye ninguna receta universal. Muchos habitantes de las regiones andinas siguen padeciendo hambre y extrema pobreza. Animales típicos son la llama, la vicuña y la alpaca, y a menudo constituyen la única riqueza de una familia. Por "Altiplano" se entiende una elevada llanura en las cordilleras sudamericanas. Para eliminar el monocultivo, el militarismo, el analfabetismo, la explotación, la oligarquía, la dictadura y otros males, han de hacerse enormes esfuerzos.

L 23

1. vendrás / llegan, llegarían, llegarán / tengáis / no llegarían, llegarán / se alegran / se aburra / lo hagas / os guste, gustará / había descubierto

2. por, por, por, de, al, al, de, de. a, a, de, al, para

3. es, está – es, está – está; es – están, son – es, estamos – es; está

4. Herr López möchte, daß wir ihn begleiten. Aber du wolltest nicht, daß wir dich begleiten (*oder:* begleiteten). Glauben Sie, daß dies alles wahr ist? Ich wünschte nicht, daß dies alles wahr wäre. Sie werden singen, bis der Vorhang fällt. Ich habe euch das Geld gegeben, damit ihr eure Schulden bezahlt. Ich gab euch das Geld, damit ihr eure Schulden bezahlt. Jeder kann (das) machen, was ihm am besten gefällt (*oder:* am meisten zusagt). Jeder konnte (das) machen, was ihm am besten gefiel. Es tut uns sehr leid, daß seine Freunde nicht kommen konnten. Es tut mir sehr leid, daß du ihm nicht antworten konntest. Du schriebst gerade, als wir eintraten. Es war anzunehmen, daß seine Mutter wußte, wo er war. Es scheint mir, daß er nur so tat, als ob er schliefe. Nicht wenige glaubten das, was er verkündete. Ich möchte gern, daß er kommt. Er hatte vor einem Monat das Haus verlassen.

5. Me gustaría que hablara inmediatamente con él. Temía que no llegaríamos puntualmente al teatro. De haber sabido que estaba lloviendo, seguramente había (hubiera) llevado un impermeable. No pudimos traducir el texto por más que nos esforzamos. Cualquier regalo que me mandéis me alegrará mucho. Pienso que antes, cuando la gente vivía aún sin estrés, resultaba más fácil arreglárselas en la vida cotidiana. En algunos países que no cuentan con un nivel de vida tan alto, la existencia resulta mucho más tranquila. Escribió la novela en una forma tan sencilla, que hasta los niños podían leerla. (El) deseaba que cada año hiciéramos un viaje a España y Portugal. Muchos hacían como si nada hubieran visto ni oído.

L 24

1. porque no sabía – cuando salía – si es – aunque tiene – si hubierais – cuando amaneció – porque hablé

2. en, se han hallado, en, de, de, de / descendía, de, llegó, a, de, tras, de / dicen, sobre (del), de / os empeñéis, en, sobre, de; se encargarán, de, a / en, conquistó

4. Die Medizinmänner tanzten und sangen zum Takt der Trommeln. Juan und Inés sind seit dreieinhalb Jahren verheiratet. Er oder einer seiner Kollegen macht es. Ich kann nicht kommen (*oder:* hingehen), aber mein Mitarbeiter. Obwohl er kein Portugiesisch kann, hat er den Sinn (die Bedeutung) der Worte verstanden. Seine Frau jedoch tat, als ob sie nichts wüßte. Einerseits würden wir gern eine Reise zu den Kanarischen Inseln machen, andererseits fehlt uns das hierfür erfor-

derliche Geld; unsere Verwandten sind dagegen ziemlich betucht und können sich diesen (so einen) Luxus leisten. Weder die Amerikaner noch die Sowjets haben ein Interesse daran, einen neuen Weltkrieg zu entfesseln. Nicht nur die Deutschen, sondern auch die Engländer lieben die spanischen Lande. Alle Zuschauer sowie die Schauspieler und Schauspielerinnen versammelten sich vor dem Theater. Die Mathematik, besonders die Infinitesimalrechnung, macht vielen Schülern Kopfzerbrechen. „Olé guapa" (hallo, Schöne) ist der Titel eines Schlagers. Vorsicht! Lebensgefahr!

5. A tal amo, tal perro. Cud el rey, tal la grey. Hacemos una cosa u otra, pero es imposible hacer ambas a la vez. En esta primavera, el tiempo fue (ha sido) muy raro: tan pronto llovía o nevaba, como hacía sol. Pese a las dificultades existentes, es muy probable llegar (que se llegue) a un acuerdo. No ha aprobado el examen, ya por no estar preparado, o por no sentirse bien en una sala tan pequeña llena de muchas personas. Dado que no tiene ni padre ni madre, es huérfano de padre y de madre. ¡Ay! ¡Me has pellizcado! ¡Ay, qué lindo! ¡Caramba! Ahora me han birlado hasta la cartera y las llaves del coche. Su amigo es capaz de devorar sapos. ¡Uff, qué asco!

L 25

1.A (ejercicio verbal)

1.B Juan dice: Estoy enfermo y no puedo venir. Los asistentes afirmaban: Las discusiones son poco espontáneas. La señora afirmará: Yo no he tenido la culpa. El médico ordenó: Lleven al niño al hospital. Nos dijeron: Os ayudaremos si tenemos tiempo. Nos dicen: Salgan cuanto antes.

2. nació; frecuentó, se trasladó, empezó. deseaba, volviera, fuera, había visto. se realizaron (realizarían): murió, se tornó

3. tras, en, de, de, con, de, por, hacia, en, de, a, sobre, de, de

4. Er sagte, du sprächest so gut, als ob du lange Zeit in B.A. gewesen wär(e)st. Wir zweifelten, ob sie es machen könne. Er schreibt, daß ihm der Sommerkurs sehr gefalle (*oder:* zusage). José sagte, er habe nicht geschrieben, weil er krank gewesen sei. Man hat uns gefragt, ob wir vorgestern beim Stierkampf gewesen seien. Er nimmt an, daß wir es machen würden, wenn wir Zeit hätten. Vor einer halben Stunde haben sie mich informiert, daß sie zu Beginn des Monats in die Neue Welt reisen werden (*oder:* würden). Pedro erklärte, daß er müde sei, daß er sehr geschuftet habe, daß er (jedoch) nicht **mehr** (*quantitativ!*) arbeiten werde. Maria hatte gesagt, daß wir nicht zum Strand gehen soll(t)en (*oder:* ... wir sollten nicht zum Strand gehen). Man teilte uns mit, daß jeder machen könne, was ihm am besten gefalle (*oder:* am meisten zusage). Conchita rief mich an, um mir zu sagen, daß sie nicht an der Antrittsvorlesung werde teilnehmen können.

5. Escribió a sus padres que ya llevaba dos semanas en la capital de España: Vivía con su colega Miguel con la familia Fernández en el centro, cerca de la "Castellana". Por la mañana podía ir a la oficina en autobús o en el metro, y, si hacía buen tiempo, también en bicicleta. El camino cruzaba el Retiro, un conocido parque, y que era muy lindo. Comía en la cantina de la empresa, y que la comida era muy sabrosa y variada. Por las tardes, siempre se tomaba un pequeño descanso para tomar café, y que se podía comer "churros" muy sabrosos. La noche anterior había ido a la ópera por primera vez, y que habían representado el ballet "El sombrero de tres picos" del célebre compositor español Manuel de Falla. Le gustaba y que pronto volvería a ir a un teatro. También ellos (los padres) debieran salir alguna vez, pues una velada semejante la podía uno recordar mucho tiempo.

L 26

1. salieron, dieron; anduvieron, se dirigieron, pidieron; discutieron, les dijo, era; fueron, durmieron. le resultaban, se decidió, se puso, fuera

2. está, está; es. es, está; es, sea, es; es, es . . . estáis, es, estoy. soy. estoy

4. *(Die optimale literarische Version wäre hier für didaktische Zwecke ungeeignet.)*
Das tiefe Schweigen großer emotionaler Augenblicke ergriff plötzlich die Menge, als ob kein Mensch mehr in der Stierkampfarena gewesen wäre. Niemand schien zu atmen. Der Matador bewegte sich langsam zum Stier hin, die auf dem Bauch aufgesetzte Muleta wie eine Fahne vor sich hertragend und in der anderen Hand den Degen schwenkend, mit einer Pendelbewegung, die seinen Schritt begleitete. Er war vollkommen allein, als er sich dicht dem Stier näherte. In aller Ruhe öffnete er seine Muleta, breitete sie aus, wobei er (so) einige Schritte machte, bis sie fast das Maul des Tieres berührte, das durch die Kühnheit des Mannes verwirrt und erstaunt war. Das Publikum wagte nicht zu sprechen, ja nicht einmal zu atmen, aber in seinen Augen leuchtete Bewunderung auf. Was für ein Kerl! Der wollte doch direkt auf die Hörner! ... Er stampfte ungeduldig mit einem Fuß auf den Sand(boden), den Stier zum Angriff herausfordernd, und die gewaltige Fleischmasse stürzte sich – mit ihren spitzen Hörnern – brüllend auf ihn. Die Muleta glitt über die Hörner, und diese streiften die Quasten des Anzugs des Matadors, der (immer noch) unverrückbar auf seinem Platz stand, ohne jegliche Bewegung, nur seinen Oberkörper zurückwerfend. Ein Aufschrei (Brüllen) der Menge war die Antwort (Reaktion) auf diese Bewegung der Muleta: Olé!!

5. Las asociaciones protectoras de animales en todos los países han condenado siempre de manera global las corridas de toros, ante todo, con el argumento de que el toro es bestialmente torturado en este triste espectáculo. En Portugal y en Francia, también se celebran corridas de toros, pero con la diferencia de que al toro no se le mata. Naturalmente, la atracción favorita de hoy en España, lo mismo que en otros muchos países del Viejo y del Nuevo Mundo, es el rey fútbol. En España existe otra especialidad deportiva muy popular: la pelota vasca. La pelota, pequeña pero bastante dura, es lanzada por el jugador contra una pared (frontón); al rebotar, puede botar una vez en el suelo y ha de ser lanzada de nuevo contra la misma pared por el jugador contrincante. Las mujeres y muchachas practican este deporte con una raqueta. En muchos espectáculos deportivos, el público hace de "marco social", y la faena en la plaza de toros se torna a menudo en ritual. La pintura monumental de Picasso "Guernica" simboliza la crueldad de la raza humana.

L 27

1. a, me ayude / de, a; con / a, a, sobre, de / con / de, sobre, a / en, en, a / en, la esperemos

2. tienes; se han excusado, es, tenga, se había proyectado. tuviera (tengo), te ayudaría (ayudo); creo, me sea, deseas. irá, haya (hay), estarán (están)

3. Wir wissen nicht, ob es euch gelingen wird, euren Chef von der Notwendigkeit zu überzeugen, die Gehälter zu erhöhen. Was beabsichtigt ihr zu tun? Es ist erforderlich, gelegentlich (ab und zu) die Grammatik zu wiederholen. Du wirst mich nicht daran hindern, das zu tun, was ich zu machen habe. Das Kabinett beschloß, die Steuern herabzusetzen. Dieser Ingenieur ist unfähig, eine Brücke zu konstruieren (bauen). Die Essays von Ortega y Gasset sind manchmal schwer zu interpretieren. Wir leugnen nicht, mit den Verantwortlichen gesprochen zu haben. Es ist sehr einfach, einen Führerschein zu erlangen. Jetzt geht es darum, Nutzen aus der Situation (Vorteile aus der Lage) zu ziehen. Wir versuchten, ihn zu überzeugen. Wir hatten vor (wir dachten), am ersten Juni in See zu stechen. Es war bereits (an der) Zeit, sich dessen bewußt zu werden. Sie halten sich für die besten Fußballspieler des Klubs. Es ist dringend erforderlich, den Chefarzt der Großklinik aufzusuchen. Sie fühlen sich in der Lage, die Klage vorzubringen. Versuche (bemühe dich), immer zu lernen, wenn du Zeit hast. Können wir auf seine Hilfe verzichten? Es würde mich interessieren, die Details dieses Geschäfts kennenzulernen. Ich werde versuchen, eine Kompromißlösung zu finden.

4. Nadie se preocupa de buscar una buena solución. Muchas personas tienen la costumbre de mirar cada minuto al reloj. ¿Tenéis la intención de volver a Mallorca en avión? El taxista (se) olvidó (de) parar el motor al entrar en casa. Ha vuelto a presentar sus documentos. Esto es muy difícil de entender (comprender). Quedamos muy satisfechos con los resultados de las elecciones. Repitió lo que acababa de decir. Es preferible no decirle nada. A mi amigo le gusta buscar en seguida contacto con toda la gente. Algunos hombres prefieren quedar solteros toda la vida. Se quejó de haber sido despertado durante la noche

por llamadas (telefónicas) anónimas. Estoy harto de escuchar (oír) siempre sus reproches. Si no cesa de llover, tendremos que interrumpir las vacaciones. Permítame que complete esta frase.

L 28

1. vio a, se acercó, al, le rogó, fuera, había obrado sin, en, hacía. – salieran de, con, esperáis, seguiréis con – a, puede, por, se va a – dispongas de, vienes (vendrás)

2. sacando / viendo que … / venía corriendo y cantando / discutiendo así / olvidando sus promesas, se negó a contestar / siendo así

3. estalló; vio (veía); deseaban, entraran, contaban

4. contribuir a – disponer de – estar de acuerdo con / en – ponerse de acuerdo para / sobre – hablar de/sobre – tratar (se) de – desprenderse de – empezar a/ por/con – estar obsesionado por – caerse de – terminar de/por/con – ir a/de/con/por/en

5. Bemühe dich nicht, deinen Gegner zu besiegen; du wirst den kürzeren ziehen. Wir sind daran gewöhnt, früh anzufangen. Er weigert sich, die Regeln erneut zu erklären. Der Angeklagte leugnet, seine Verlobte getötet zu haben. Der Mechaniker ging in die Werkstätte, um ein anderes Werkzeug zu holen (suchen). Meine Gattin vergißt immer, den Gasherd abzuschalten. Der Zug braucht sehr lange bis zum Zielbahnhof (= hat ziemlich Verspätung). Die Wanderer waren vom vielen Gehen müde. Er besteht sehr darauf, ihn zu überreden (= er will ihn unbedingt überreden). Wir bestehen darauf, daß diese Übersetzung baldmöglichst fertiggestellt wird. Wage nicht, solche Worte zu sagen! Wir sind so verblieben, das gesamte Geld zurückzuzahlen. Wer wird sich der Behinderten annehmen? Wenn Sie mir helfen, werde ich eher mit der Arbeit fertig sein. Unser Freund schlug die Zeit tot, indem er im Retiro spazierenging und in seinem Zimmer las und schrieb. Da (*oder:* wenn) die Dinge so sind (*oder:* liegen), können wir die Angelegenheit nicht regeln.

6. Ten la bondad de ayudarme a colocar los esquís sobre el techo del coche. Solíamos levantarnos a las 7. Ayer por la noche (anoche) me olvidé de apagar la luz del garaje. Vino a tomar una taza de té con nosotros. Me gustaría que viniera a vernos, para poder enseñarle (mostrarle) nuestra casa y nuestro jardín. No puedo menos de alabar a los estudiantes del tercer curso por sus conocimientos de gramática. Los japoneses siguen dedicándose a criar gusanos de seda. Uno se acostumbra a todo, también a dominar las dificultades de los verbos irregulares. ¿Tendría inconveniente en abrir la ventana? ¿Me permite que le invite a pasar la tarde en nuestro club? Muchas gracias, prefiero quedarme en casa. ¿Por qué quieres ser siempre el primero? El profesor nos enseña a hablar correctamente su lengua materna. También aprendemos a escribir bien las palabras españolas. Sabe (se las arregla

para) volver locos a los hombres. Se niega a aceptar eso. Vi al señor González paseando por el parque. Siendo mi mujer, le diré siempre la verdad. Teniendo dieciocho años, me regaló mi padre un microscopio. Salió de la habitación cerrando la puerta sin (hacer) el menor ruido.

L 29

1. vendría (venía), ha llegado – podría – tengo, os hago – recomienda (recomendó), duerma (durmiera), prefiere – lleguen, trae (traiga): es, está lloviendo (llueve) – encontrarán, les garantice

2. de, de, a, en. por, con, de (por); en: al, a, a, con. de, sin, de, a

3. pocas (muchas) – nadie – nada – algún – mucho (poco) mucha (poca) – algunos – pocos

4. Jeder handelt gemäß den Umständen (Gegebenheiten). Wer auch immer das geschrieben hat – ich halte ihn für einen Dummkopf. An (irgend)einem Nachmittag werden wir verreisen. Alle acht Tage besuchte er seine Bekannten. Wie der Vater, so der Sohn. Gibt es etwas Neues? Es gibt nichts Neues. Hat jemand geschrieben? Es hat niemand (*oder:* keiner) geschrieben. Mancher wird denken, daß wir Spanier alle Toreros seien. Einige (*oder:* manche) seiner Kolleginnen glauben . . . Es gibt wenige, die nicht lesen können. All das scheint mir nicht sehr klar (*oder:* verständlich) zu sein. Er war den ganzen Nachmittag (*und/oder:* Abend) draußen. Ihr Amerikaner seid alle so. Jeder Deutsche (*oder:* alle Deutschen) denkt (*bzw.:* denken) so. Jeden Tag (*oder:* alle Tage) standen wir um halbsieben auf. Jede kam mit ihrem Verlobten (*auch:* Freund). Jedesmal wenn ich nach Santander komme, lädt man mich zu einem Ausflug in die Umgebung ein. Der Zug kommt alle 20 Minuten. Die Sache ist nicht schwer; jeder könnte sie machen. Gib mir (irgend)ein Buch. Gib mir ein x-beliebiges Buch. Jeder von euch hat viel zu übersetzen (*auch:* muß viel . . .). Isabels Verlobter ist kein Irgendjemand. Ich habe nur noch einen 100-Gulden-Schein.

5. En tales circunstancias, no puedo hacerme cargo de la dirección de la empresa. Un tal Pedro organizaba entonces las excursiones. Yo, jamás haría solo una cosa semejante. El mismo estudiante que ayer ha preguntado si no podría recibir traducciones. Hay pocos españoles que sepan leer y escribir correctamente el alemán. ¿Has dicho algo? No, no he dicho absolutamente nada. ¿Tiene algo que declarar? Cada cual paga lo suyo. Todo está arreglado. Todo Madrid estaba en la calle. Una tarde, recibimos sin previo aviso visita de España. En este instituto se oyen todas las lenguas del mundo. No conozco a ninguna de las dos (ambas) señoras. Cada cual tiene sus problemas: una busca a alguien con quien podría hablar español; y la otra tiene por amiga una peruana, pero que sólo viene a Europa una vez al año para pasar aquí las vacaciones.

1. suelen – cabe, resulta – te garantiza, les complace – atañe – quepan – amanezca (amanece) – violen, se hayan abolido – nos concierne

2. dice que coloquemos . . . – dice que . . . irán – dice que cierre . . . – dijo D. Qu. que lo que veía, creía . . . – que nos acerquemos para que pueda vernos – . . . que en martes ni . . . – dice que llevemos . . . – Qué quería (yo) que hiciera (él).

4. Sowohl die Hände als auch die Füße des Bergsteigers waren völlig starr (erstarrt). Vor dem Krieg pflegte mein Großvater die Zeitung schon um sieben Uhr morgens zu lesen. Möge es Gott so fügen, daß die Kriegsgefangenen bald in ihre (jeweiligen) Heimatländer zurück-kehren (können). Einige Studenten waren so in ihre Ideen (Vorstel-lungen), die Welt zu verbessern, verrannt, daß es keine Möglichkeit gab, sie zur Vernunft zu bringen. Der k. o.-geschlagene Boxer stam-melte einige unzusammenhängende Worte. Was uns nicht betrifft, interessiert uns nicht. Die gesamte Sendung von Zitrusfrüchten traf in verfaultem Zustand ein. Wir glauben nicht, daß diese Angelegenheit Sie betrifft. „Ich werde dir meine Verse mit Speck einreiben, damit du sie mir nicht annagst" (Quevedo zu Góngora). Die Kleine erholte sich schnell von ihrer Grippe. Während unserer Reise nach Andorra muß-ten wir einen Reifen wechseln (ersetzen). Jenes Manuskript lag zweieinhalb Jahrhunderte im Verborgenen. Diese Neureichen, die stinken doch nach Geld! (*auch:* sind vom Geld durch und durch ver-dorben). Unser Nachbar hat zwei Schäferhunde, die immer den Mond anbellen. Der König mußte das Dekret abschaffen.

5. Siempre los tigres han atacado a los elefantes. En la Antigüedad hubo (había) muchos pueblos habituados a la guerra (aguerridos). Llenos de espanto, los moros se dieron a la fuga. Se dejó embaucar por un charlatán. Su corazón se endureció con el dolor. No se debe infringir la ley. La firma garantiza el perfecto funcionamiento del aparato. Muchos refranes y modismos resultan fáciles de traducir al español, p.ej.: Se ha llevado la parte del león. Este ejemplo hace escuela. Una mano lava la otra. Este negocio es una mina. No ha inventado la pólvora. María suele acostarse con las gallinas. Tienes que enseñarle los dientes.